Jetzt helfe ich mir selbst

Dr. Jörg Zittlau

Jetzt helfe ich mir selbst

Die besten Hausmittel für alle Fälle

südwest°

Inhalt

Der Zweck heiligt die Hausmittel

Hausmittel hatten in der Medizin bis vor kurzem ein Image gehabt wie Telefone mit Wählscheibe bei VIVA-Zuschauern. Sie galten als überholt und angestaubt, außerdem würde ihnen, so der allgemeine Tenor, der Nachweis für ihre Wirksamkeit fehlen. Doch die Zeiten haben sich geändert. Immer mehr Menschen vertrauen mittlerweile wieder „Omas Hausapotheke".
Sie haben erkannt, dass man den großen Erfahrungsschatz der Volksmedizin nicht leichtfertig über Bord werfen sollte. Aber auch Ärzte finden zunehmend den Weg zu Naturheilverfahren. Laut Umfragen haben 98 Prozent von ihnen zumindest Heilpflanzen in ihrem täglichen Verordnungsrepertoire. Der Weg zurück kann der Weg nach vorn sein, auch ohne die Schuhe falschrum anzuziehen.

Und in der Tat spricht vieles dafür, wieder den Weg zu den Hausmitteln zurückzufinden. Denn sie bieten eine Menge Vorteile. So ist bei ihnen viel mehr die aktive Teilnahme des Patienten gefordert. Mit der passiven Konsumentenhaltung, die er oft beim Arztbesuch einnimmt, wo er wie in der Kfz-Werkstatt eine schnelle „Reparatur-Aktion" für seine Probleme erwartet, ist es bei der Selbstmedikation mit Hausmitteln nicht getan. Denn der Patient ist ja gleichzeitig auch sein eigener Arzt und oft sogar sein eigener Apotheker. Er muss sich selbst intensiv und bewusst beobachten, seine Krankheit eingrenzen und dann in seiner Hausapotheke nachschauen, welches Mittel sich dort dafür finden lässt. Viele seiner Mittel muss er außerdem selbst zubereiten, er ist dann also sein eigener Arzneihersteller. Anders gesagt: Hilf dir selbst, dann hilft dir Gott. Heil dich selbst, dann heilt dich der Arzt. Daher übrigens der Name Halbgott in Weiß. All das nimmt den Patienten in die Pflicht, er muss sich aktiv in seine Diagnose und Therapie einbringen. Jetzt könnte man natürlich einwenden, warum man diesen Aufwand betreiben sollte, wo man sich doch bequem in eine Arztpraxis setzen kann, in der dann alles gerichtet wird. Die Antwort: Weil sich nur noch wenige Ärzte die Zeit für exakte Diagnosen und wohl durchdachte Therapien nehmen, ganz zu schweigen davon, dass im modernen Medizinbetrieb eine individuell zugeschnittene Behandlung für den Patienten eher unerwünscht ist und man eher nach vorgeschnittenen Behandlungsmustern agiert. Wenn jedoch in Ihrem Fahrradreifen Luft fehlt, schieben Sie es ja auch nicht weinend und wehklagend in die Werkstatt. Sie pumpen es einfach auf. Was aber noch wichtiger ist: Aus der psychosomatischen Forschung weiß man mittlerweile, dass ein Patient umso schneller und nachhaltiger gesund wird, je mehr er aktiv in seine Behandlung eingebunden ist. Das hat einfach etwas damit zu tun, dass Selbstheilung und Selbstkontrolle eng miteinander verzahnt sind: Je mehr ich Einfluss auf meinen Körper und meine Gesundheit habe, umso stärker wird dadurch das Selbstheilungspotenzial meines Körpers mobilisiert. Der wache, selbst in Aktion tretende Patient ist nicht nur emanzipiert, sondern auch derjenige, der die besten Chancen auf Heilung hat. Nicht umsonst sagte schon Pfarrer Kneipp: „Gesundheit kommt nicht im Handel, sondern durch den Lebenswandel."

Ein weiteres Argument für den Einsatz von Hausmitteln: Sie gehören in der Regel zur sanften Medizin. Das heißt, sie sind ärmer an Nebenwirkungen, weil sie weniger konzentriert vorgehen und weniger auf den schnellen Erfolg aus sind. Nehmen wir als Beispiel das weithin bekannte Schmerzmittel Acetylsalicylsäure (ASS). Sie ist ein Abkömmling der Salicylsäure, wie sie beispielsweise in Weidenrinde und Tomaten vorkommt. Doch während im Zusammenhang mit ASS zahlreiche Fälle von Magen- und Darmblutungen dokumentiert sind, hat man so etwas von Weidenrinde und Tomaten in all den Jahrhunderten ihrer Anwendung noch nicht gehört. Sie wirken zwar nicht so schnell wie ASS, doch dafür hat man mit ihnen auch weniger Risiko.

Wobei man nicht den Fehler machen sollte, die Hausmittel, gerade weil sie eben sanft und nebenwirkungsarm sind, auch als wirkungsarm einzuschätzen. Nach dem Motto: Das, was wirkt, hat auch Nebenwirkungen; und das, was keine Nebenwirkungen hat, kann daher auch nicht wirken. Für die meisten Hausmittel spricht ihre Jahrhunderte währende Tradition. Für viele von ihnen existieren mittlerweile aber auch wissenschaftliche Belege für ihre Wirksamkeit. So kann es an der antibiotischen und wundheilenden Kraft von Honig etwa keine Zweifel mehr geben, und dass Ingwerkekse bei Reiseübelkeit helfen und Neembaumöl den Kopfläusen zusetzt, steht ebenfalls fest. Der taiwanische Oolong-Tee offenbarte in Studien, dass er Dermatitis-Patienten helfen kann, während B-Vitamine – mehr noch als das weithin dafür bekannte Magnesium – nachweislich bei Muskelkrämpfen helfen können. Und wer hätte schon gedacht, dass man diese Vitamine ausgerechnet im Sanddorn finden kann, der doch eher für sein Vitamin C bekannt ist?

Doch Wissenschaftler fanden heraus, dass Sanddorn, in Abhängigkeit von seinem Standort, geradezu eine B-Vitamin-Bombe sein kann.

Nichtsdestoweniger gibt es natürlich Unterschiede zwischen den volksmedizinischen Traditionen: In Indien behilft man sich anders als in Europa und Afrika. Jedes Land, jede Kultur hat ihre eigenen Hausmittel, und eine Beschäftigung mit ihnen lohnt sich immer. Wir haben die Besten von ihnen zusammengetragen. Keine Sorge, es sind keine Vollmondtänze dabei. In Rumänien fanden wir die Zitrone-Salzwasser-Spülung gegen Schnupfen, in China knallig rote Wu-Wei-Zi-Beeren gegen Stress und Hirnleistungsstörungen und hier bei uns den Kneippschen Rosmarinwein gegen niedrigen Blutdruck. Wir entdeckten unglaublich viel, und vieles davon setzte uns in Erstaunen. Wer hätte etwa gedacht, dass Zwiebelsocken bei Schnupfen helfen? Und dass ausgerechnet die Pestwurz, die man sonst als Anti-Migräne-Mittel kennt, auch bei Heuschnupfen helfen kann, durfte man auch nicht unbedingt erwarten. Es gibt kaum etwas, das spannender ist als eine Reise durch die Hausapotheken unserer Welt. Und es gibt kaum ein anderes Reisemitbringsel, das derart sanft und doch wirksam und nachhaltig unserer Gesundheit auf die Sprünge helfen kann.

Bleibt natürlich noch festzuhalten, dass Hausmittel den Besuch beim Arzt nicht vollständig ersetzen können. Es gibt Krankheiten, die man nicht selbst behandeln sollte. Schwere Infektionen mit schnell auf über 40 Grad hochschießendem Fieber gehören sicherlich dazu sowie auch Vergiftungen, schwere Verbrennungen, Bewusstlosigkeit, Knochenbrüche und andere schwere Unfallverletzungen.
Letzten Endes kann man auch das triviale Kariesloch im Zahn nicht in Eigenregie verschließen. Es sei denn, man empfindet

eine gewisse Freude an unerträglichen Schmerzen, die Welt ist schließlich bunt. Man kann wohl die Zahnschmerzen mit etwas Nelkenöl lindern, doch der Zahnschaden selbst muss beim Facharzt behoben werden.

Der Fall Spatz gegen Kanone

Die meisten Mediziner sehen auch die „großen Volkserkrankungen", also Diabetes, Rheuma, Herz-Kreislauf-Erkrankungen und Krebs als Fälle, die nicht für die Hausapotheke taugen. Doch dies sehe ich anders. Natürlich können Hausmittel keinen Lungentumor, keinen Diabetes und auch keinen Infarkt behandeln, doch die tatsächlichen Heilungsaussichten der konventionellen Medizin sind bei solchen Erkrankungen auch nicht sonderlich hoch, sie sind in jedem Falle weitaus geringer, als gerne von Ärzten und Wissenschaftlern behauptet wird. Bei diesen Erkrankungen geht es im Wesentlichen um die Linderung der Symptome und darum, den weiteren Verlauf der Krankheit zu „glätten", ihre Verschlimmerung so weit wie möglich zu verzögern. Dabei können auch Hausmittel helfen, und sei es auch nur als Ergänzung zu den konventionellen Medizinstrategien. Ich habe daher Erkrankungen von Herz und Kreislauf sowie Rheuma und Diabetes ausdrücklich in meinen Indikationenkatalog aufgenommen. Den Krebs habe ich jedoch außen vor gelassen. Erstens, weil er zu vielfältig, heterogen und unberechenbar ist, als dass man zu seiner Therapie zuverlässige Hausmittel-Tipps geben könnte. Und zweitens lässt er in der Regel keine Zeit für ein Herumexperimentieren mit Heilmethoden aus der Hausapotheke.

* * *

Zwei wichtige Tipps zum Umgang mit Hausmitteln

1 Augen auf! Ein großes Problem der Selbstmedikation mit Hausmitteln kommt bereits mit der Diagnose. Wenn bestimmte Störungen das erste Mal auftreten, ist in jedem Falle Vorsicht angebracht, denn beinahe jedes Symptom kann für die unterschiedlichsten Ursachen stehen. Die Selbstmedikation empfiehlt sich eher dann, wenn die Symptome keine Zweifel an ihrer Ursache lassen, wie etwa beim simplen Schnupfen oder Katerkopfschmerz nach einer Party. Das beste Mittel gegen den Brummschädel ist freilich, sich am Vorabend nicht hemmungslos zu betrinken. Aber das will niemand hören, ich weiß …

2 Nicht wahllos mehrere Mittel gleichzeitig zum Einsatz bringen! Denn es macht – beispielsweise – keinen Sinn, eine Warze gleichzeitig mit Teebaumöl und dem Milchsaft des Schöllkrauts zu behandeln, denn beide verfolgen dasselbe Ziel, dass nämlich der Vermehrungszyklus der Warzenviren unterbrochen wird. Wer beide Mittel anwendet, erzielt keinen zusätzlichen Effekt, sondern riskiert allenfalls eine Überreizung der Haut. Sie würden ja auch nie zwei Tapeten übereinander an die Wand kleben. Außerdem sind die Wechselwirkungen von Hausmitteln, wie bei den konventionellen Medikamenten auch, ein unkalkulierbares Risiko. Das heißt: Wenn schon kombinieren, dann mit Methode. So kann man eine Warze gleichzeitig innerlich mit einer immunstärkenden Thuja-Zubereitung behandeln und äußerlich mit einer virostatischen Teebaum-Jojoba-Ölmischung. Es führt eben kein Weg daran vorbei: Wer Hausmittel anwendet, muss immer wieder mal die einzelnen Behandlungsschritte überdenken. Weil eben der Hausmittel-Anwender kein konsumierender, sondern ein emanzipierter Patient ist, der sein Schicksal in die eigenen Hände nimmt. Und zur Emanzipation gehört nun einmal, dass man beizeiten das Gehirn einschalten muss.

Augen und Ohren

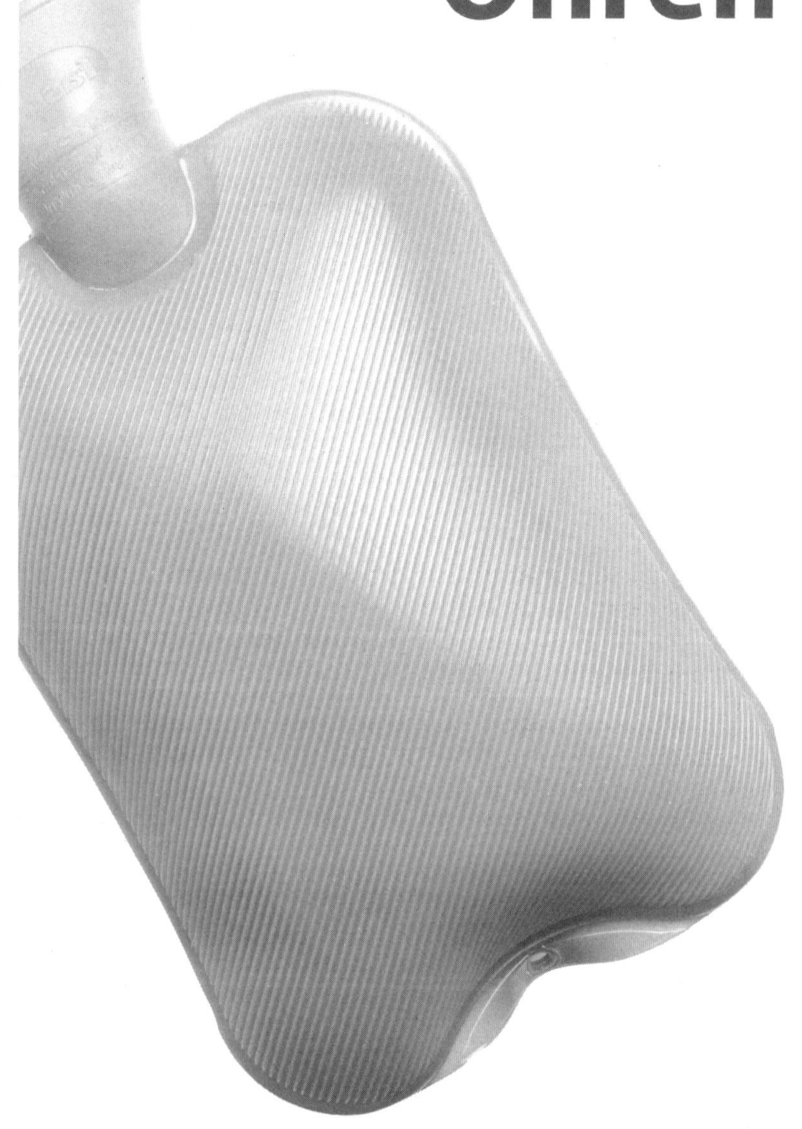

Augen, gerötete – Was kuckst du?

Die Bilder verschwimmen, die Augen brennen, man hat das Gefühl, irgendetwas im Auge zu haben. Oft kommen noch Kopfschmerzen hinzu. Wir gucken stundenlang auf Fernseh- oder Computerbildschirme, lassen die Pupillen beim Autofahren und Lesen aufmerksam hin und her wandern und orientieren uns bei all unseren Bewegungen vorwiegend an Bildern, die uns der Gesichtssinn anbietet.

Da sind Überanstrengungen unvermeidlich. Hinzu kommen oft noch unerkannte oder aus Eitelkeit nicht behobene Sehfehler, die unsere Augenmuskeln zu ermüdenden Daueranstrengungen zwingen. So werden Ihre Augen wieder fit:

„Augen-Pausen"

Unterbrechen Sie Ihre Bildschirmarbeit für einige Minuten, um aus dem Fenster zu schauen und mit Ihren Augen ein entferntes Ziel zu fixieren. Ihr optischer Apparat bleibt dadurch beweglich und bildet eine gewisse Widerstandskraft gegenüber länger andauernden Belastungen.

Den Monitor anders einstellen

Verändern Sie die Position Ihres Monitors! Japanische Wissenschaftler fanden heraus, dass sich die Lidschlagfrequenz erhöht und damit auch die Hornhaut besser geschützt und versorgt wird, wenn man den Monitor tiefer stellt und den Bildschirm etwas nach oben abkippt.

Augentrost

Das ist – wie schon der Name erwarten lässt – das Augenheilkraut

Flocken vor den Augen?

Wenn man gegen einen hellen Hintergrund blickt, etwa gegen einen klaren Himmel oder ein Stück weißes Papier, kann es schon einmal zu umhertreibenden Flocken oder „Mücken" vor den Augen kommen. Daran ist normalerweise nichts Schlimmes, außer wenn sich gleichzeitig das Sehvermögen verschlechtert oder Lichtblitze durchs Bild zucken. Hier sollte dann der Arzt hinzugezogen werden.

schlechthin. Zubereitung eines Augentrost-Tees wie folgt: Nehmen Sie einen Teelöffel für 1 Tasse Aufguss, 2 Minuten ziehen lassen, abseihen. Wenn Sie den Tee trinken, wirkt er gegen Überanstrengungskopfschmerzen. Wenn Sie ihn abkühlen lassen und in einem durchtränkten Tuch auf Ihre geschlossenen Augen legen, lindert er die dortigen Reizzustände. Wenn Sie ihn an die Wand schütten, haben Sie ein originelles Muster.

Homöopathie

Arsenicum album D6 hilft bei Bindehautentzündungen, die durch Heuschnupfen entstanden sind. Täglich 1 bis 2 Tabletten.

* * *

Augenlidränder, gerötete

Manch einer muss jetzt erstmal nachdenken, worin der Unterschied zwischen Auge und Augenlidrand besteht. Ganz einfach, Lidränder sind das, was Sie sich reiben, wenn Sie zum Beispiel eine zu kleine Schrift nicht lesen können. Die Lidränder sind entzündet und gerötet, zwischen den Wimpern zeigen sich Schuppen. In schwereren Fällen kommt es zu Wimpernausfall und eitriger Krustenbildung. Ursache der Beschwerden ist meistens eine Augenlidrandentzündung (Blepharitis) infolge von mechanischen Reizen (Rauch, Staub). In seltenen Fällen können auch Bakterien die Ursache sein.

Oft trifft es auch die Talgdrüsen

Die Blepharitis ist ein sehr verbreitetes Problem, sie kann Kinder wie Erwachsene treffen. Oft geht sie einher mit einer Verstopfung der Talgdrüsen (auch Tarsaldrüsen genannt), deren Gänge an den Lidkanten enden. In schlimmen Fällen kann sie auch auf die Bindehaut übergreifen, die Blepharitis hat jedoch keinen direkten Einfluss auf die Sehkraft.

Der Dinosaurier der Hausapotheke – Ringelblume

In Osteuropa gehört die Ringelblume (Calendula officinalis) zu den Standardtherapien bei Blepharitis. In einer klinischen Studie wurden 300 Patienten mit Ringelblumentinktur behandelt, bei 90 Prozent konnte die Krankheit komplett geheilt werden. Die Wirkung beruht darauf, dass Calendula das Wachstum von Bakterien sowie Entzündungen hemmt und die Immunabwehr stimuliert.

Bedecken Sie die geschlossenen Augen ein- bis zweimal täglich mit einem Umschlag aus warmem Calendulatee. Die Zubereitung: 1 Esslöffel Ringelblumenblüten mit 1 Tasse (200 ml) kochendem Wasser überbrühen, 10 Minuten zugedeckt ziehen lassen, abseihen. Danach noch mindestens 10 Minuten abkühlen lassen.

Sollte die Ringelblumenbehandlung binnen einer Woche bei der Lidrandentzündung nicht anschlagen, sollten Sie den Arzt aufsuchen. Er kann dann Antibiotika- bzw. Cortisonpräparate verschreiben.

* * *

Mittelohrentzündung – Hör mal, wer da hämmert

Als erste Anzeichen der Mittelohrentzündung zeigt sich ein Völlegefühl im Ohr, danach kommt es zu anhaltenden und pulsierenden Ohrenschmerzen. Häufige Begleitsymptome: Geräusche (Tinnitus), Schwerhörigkeit und (vor allem bei Kindern) Fieber. Die Mittelohrentzündung kommt oft als Folge eines grippalen Infektes.

Kinder bekommen überdurchschnittlich oft Ohrenentzündungen, weil ihre Kanäle vom Rachen zum Mittelohr noch kürzer und weiter sind als beim Erwachsenen. Dadurch gelangen Keime leichter in diese empfindlichen Bereiche des Ohrs. Kinder reagieren aber auch besonders gut auf natürliche Heilverfahren wie etwa eine Zwiebelkompresse.

Kopf hoch!

Wenn Sie den Kopf konsequent hochhalten, können sich die verstopften Verbindungsgänge zwischen Ohr und Rachen besser entleeren. Legen Sie daher beim Schlafen ein Zusatzkissen unter den Kopf.

Zwiebelkompresse

Ein bewährtes Hausmittel zur Behandlung von Mittelohrentzündungen. So wird sie angelegt:

Ein bis zwei Zwiebeln klein hacken, gut zerreiben und auf zwei Taschentücher verteilen. Jetzt werden die Tücher zusammengefaltet und jeweils auf ein Ohr gelegt. Schließlich binden Sie einen Schal um den Kopf und setzen Sie eine Mütze auf. Oft sind dann die Beschwerden bereits nach wenigen Stunden verschwunden.

Es muss nicht immer Balsamico sein

Schon die alten Assyrer verwendeten Essig zur Behandlung von Ohrenschmerzen – 3000 Jahre vor unserer Zeitrechnung. Eine Studie der Universität Seoul aus dem Jahre 2002 bestätigt dieses Einsatzgebiet. Die Wissenschaftler träufelten 15 Patienten mit Myringitis (Trommelfellentzündung) mehrmals täglich einige verdünnte Essigtropfen (Verhältnis: 1 Teil Essig/3 Teile Wasser) ins Ohr und verglichen ihr Wohlergehen mit 15 Patienten, die per antibiotischer Ohrenlösung behandelt wurden. Die Essig-Anwender wurden schon bald komplett beschwerdefrei, die Heilungsquote bei den Antibiotikum-Probanden lag hingegen nur bei 65 Prozent: ein deutliches Plädoyer für Essig als Heilmittel für Ohrenschmerzen. Und wenn man jetzt noch bedenkt, dass er im Unterschied zu antibiotischen Arzneimitteln praktisch keinerlei Nebenwirkungen hat, muss man die Ergebnisse der koreanischen Studie noch einmal höher bewerten.

Homöopathie

- Aconitum D6 hilft bei Ohrenschmerzen nach Zugluft oder kaltem Wind. Das Ohr ist rot, stark erhitzt und schmerzt. Dosierung: 3-mal täglich 5 Tropfen.
- Belladonna D4 bei Ohrenstechen mit starkem Schwitzen, das Stechen verläuft synchron mit dem Puls. Dosierung: Zunächst stündlich 5 Tropfen, bei Besserung täglich 3-mal 5 Tropfen.

- Chamomilla D6 ist vor allem bei Kindern wirksam. Es hilft bei Ohrenschmerzen, die durch Wärme schlimmer und durch das Trinken kalter Getränke besser werden. 3-mal täglich 5 Kügelchen (Globuli) auf der Mundschleimhaut zergehen lassen.

Tinnitus – Bei mir piept's

Ohrgeräusche sind mittlerweile zu einem Volksleiden geworden. Über ihre Ursachen wird immer noch mehr spekuliert als gewusst. Dementsprechend muss man auch bei der Therapie eine Menge Geduld aufbringen.

Druck hilft ruckzuck

Die folgende Akupressur kann man bei akutem und frischem Tinnitus versuchen. Drücken Sie zunächst 7 Sekunden lang mit Ihrem Zeigefinger auf die Kuhle über der Oberlippe, direkt unterhalb der Nase. Danach folgt ein mittelschweres Pressen am Ende der Nasenwurzel neben den Augenbrauen, ebenfalls für 7 Sekunden. Wiederholen Sie diese Pressuren mehrmals am Tag!

Viele Faktoren

Tinnitus und Hörsturz werden gerne als typische Stresserkrankungen angesehen. Tatsache ist jedoch, dass der Stress nur einer von vielen Faktoren ist, die in ihrer Entstehung eine Rolle spielen.

Die folgenden Akupressur-Griffe fördern die Durchblutung im Ohr. Nehmen Sie, dort wo der obere Ohrknorpel beginnt, jeweils den Knorpelrand beider Ohren zwischen Daumen und Zeigefinger. Wandern Sie um das ganze Ohr herum, wobei die beiden Finger den Rand kräftig massieren. Nach etwa einer Minute sollten Sie unten am Ohrläppchenansatz angekommen sein, wandern Sie jetzt wieder zurück zum Beginn des oberen Randes. Danach drücken Sie 7 Sekunden lang den Mittelfinger kräftig an die Stelle, wo sich das Ohrläppchen mit dem Gesicht verbindet, dann weitere 7 Sekunden direkt vor dem Ohrzäpfchen (Sie spüren dort eine kleine Kuhle) und schließlich noch 7 Sekunden am Beginn des oberen Knorpelrandes (auch dort sollten Sie eine Kuhle spüren). Spätestens nach 3 Minuten merken Sie, wie Ihre Ohren warm und angenehm durchblutet werden. Wiederholen Sie diese Akupressur mindestens 4-mal pro Tag!

Stille per Mittelwelle

Wer Tinnitus lindern will, muss sein Gehirn dazu bringen, ihn zu vergessen. Dazu sollten Sie Ihre Umwelt mit leisen, unspezifischen Reizen ausstatten. Dabei hilft der „Radio-Trick“:

Schalten Sie Ihr Radio auf Mittelwelle ein! Keinen Sender einstellen, sondern das typische gleichförmige Mittelwellenrauschen! Stellen Sie es dann mit dem Klangregler oder dem Equilizer am Radio so ein, wie es am angenehmsten für Sie klingt. Das Mittelwellenrauschen erinnert durchaus an eine sanfte Meeresbrandung und es ist aus „rosa" Frequenzen zusammengesetzt, das heißt es bedient das menschliche Klangbedürfnis auf ziemlich natürliche Weise. Das UKW-Rauschen ist demgegenüber zu „hart", da es recht höhenlastig in den Frequenzen ist. Stellen Sie das Radio am Morgen auf eine bestimmte Lautstärke ein und dann belassen Sie es so (beim Tinnitus-Retraining geht es ja auch darum, die externen Rauschquellen zu vergessen!). Falls Sie jedoch deutlich bemerken, wie Ihr Tinnitus im Verhältnis zum Rauschen des Radios leiser geworden ist, drehen Sie dessen Lautstärke herunter. Wichtig ist, dass das Mittelwellenrauschen stets deutlich leiser ist als Ihr Tinnitus!

Die Ohren „durchpusten"

Ginkgo-biloba-Blätter enthalten Substanzen, die das Fließverhalten des Blutes und dadurch die Durchblutung im Innenohr verbessern. Außerdem machen Sie das dortige Gewebe widerstandsfähiger gegen Sauerstoffnot. Allerdings werden diese Wirkungen nur von standardisierten Präparaten erzielt, die einen bestimmten Gehalt an Ginkgoflavonglykosiden und Terpenlactonen aufweisen. Fragen Sie in der Apotheke danach! Die Dosierung richtet sich nach der jeweiligen Packungsbeilage.

Das Anti-Sausen-Mineral

Magnesium hat vor allem dann Chancen, wenn das Ohrensausen zusammen mit einem Hörsturz aufgetreten ist. Es verbessert den Blutfluss zum Innenohr, Sinnes- und Nervenzellen unter Stress zeigen zudem oft Magnesium-Defizite. Lärmgeplagte Bauarbeiter erleiden beispielsweise seltener Innenohrschäden, wenn man sie ausreichend mit dem Mineral versorgt. Israelische Wissenschaftler fanden zudem Hinweise darauf, dass Magnesium-Präparate den Hörsturz-Patienten vor allem ihre tiefen Töne wiedergeben kann. Voraussetzung ist jedoch, dass sie unmittelbar nach dem Hörsturz zum Einsatz kommen. Die Einnahme erfolgt am besten über kombinierte Magnesium-Vitamin-E-Präparate aus der Apotheke („Magnesium-Plus-Hevert", „Mapurit"), da auch für das Vitamin Hinweise gefunden wurden, dass es beim Hörsturz hilfreich sein kann. Bei der Dosierung sollte der Vitamin-E-Anteil nicht 400 IE (Internationale Einheiten) pro Tag überschreiten. Sollte sich nach drei Wochen keine Besserung eingestellt haben, ist die Therapie als wirkungslos einzuschätzen und dementsprechend abzusetzen.

Achtung, Scharlatane!

Hüten Sie sich vor den Heilsversprechungen einiger selbsternannter Tinnitus-Experten, die ihnen möglicherweise zu Urineinträufelungen ins Ohr, indianischen Ohrenkerzen oder endlosen Psycho-Sitzungen raten! Die Tatsache, dass die Schulmedizin dem Tinnitus mehr oder weniger ratlos gegenüber steht, heißt noch lange nicht, dass die alternativen Heilmethoden mehr Erfolgsaussichten besitzen.

Homöopathie

Hypericum D6 wirkt beruhigend auf Gehirn, Rückenmark und die dort entspringenden Nerven und hat daher bei Ohrensausen eine gewisse Erfolgsaussicht. Dosierung: 3-mal täglich 5 bis 10 Kügelchen (Globuli).

* * *

Atemwegs-erkrankungen

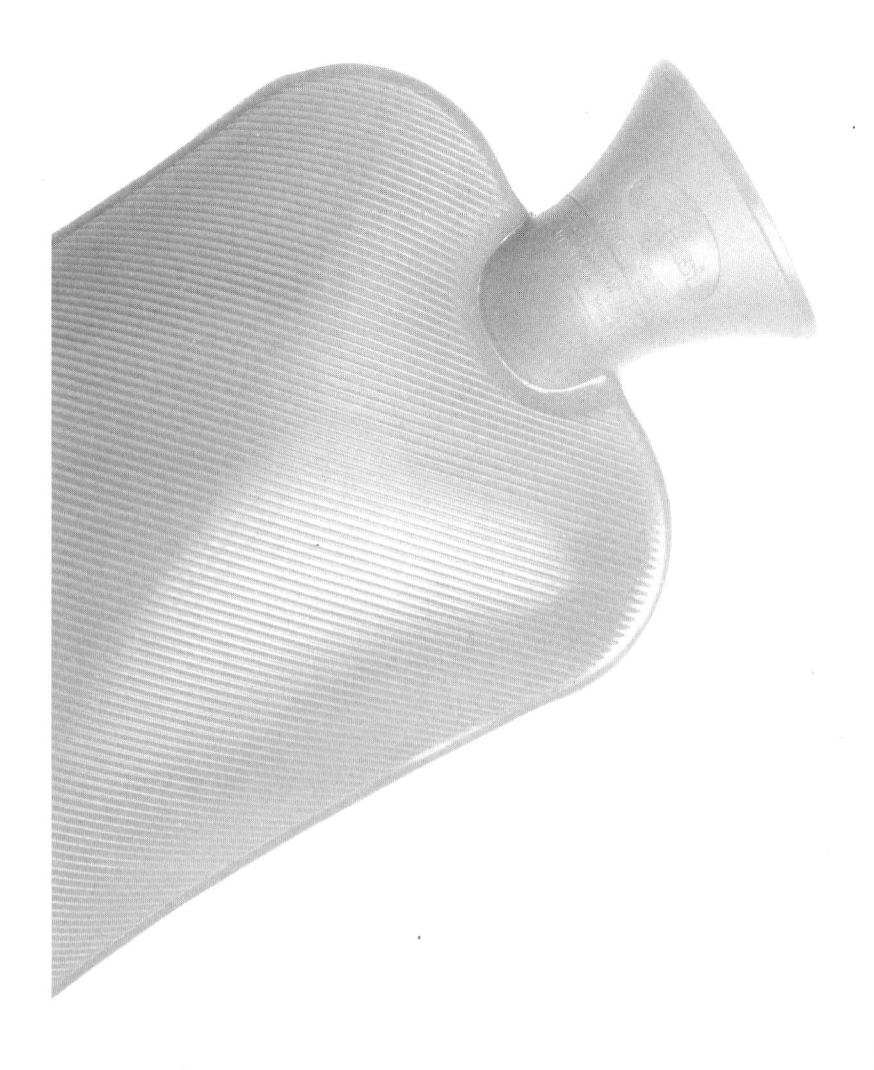

Halsschmerzen

Halsschmerzen werden meistens durch Entzündungen der Rachenschleimhaut verursacht. Sie äußern sich in Trockenheit, Brennen, Sprach- und Schluckbeschwerden. Hauptursache für diese Beschwerden sind Infekte der oberen Atemwege sowie die ausgetrocknete Luft aus Eisenbahnabteilen und klimatisierten oder überheizten Räumen. Sofern sich auf den Mandeln im hinteren Halsbereich ein weißlich-gelber Belag zeigt, handelt es sich um eine bakterielle Mandelentzündung. Sie wird auch oft von Fieber begleitet.

Auch wenn's kitzelt – Zungebürsten!

In der Prophylaxe von Heiserkeit und Halsschmerzen empfiehlt man in der vorderasiatischen Volksmedizin das Zungebürsten. Darunter versteht man einfach das einminütige Massieren der Zungenoberfläche mit einer Zahnbürste. Bei diesem Procedere werden viele potentielle Krankheitserreger aus dem Mund- und Rachenraum entfernt. Das Ganze wirkt noch besser, wenn man vor der Zungenmassage einen Tropfen Essig auf die Zahnbürste gibt. Die Zungenmassage sollte täglich einmal durchgeführt werden, am besten nach der abendlichen Zahnreinigung.

Achtung!

Halsschmerzen sind ein Fall für den Arzt, wenn folgende Begleitsymptome auftauchen:
- Atembeschwerden
- Der Hals reagiert empfindlich auf Berührung
- Ohrenschmerzen
- Fieber über 39,5 Grad
- Wenn Halsschmerzen und Heiserkeit länger als zwei Wochen andauern

Schonung!

Schonen Sie Ihren Hals! Nehmen Sie hauptsächlich flüssige Nahrung zu sich, am besten mäßig kalte Fruchtsäfte und stille Mineralwässer.

Bevor Sie den Salat haben

Essig ist ein altes und bewährtes Hausmittel bei Halsschmerzen und Heiserkeit. Mischen Sie dunklen Essig, Wasser und Honig (am besten eine dunkle, gerbstoffreiche Sorte) zu gleichen Teilen, nehmen Sie alle drei

Stunden einen Teelöffel davon ein. Am Abend, nach dem Zähneputzen, gurgeln Sie dann am besten noch mit einer Essig-Wasser-Mischung, wobei die Zutaten in gleichen Teilen zusammengerührt werden.

Gurgeln mit Cystus-Sud

Der aus dem griechischen Cystus-Strauch (Cistus incanus) gewonnene Sud enthält Gerbstoffe, die dafür sorgen, dass die Schleimhäute im Rachenraum robuster gegenüber Infektionen und Umweltreizen werden. Dadurch verkürzt sich der Krankheitsverlauf. Prof. Holger Kiesewetter von der Berliner Charité ließ 53 Patienten mit Halsentzündung alle drei Stunden lang 2 Minuten lang mit Cystus-Sud gurgeln. Die Patienten zeigten sieben Tage später deutlich weniger Symptome als eine Kontrollgruppe, die lediglich mit Tee gegurgelt hatte. Ein großer Vorteil des Suds besteht darin, dass man ihn nach dem Gurgeln herunterschlucken kann. Darin unterscheidet er sich von den meisten konventionellen Gurgelmitteln. Durch das Herunterschlucken erzielt man gleichzeitig noch einen entgiftenden Effekt „von innen heraus". Man erhält den fertig abgemischten Cystus-Sud in der Apotheke. Für Kinder, die noch Probleme mit dem Gurgeln haben, empfiehlt sich das Lutschen von Cystus-Tabletten.

Omas Oldies

Kalte Halswickel hemmen die Entzündungsprozesse. Und so werden sie angelegt:
Falten Sie ein Leinentuch (etwa 20 x 60 Zentimeter) der Länge nach zusammen und tauchen Sie es in kaltes Leitungswasser. Lassen Sie es abtropfen, dann wickeln Sie es locker um den Hals. Darüber legen Sie noch ein trockenes Handtuch, um Wasserflecken auf der Kleidung zu vermeiden. Dauer der Anwendung: 20 Minuten. Wenn der Wickel warm geworden ist, müssen Sie ihn erneuern. Wiederholen Sie die Anwendung zweimal pro Tag. Großmutters Tipp: Geben Sie ein wenig Essig ins Wasser, das stabilisiert die kühlende Wirkung!

Tiiief einatmen

Inhalationen mit Kamille, Thymian und Oregano wirken entzündungshemmend und helfen gegen das Reizgefühl im Hals. Und so wird's gemacht:

Mischen Sie jeweils gleiche Teile der Pflanzen zusammen und übergießen Sie davon 2 Esslöffel in einer Schüssel mit 1 Liter heißem Wasser.
Überdecken Sie Ihren Kopf und Nacken, atmen Sie die Dämpfe ein, wechselweise mit Mund und Nase. Wichtig: Das Atmen darf Ihnen nicht weh tun, gehen Sie nicht zu nahe an die Flüssigkeit heran! Dauer der Anwendung 8 bis 10 Minuten. Inhalieren Sie zweimal pro Tag. Danach nicht direkt an die frische Luft nach draußen gehen!

Homöopathie

• Belladonna D6 hilft bei Schluckschmerzen, wenn der Rachen hochrot und trocken ist und die Mandeln geschwollen sind. Dosierung: 3-mal täglich 2 Tabletten.
• Apis D6 hilft Ihnen, wenn Belladonna keinerlei Wirkung (also auch keine vorübergehende Verschlimmerung der Beschwerden) bei Ihnen erzielen konnte. Dosierung: 3-mal täglich 2 Tabletten.
• Phytolacca D6 ist Mittel der Wahl bei starken Halsschmerzen, tiefrotem Rachen und einem Schmerz, der zu den Ohren hinaufzieht und bei Druck auf den Hals nachlässt. Dosierung: 3-mal täglich 2 Tabletten.
• Lachesis D12 hilft, wenn Ihr Hals sehr berührungsempfindlich ist und wenn Sie nach dem Schlucken einer warmen Flüssigkeit spüren, wie sich Ihnen die Kehle zuschnürt. Dosierung: 2-mal täglich 1 Tablette.
• Aconitum D6 hilft, wenn die Halsschmerzen durch trockene, kalte Luft oder Fahrtwinde ausgelöst wurden. Es hilft nur vorbeugend oder zum Beginn der Erkrankung, ist aber in diesem Stadium sehr zuverlässig. Dosierung: 3-mal täglich 2 Tabletten.

Akupressur

Akupressur ist bei der Behandlung von Halsentzündungen als sehr wirksam einzuschätzen, da die Schleimhäute sehr gut durch äußerliche Massagen an bestimmten Reizpunkten beeinflusst werden können. Der zuständige Punkt ist die „Talsenke“. Er liegt auf der Rückseite Ihrer Hand. Am besten finden Sie ihn, wenn Sie (mit dem Zeigefinger der anderen Hand) vom linken Handgelenksrand in Richtung Daumenkuhle wandern. Etwa ein bis zwei Zentimeter vor der Kuhle endet der Handknochen und Sie geraten in eine Vertiefung – das ist die „Talsenke“.

Drücken Sie diesen Punkt in kreisenden Bewegungen kräftig für 5 Minuten, danach wechseln Sie die Hand. Machen Sie diese Übung morgens und abends.

Und das nicht nur zur Weihnachtszeit …

Bei Halsschmerzen mit Heiserkeit können Backäpfel helfen. Dazu werden die Äpfel mit reichlich Honig übergossen und anschließend im Backofen gegart. Man isst sie, wenn sie noch warm, aber auch nicht mehr heiß sind. Die Pektine des Apfels wirken sanft antibiotisch und entzündungshemmend, und Honig galt schon in der frühen asiatischen Medizin als wirksamer „Infektkiller".

Die richtige Vorbeugung: So bleibt Ihr Hals gesund!

- Überprüfen Sie die Luftfeuchtigkeit in Ihren Wohn- und Arbeitsräumen. Liegt sie unter 45 Prozent, trocknen Ihre Schleimhäute aus und werden anfälliger für Entzündungen. In diesem Falle muss die Raumluft angefeuchtet werden. Stellen Sie einen Kessel Wasser auf die Heizung, auch das Aufhängen von nassen Handtüchern trägt zur Feuchtigkeit bei.
- Hören Sie auf zu rauchen!
- Atmen Sie hauptsächlich durch die Nase ein.
- Seien Sie beim Sprechen entspannt! Lassen Sie die Worte fließen! Versuchen Sie mit möglichst wenig Krafteinsatz zu sprechen, bewegen Sie die Lippen, lassen Sie die Vokale ungehindert durch Ihren Mund „wehen", ohne sie zurückhalten zu wollen!
- Stärken Sie Ihre Abwehrkräfte! Betreiben Sie viel Sport an frischer Luft! Machen Sie immer mal wieder eine zwei- bis dreiwöchige Kur mit Eberrautentee! Man erhält ihn in der Apotheke.

* * *

Heuschnupfen – Fenster, Tür und Nase zu

Der Heuschnupfen erscheint jedes Jahr zur selben Zeit, meistens in den Frühjahrs- und Sommermonaten. Er kündigt sich an durch Nasenjucken. Die von betroffenen Kindern häufig durchgeführte Handbewegung von der Oberlippe aufwärts zur Nasenspitze wird gerne als „allergischer Gruß" bezeichnet. Später tropft dann die Nase (die Flüssigkeit ist meistens dünn und klar), oft kommt es zu lang anhaltenden Niesattacken. Die Augen zeigen eine rote Farbe und stehen meistens unter Tränenwasser.

Auslöser des Heuschnupfens sind neben Gräserpollen die Pollen von Bäumen, Sträuchern und Kräutern. Zwischen Februar und April dominieren die Frühblüher wie Erle, Hasel und Birke, von Mai bis Juni lassen Gräserpollen die Nasen tropfen, und im Spätsommer und frühen Herbst ist es der Blütenstaub von Beifuß, Spitzwegerich und anderen Kräutern, der dem Allergiker zusetzt.

Drehen Sie den Pollen eine Nase

Einen halben Teelöffel Ackerschachtelhalm (Equisetum arvense) in 0,75 l Wasser kurz aufkochen und nach etwa 5 Minuten abseihen. Der Tee eignet sich für Nasenspülungen, weil er die Nasenschleimhäute abschwellen lässt. In den Apotheken gibt es mittlerweile spezielle Kannen für Nasenspülungen zu kaufen. Sie sind leichter in der Anwendung als die klassischen Yogi-Kannen mit langer Tülle.

Immer früher!

Die Pollenallergiker müssen aufgrund der Erderwärmung in den letzten Jahren immer früher mit tropfenden Nasen und brennenden Augen rechnen. Beispielsweise hat sich laut Ärzteverband Deutscher Allergologen die Flugzeit der Pollen von Haselnuss, Erle und Birke in den Winter hinein verlagert, zum Teil blühen diese Bäume sogar schon Anfang Februar. Besonders betroffen von dieser Entwicklung sind die Bewohner von Städten, weil hier die Durchschnittstemperaturen noch einmal um zwei Grad höher sind als auf dem Land.

Pestwurz kontra Pollen

Jüngere Studien aus der Schweiz geben Hinweise darauf, dass Pestwurz bei Pollenallergien helfen

kann. Er ist ähnlich hilfreich wie die bekannten Antihistaminika, nur mit weniger Nebenwirkungen.
Pestwurz enthält allerdings giftige Pyrrolizidinalkaloide und sollte daher nicht als Teeaufguss verarbeitet werden. Bei der Therapie sollte man besser auf Präparate setzen, deren Extrakt in einem Spezialverfahren mit flüssigem Kohlendioxid gewonnen wurde. Durch dieses Verfahren werden nämlich die giftigen Stoffe ausgespült. Man erhält die entsprechenden Präparate in der Apotheke.

Magnesium, der Allrounder

Göttinger Wissenschaftler konnten nachweisen, dass Magnesium durch seine antagonistische Wirkung gegenüber Kalzium die Mastzellen des Immunsystems davon „überzeugt“, weniger Histamine in den Blutkreislauf abzugeben. Es hat daher auch bei Heuschnupfen eine Chance verdient. Eine Magnesiumkur macht jedoch nur Sinn, wenn sie vier bis sechs Wochen vor dem erwarteten Ausbruch des Heuschnupfens begonnen wird. Natürliches Magnesium findet sich im „Bärlauch Magnesium“ aus der Apotheke. Nehmen Sie davon drei bis vier Kapseln pro Tag.

Klein, aber oho!

Mikrobiologen der Universität Michigan fanden Hinweise darauf, dass häufiger Antibiotika-Konsum das Risiko für Atemwegsallergien erhöht. Der Grund: Die Medikamente zerstören die Darmflora, die im Immunsystem als „immunologischer Erkennungsdienst“ fungiert. Gelangen dann Fremdkörper in die Atemwege, stoßen sie auf ein relativ unvorbereitetes Immunsystem, das zu Überreaktionen neigt. Die Wissenschaftler empfehlen daher, nach einer Antibiotika-Therapie generell einen Aufbau der Darmflora durchzuführen. Dazu dienen nicht nur probiotischer Joghurt und Kefir mit ihren Milchsäurebakterien, sondern auch Nahrungsmittel mit hohem Anteil an Polyphenolen, weil diese Stoffe als Basis für die Darmflora dienen. Einen hohen Anteil an Polyphenolen haben Rotbusch-, Jasmin- und Grüntee sowie Roggenvollkorn und die meisten Kohlsorten.

Homöopathie

Alium cepa D6. Hilft gegen starken Niesreiz. Es ist daher vor allem bei Heuschnupfen geeignet.

* * *

Husten – wir haben ein Problem ...

Tag für Tag ziehen wir zwischen 10 000 und 15 000 Liter Luft durch unsere Lungen. Ein überlebenswichtiger Mechanismus, der daher vom Körper mit mannigfaltigen Methoden funktionsfähig gehalten wird. Eine davon ist der Hustenreflex: Die Stimmritze im Kehlkopf öffnet sich und die Atemluft samt Fremdkörpern und gelöstem Schleim wird hinausgestoßen – und das mit einer Geschwindigkeit von bis zu 100 Stundenkilometern.

Der Hustenreflex wird durch zahlreiche Sinneszellen in der Bronchialschleimhaut und den Atemwegen ausgelöst. Bei Reizung dieser Zellen (z.B. durch Gase, Kälte, Fremdkörper) werden Signale ans Gehirn weitergeleitet, von wo aus schließlich gezielte Befehle an die Muskeln des Oberkörpers (vor allem die Rücken- und Bauchmuskeln) gesendet werden. Der Hustenreflex genießt in der Bewertungsskala des Gehirns absolute Priorität. Was konkret heißt: Wenn wir uns erst einmal „eingehustet" haben, können wir auch nicht mehr ohne weiteres aufhören. Aus diesem Grund endet so mancher Hustenanfall mit bedrohlicher Atemnot.

Vorsicht, Lungenentzündung!

Kommt es zu starkem Husten, Atemschmerzen, Müdigkeit, Erschöpfung und hohem Fieber, besteht der Verdacht einer Lungenentzündung. Spätestens hier muss der Arzt hinzugezogen werden!

Wer wie was – wieso weshalb warum

Die Ursachen für Husten können vielfältig sein:

- Reizhusten löst ein Kribbeln im Hals aus und ist typisch für Empfindlichkeit gegenüber Kaltluft; er kündigt oft eine nahende Erkältung an.
- Hüsteln oder Räuspern ist in der Regel psychosomatisch bedingt.

• Wenn man sich verschluckt hat, ist ein Fremdkörper in die Atemwege gelangt, den der Körper unbedingt entfernen will. Dieser Husten erledigt sich in der Regel, wenn der Fremdkörper abgehustet worden ist.

• Tief sitzender Husten mit Schleimauswurf zeigt meistens eine Bronchitis an. Sie tritt oft im Zusammenhang mit Erkältungen und grippalen Infekten auf. Der Husten verstärkt sich in der Regel bei raschem Temperaturwechsel oder dann, wenn der Patient seine Lage im Bett verändert.

• Kratzender und krampfartiger Husten ist typisch für asthmatische Erkrankungen und Keuchhusten.

Kaiserschnitt nicht immer Königsweg!

Sofern nicht eine klare medizinische Indikation dagegen spricht, sollte man auf eine Geburt per Kaiserschnitt verzichten. Denn der erhöht beim Kind das Asthma-Risiko um 52 Prozent, wie Forscher der Universität Bergen in Norwegen ermittelten. Mögliche Erklärung: Das Kaiserschnittkind ist nicht wie bei der vaginalen Geburt den Bakterien der mütterlichen Scheide ausgesetzt, und damit unterbleibt ein wichtiger Trainingsreiz für sein Immunsystem.

Kaffee erweitert Bronchien

Die Methylxanthine aus Kaffee erweitern die Bronchien. In einer Studie zeigten Kaffeetrinker fast ein Drittel weniger Asthma-Symptome, bei Teetrinkern fanden sich dagegen keine Besserungen. Es besteht also für Asthmatiker kein Grund, den Kaffee vom Speisezettel zu verbannen. Koffeinhaltiger Kaffee kann allerdings die Wirkung von Asthmamitteln aus der Gruppe der Sympathikomimetika (z. B. Apsomol, Loftan, Volmac) verstärken und dadurch zu Herzrasen führen.

Tee schützt vor Keuchhusten

Die Impfungen der letzten Jahre haben dafür gesorgt, dass Keuchhusten (Pertussis) als Kinderkrankheit stark zurückgegangen ist. Dafür werden immer mehr Erwachsene und Jugendliche befallen. Jüngere Studien belegen, dass bei etwa jedem fünften Erwachsenen, der länger als zwei Wochen unter Husten leidet, der Pertussis-Erreger nachweisbar ist. Er nimmt aber bei ihnen nicht den typischen „Bellcharakter“ des kindlichen Keuchhustens an, sondern entwickelt eher die Symptome eines krampfhaften asthmatischen Hustens. Zudem entdeckten japanische Wissenschaftler, dass Schwarzer Tee einen präventiven Schutz vor Keuchhusten aufbaut. Der Grund: Seine Gerbstoffe hindern den Pertussis-Erreger daran, sich an menschlichen Schleimhäuten anzudocken. Als Dosis werden 3 bis 4 Tassen pro Tag empfohlen.

Gegen Husten ist so manches Kraut gewachsen

• *Eibischtee*

Ein Klassiker bei Reizhusten infolge von Zigarettenqualm oder kalter Luft. Man bereitet ihn kalt zu, damit der Schleim der Eibischwurzeln nicht verloren geht.

1 Teelöffel der Wurzeln mit 250 Milliliter kaltem Wasser übergießen. Lassen Sie das Ganze zugedeckt mindestens zwei Stunden lang ziehen. Trinken Sie von dem zähflüssigen Getränk 3 bis 4 Tassen pro Tag.

• *Tee mit Thymian und Johanniskraut*

Diese Mischung hilft bei nervös bedingtem Reizhusten und Hüsteln. Mischen Sie beide Pflanzen zu gleichen Teilen. Dann übergießen Sie 3 Teelöffel der Mischung mit 1 Tasse kochendem Wasser. 10 Minuten zugedeckt ziehen lassen, schließlich abseihen. Trinken Sie davon 2 bis 3 Tassen pro Tag, am besten nach den Mahlzeiten.

Omas Küchensupport

• *Rettichsaft mit Honig*

Ein altes und chancenreiches Rezept aus Großmutters Zeiten. Hilft bei Bronchitis und Keuchhusten. Dazu höhlen Sie den Rettich aus und füllen ihn mit Honig. Nach drei bis fünf Stunden wird er kopf-

Antibiotika: Mit Kanonen auf Windmühlen

Die Bronchitis gehört zu den häufigsten Anwendungsgebieten für Antibiotika. Eine Studie der englischen Universität Southhampton lässt jedoch Zweifel an dieser Verordnungspraxis aufkommen. Denn bei den 807 untersuchten, zum Teil fiebrigen Bronchitispatienten zeigten Antibiotika keine sonderlichen Effekte, was den Verlauf und die Dauer der Erkrankung anging. „Eine unkomplizierte Bronchitis dauert in der Regel drei Wochen", so Studienleiter Paul Little, „egal, ob mit oder ohne Antibiotika."

über in eine Schüssel gestellt, jetzt kann der fertige Hustensaft aus Honig und Rettichwasser herausfließen und gesammelt werden. Trinken Sie von dem Saft zweimal pro Tag nach den Mahlzeiten!

• *Quittensuppe mit Honig*

Die Kerne und das Fleisch der Quitte enthalten überdurchschnittlich viel Pflanzenschleim, der sich wie ein Schutzfilm über unsere oberen Atemwege legt. Darüber hinaus enthält die Frucht große Mengen an Vitamin C, Zink und Jod. Die Quitte ist für die Küche in besonderem Maße geeignet, denn durch ihren hohen Gehalt an Pektinen braucht man kaum Gelierstoffe, um sie einzukochen. Für das Einkochen sollte übrigens ein Dampfsieb und nur wenig Wasser verwendet werden.

Großmutters Quittenrezept gegen Bronchitis:

Etwa 150 Gramm Quitten schälen und in kleine Würfel schneiden. Dann kocht man sie in 250 Milliliter Wasser weich und streicht sie durch einen Sieb. Abgeschmeckt wird mit etwas Zitronenschale und reichlich Honig. Zum Schluss wird die Suppe über ein paar Zwiebackstückchen in einen Teller gegossen.

Besser als Hustensaft: Buchweizenhonig

Buchweizenhonig zeigte in einer amerikanischen Studie an 105 hustenden Kindern eine bessere Wirksamkeit als ein konventioneller Hustensaft mit dem Wirkstoff Dextromethorphan. Laut Studienleiter Ian Paul von der Pennsylvania State University linderte das Bienenprodukt nicht nur die Hustensymptome, sondern verbesserte auch den Schlaf. „Darüber hinaus ist Buchweizenhonig in seiner Anwendung sicher und kinderfreundlich", so Paul. Nicht nur, weil er praktisch risikofrei ist. Sondern auch, weil er mit seiner Konsistenz und auch sei-

Bronchitis: Milch beugt vor!

Laut einer amerikanischen Untersuchung leiden milchtrinkende Raucher erheblich seltener an Bronchitis als Raucher, die keine Milch trinken. Wahrscheinlich schützen die Milchinhaltsstoffe unser Immunsystem vor den Attacken der beim Rauchen entstehenden freien Radikale.

nem süßen Geschmack quasi ein natürlicher Hustensaft ist. Man erhält ihn in Naturkostgeschäften, einige Imker bieten ihn auch im Direktvertrieb an. Die Dosierung: drei bis fünf Teelöffel pro Tag, etwa eine halbe Stunde vor den Mahlzeiten.

Knoblauch: Freier Atem durch dicke Knollen

Die würzigen Zehen enthalten einen Wirkstoff namens Allicin. Die Schwefelverbindung wirkt entzündungshemmend, indem sie den Arachidonsäurestoffwechsel hemmt, aus dem heraus die typischen Entzündungserscheinungen der Atemwege (starke Schleimbildung, gereizte Bronchien, ständiger Hustenreiz) gebildet werden. Gerade bei chronischer Bronchitis empfiehlt es sich, den Verzehr an Knoblauch deutlich zu steigern. Mit Hilfe von Milchprodukten lassen sich die dabei anfallenden Körper- und Mundgerüche lindern, außerdem hilft Milch ebenfalls bei Atemwegserkrankungen. Trinken Sie bei starkem Husten täglich ein Glas Milch, in das Sie eine Knoblauchzehe hineingepresst haben.

Raucher brauchen Fenchel

Hilfreich bei Raucherhusten. 4 Esslöffel Fenchelsamen einige Minuten in 3 bis 4 Liter kochendem Wasser ziehen lassen. Dann das Gesicht über den Dampf halten und Kopf, Oberkörper und Schüssel mit einem Handtuch bedecken. Atmen Sie langsam und tief, wechselweise durch Mund und Nase. Dauer der Anwendung: 8 bis 15 Minuten.

Von Kopf bis Fuß auf Kräuter eingestellt

Ansteigende Fußbäder mit Thymian- und Ackerschachtelhalm helfen bei beginnenden Infekten der oberen Atemwege. Kochen Sie zunächst jeweils 1 Liter Thymian- und Schachtelhalmtee, indem Sie jeweils 8 Teelöffel der beiden Kräuter mit 1 Liter kochendem Wasser übergießen, 10 Minuten zugedeckt ziehen lassen und danach abseihen. Diese beiden Tees schütten Sie dann in eine hohe Fußbadewanne und ergänzen Sie mit kaltem Wasser, bis eine Temperatur von etwa 33 Grad Celsius erreicht ist. Stellen Sie dann Ihre Füße in die Wanne. Jetzt gießen Sie langsam aus einer Kanne oder einem Kessel heißes Wasser hinzu, damit die Temperatur langsam auf 42 Grad ansteigt. Danach Füße abtrocknen und warme Strümpfe anziehen. Vergessen Sie nicht, sich nach dem Fußbad etwas Ruhe zu gönnen!

Fischöl für Frischluft

Wissenschaftler beobachteten, dass Eskimos deutlich seltener an den Atemwegen erkranken als andere Erdenbürger. Ändern sie jedoch ihre Ernährung, indem sie weniger Fisch konsumieren, lässt dieser Effekt deutlich nach. Es besteht also ein guter Grund zur Annahme, dass die Omega-3-Fettsäuren aus Fisch unsere Atemwege gesund halten. In anderen Untersuchungen zeigte sich zudem, dass Fischöl unseren Immunstoffwechsel „umerziehen" kann. Nämlich weg von der Arachidonsäure, und dadurch weg von der Produktion von Stoffen, die für eine Engstellung unserer Bronchien sorgen. Mit anderen Worten: Fischöl ist eine Art von Hustensaft, der unsere Atemwege offen hält. Setzen Sie daher mindestens dreimal pro Woche fetten Fisch auf den Speiseplan (z.B. Makrele, Hering oder Sardine, aber keinen Aal, denn der füttert den Arachidonsäurestoffwechsel!). Vor allem Kinder profitieren von dieser Ernährungsumstellung! Falls das Kind keinen Fisch mag, sind Fischölkapseln aus der Drogerie oder Apotheke (Dosierung: 2 bis 3 Gramm Öl pro Tag) eine Alternative.

Homöopathie

- Drosera Pentarkan hilft bei krampfartigem Husten ohne Schleimauswurf. 4-mal täglich 10 Tropfen, bei starkem Husten stündlich.
- Hepar sulfuris D12. Beseitigt Reizhusten bei kaltem Wetter. 3-mal täglich 1 bis 2 Tabletten.
- Pulsatilla D6 bei trockenem Husten nachts, lockerem Husten mit reichlich Schleim am Morgen (typisch für Raucherhusten).

* * *

Schnupfen – Nasen laufen ohne Beine

Die Nase tropft oder ist rettungslos verstopft, im Rachenraum schmerzt es, und mitunter hat man auch noch Fieber und Husten – kaum eine Krankheit kommt so häufig wie der triviale Schnupfen. Er ist die Folge einer Virusinfektion der oberen Atemwege. Sie ist ansteckend, man holt sie sich also in der Regel von einem anderen Menschen, der seine Viren über Niesen, Husten oder Hautkontakt weitergibt. Prinzipiell kann man zu jeder Jahreszeit eine Erkältung bekommen, doch im Winter ist die Gefahr besonders hoch. Der Grund: In den kalten Monaten kommt es öfter zu kalten Füßen, auf die unser vegetatives Nervensystem damit reagiert, die Durchblutung in den Atemwegen zu drosseln. Dadurch sinkt die Abwehrfähigkeit der Schleimhäute, und die Schnupfenviren haben es nun leichter, in den Organismus vorzudringen.

Der Durst hat Recht

Das Nervensystem des Menschen reagiert bei fieberigen Infektionen, also auch bei Erkältungen, grundsätzlich mit einer Senkung des Appetits und einer Steigerung des Durstempfindens. Diese „Empfindungsstrategie“ macht durchaus Sinn. Denn der Körper muss seine Kräfte auf den Kampf gegen Viren bzw. Bakterien richten, da würde die Verdauung von opulenten Speisen lediglich wichtige Kraftreserven kosten. Der Wasserbedarf ist bei Infektionskrankheiten grundsätzlich erhöht, die Zellen des Immunsystems sind umso beweglicher und aggressiver, je besser sie mit Wasser versorgt sind. Allerdings sollt man auch nicht über den Durst trinken, wie immer wieder als Empfehlung zu hören ist. Denn der infektgeplagte Körper tut von sich

Keine Sorge!

Kinder leiden deutlich öfter an Erkältungen als Erwachsene. Weil ihre Nasen klein und ihre Übergänge von der Nase zum Rachen schmal und kurz sind, sodass bereits kleine Schwellungen der Schleimhäute die Atemwege blockieren können. Laut amerikanischen Untersuchungen, können Kleinkinder bis zu neunmal und Schulkinder bis zu sechsmal im Jahr eine „Rotznase“ haben, ohne dass die Eltern besorgt sein müssten.

aus schon alles, die Harnausscheidung zu drosseln und dadurch Wasser im Gewebe zu halten. Es ist also schnell des Guten zuviel, wenn wir mehr trinken, als uns der Durst rät. Am Ende empfinden wir dann nur Kopfschmerzen und Mattigkeit, also genau jene Symptome, die man eigentlich vermeiden wollte.

Honig – der sanfte Bakterienkiller

Der Honigzucker erzeugt in Zusammenarbeit mit dem menschlichen Speichel antibiotische Stoffe. Außerdem besitzt er viel Energie (etwa 300 kcal auf 100 Gramm), zu deren Freisetzung die Verdauung nicht sonderlich beansprucht werden muss. Das macht Honig gerade in der appetitarmen Erkältungszeit zu einem idealen Nahrungsmittel.
Ein Tee aus Honig und Cystus-Teekraut (Cistus incanus)stärkt die Abwehrkraft und bekämpft schädliche Keime in der Rachenschleimhaut.

Zutaten:
1 halbe Zitrone
1 Esslöffel Honig
1 Esslöffel Cystus-Tee (aus der Apotheke)
Den Saft der Zitrone in 1 Tasse pressen, dann den Honig hineingeben. 1 Esslöffel Cystus-Tee mit etwa 250 Milliliter kochendem Wasser überbrühen, 5 Minuten ziehen lassen, schließlich abseihen und in die Tasse mit dem Honig und dem Zitronensaft gießen. Trinken Sie davon 2 Tassen pro Tag.

Alles Essig!

Ein altes Hausmittel bei Schnupfen: Nehmen Sie ein festes Stück Saugpapier und tunken Sie es in Essig, bis es vollgesogen ist. Darüber schwarzen Pfeffer aus der Mühle streuen und das Papier mit der Pfefferseite auf die Brust legen. Am besten am Morgen und Abend anwenden, nach 20 Minuten das Papier entfernen und die Haut mit einem warmen Lappen abwaschen.
Eine andere Alternative aus der Essig-Apotheke sind Wadenwickel. Sie helfen bei Erkältungen und vor allem dann, wenn sich leichtes Fieber eingestellt hat. Mischen Sie 700 Milliliter Wasser mit 250 Milliliter Essig. Tauchen Sie zwei Leinentücher in diese Mischung. Die Tücher auswrin-

gen und um jeweils eine Wade wickeln, darüber kommt ein Frottiertuch. Wenn der Wickel trocken ist, das Ganze wiederholen.

Zwiebelsocken machen den Keimen Beine

Ein altes Hausmittel gegen Schnupfen: Eine große Zwiebel halbieren, jede Hälfte in Scheiben schneiden und anschließend auf ein Paar Wollsocken verteilen. Dann die Socken anziehen und die Zwiebelscheiben auf Fußsohle und Fußrücken verteilen. Lassen Sie die Zwiebelsocken über Nacht an, wenn Sie schlafen! Die Zwiebelsocken gehören tatsächlich zu den wirksamsten Hausmitteln, die wir gegen Schnupfen zur Verfügung haben. Warum sie allerdings helfen, ist bislang nicht endgültig geklärt. Tatsache ist, dass die Zwiebel antibiotische Sulfide und recht viel Vitamin C enthält. Doch wie diese beiden Stoffe über die Füße zu unseren Schleimhäuten kommen, ist unklar. Naheliegender ist da schon die These, dass die Zwiebeln über die Durchblutungssteigerung der Füße die Durchblutung unserer Schleimhäute anregen und dadurch die dortige Immunleistung erhöhen.

Durch und durch durchblutet

Ansteigende Fußbäder empfehlen sich bei den ersten Anzeichen eines Schnupfens. Dazu werden die Füße in ein Gefäß mit 37 Grad warmem Wasser gestellt, anschließend lässt man schubweise heißes Wasser zulaufen, bis die Erträglichkeitsgrenze erreicht ist. Ziel dieser ansteigenden Bäder ist es, über die Durchblutungsverbesserung an den Füßen reflektorisch zu einer verbesserten Durchblutung in den Nasen- und Rachenschleimhäuten zu kommen. Denn die Blutgefäße von Füßen und Atemwegen sind nervlich miteinander verschaltet: Kalte Füße führen zu schlecht durchbluteten und damit infektanfälligen Atemwegen, warme Füße hingegen stabilisieren die Immunabwehr in Nase und Rachen.

Lang leben die Killerzellen

Die regelmäßige Einnahme von Eberrautentee führt zu einer Aktivierung der natürlichen Killerzellen und T-Lymphozyten, zwei zentralen Einheiten des Immunsystems, die vor allem zur Abwehr von Atemwegserkrankungen benötigt werden. Eberrautentee eignet sich zur Vorbeu-

gung und zur Therapie von Erkältungen. Die Zubereitung: Einen gehäuften Teelöffel Eberrautenblätter mit 150 Milliliter Wasser zusammen aufkochen, 30 Sekunden köcheln lassen, danach abseihen. In der Literatur findet sich aber auch der normale Teeaufguss als Zubereitungsform: Einen gehäuften Teelöffel mit 150 Milliliter heißem Wasser überbrühen, 10 Minuten ziehen lassen, danach abseihen. Tagesdosis: 2 bis 3 Tassen. Zur vorbeugenden Abwehrkräftigung sollte die Anwendung mindestens über acht Wochen erfolgen.

Mit Holunder- und Lindenblütentee in die Schwitzkur

Dieser Tee hilft vor allem dann, wenn sich gerade die Erkältung eingestellt hat und man sich leicht fiebrig fühlt. Beide Blüten zu gleichen Teilen vermischen. Dann 1 Esslöffel der Mischung mit 1 großen Tasse (200 Milliliter) kochendem Wasser übergießen. 5 bis 10 Minuten zugedeckt ziehen lassen und schließlich abseihen. Trinken Sie davon 4 Tassen pro Tag. Der Tee wirkt schweißtreibend und fördert dadurch die fiebersenkende Verdunstungskälte auf der Haut.

Heilung aus dem Eierbecher

Eine aus Rumänien stammende Methode gegen die tropfende Nase und ihre gereizten Schleimhäute. Dazu wird eine halbe Zitrone in einem Eierbecher ausgedrückt, der Saft mit einem Teelöffel Salz vermischt und schließlich der Eierbecher mit Wasser bis zum Rand aufgefüllt. Die Flüssigkeit wird in die Nase eingeschnieft. Die übersalzene Lösung entzieht nämlich den geschwollenen Nasenschleimhäuten das Wasser und das Vitamin C aus der Zitrone dichtet gleichzeitig die Kapillaren ab, wodurch es zu einer deutlichen Linderung der Entzündung kommt.

Homöopathie

Aconitum D30 hilft am besten zu Beginn einer Erkältung. Dreimal fünf Kügelchen im Abstand von zwei Stunden, danach nicht mehr. Denn entweder ist dann die Erkältung abgeklungen, sodass Sie Aconitum nicht mehr brauchen, oder aber, sie ist weiter fortgeschritten, sodass andere Maßnahmen ergriffen werden müssen.

* * *

Die richtigen Biostoffe gegen Erkältung

- Zink. Das Mineral unterstützt nicht nur die Immunabwehr, sondern attackiert auch die Viren im Rachen und Hals. Damit das optimal funktioniert, sollten Sie das Mineral in Form von Lutschtabletten einnehmen. Die Dosierung richtet sich nach der Packungsbeilage in den entsprechenden Präparaten (meistens in Kombination mit Vitamin C), die es in Drogerien und Apotheken zu kaufen gibt.
- Polyphenole. Früher wurden diese Stoffe auch Gerbsäuren genannt. Und dieser Name passt zu ihnen, weil sie nämlich die Schleimhautstrukturen verändern und sie widerstandsfähiger gegenüber Keimen machen. Außerdem mobilisieren sie genau die Einheiten des Immunsystems, die für die Abwehr von Atemwegsinfekten benötigt werden. Zu den gerbstoffreichen Nahrungsmitteln gehören grüner und schwarzer Tee, vor allem aber der griechische Cystus-Tee. Spülen und gurgeln Sie daher vier bis fünf Mal täglich eine Minute lang mit Cystus-Sud, danach einfach herunterschlucken (nicht ausspucken!). Fertig gemischten Cystus-Sud erhalten sie in Apotheken.
- Sulfide. Sie hemmen die Vermehrung von atemwegstypischen Bakterien und Viren. Ihr großer Vorteil besteht darin, dass sie nach dem Verzehr in die Blutbahn gelangen und anschließend über die Bronchien abgeatmet werden, so dass sie ihre Wirkung genau da entfalten, wo sie gebraucht werden. Besonders reich an Sulfiden sind Zwiebeln, Knoblauch, Bärlauch, Meerrettich und Kapuzinerkresse.

Nägel, Haut und Haare

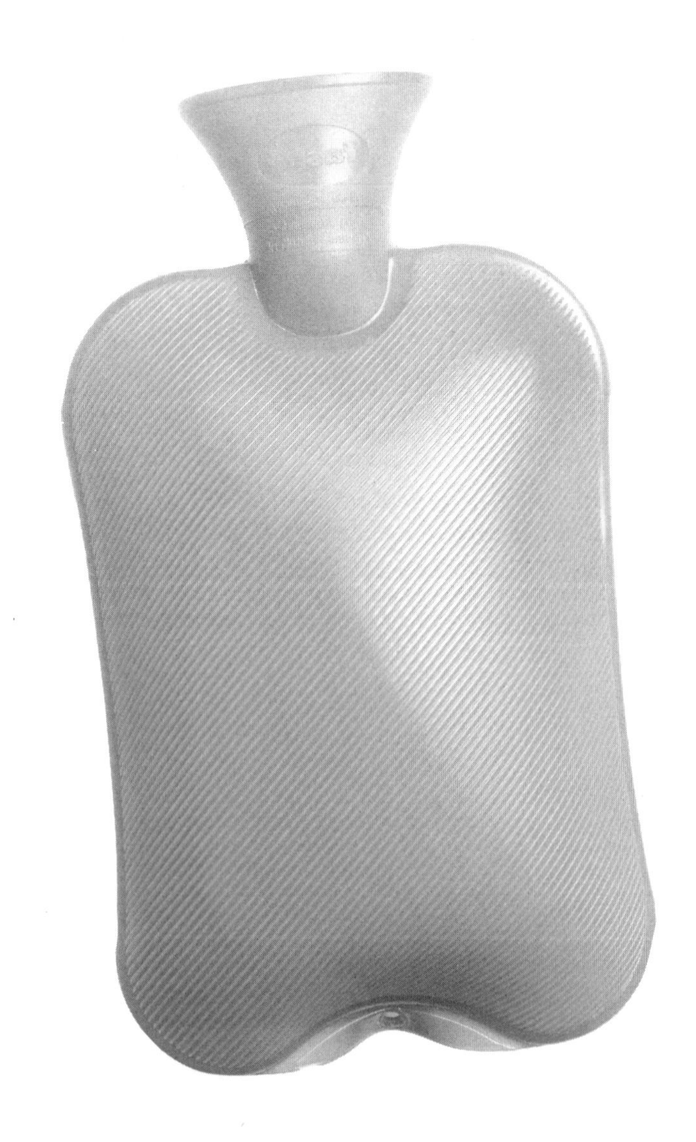

Bartflechte – Gerben wirkt Wunder

Der Bartflechtenpilz befällt überwiegend die Koteletten, Bartstoppeln und Haaransätze im Gesicht, kann sich aber auch an anderen Stellen des Körpers in Form von ringförmigen Entzündungsherden breit machen. Bei stärkerem Befall bildet er Knötchen in den tieferen Hautschichten aus.

Den Pilz „ausgerben"

Eine wirkungsvolle Therapie für sämtliche Hautpilzerkrankungen, also auch für die Bartflechte, ist das Cystus-Teekraut (Cistus incanus). Die Gerbstoffe machen den Keimen den Garaus, außerdem schützen sie die Haut vor weiteren Infektionen. Besorgen Sie sich fertig gemischten Cystus-Sud aus der Apotheke und verreiben Sie ihn drei- bis viermal täglich auf den betroffenen Stellen. Am besten ist es natürlich, ihn nach dem Aufstreichen nicht abzuwaschen. Der Cystus-Sud ist jedoch ein Naturprodukt und hinterlässt deshalb möglicherweise Rückstände. Von daher kann es kosmetisch geboten sein, ihn vor dem Arbeitsantritt abzuwaschen. In jedem Falle sollten Sie ihn aber auf der Haut einwirken lassen, wenn Sie nicht nach draußen in die Öffentlichkeit gehen.
Die Bartflechte wird oft als bakterielle Infektion eingeschätzt und von Ärzten gerne mit Antibiotika behandelt, die freilich bei einer Pilzinfektion ohne Wirkung bleiben müssen.
Eine Behandlung mit Cystus ist in jedem Falle richtig, denn das Heilkraut hilft bei Pilz- und Bakterieninfektionen.

Besser trocken als nass!

Verzichten Sie auf Nassrasur, denn wie alle Pilze liebt auch die Bartflechte Feuchtigkeit. Ausnahme: problematische glatte Haare am Hals erwischen Sie am besten mit dem Nassrasierer.
Hygiene ist bei der Bartflechte besonders wichtig. Dasjenige Familienmitglied, das bereits die Flechte hat, sollte andere Handtücher und Waschlappen benutzen als der Rest der Familie.

Den Pilz austrocknen

Eine Paste aus Backpulver gehört zu Großmutters bewährtem Heilmittelschatz. Sie hilft gegen das Jucken und raubt nachwachsenden Pilzen die Lebensgrundlage. Verrühren Sie so viel Backpulver mit lauwarmem Wasser, bis Sie eine zähe Paste vor sich haben. Dann die Mischung auf den betroffenen Stellen verteilen. 3 bis 5 Minuten einwirken lassen und wieder abspülen. Danach das Gesicht gut abtrocknen.

* * *

Brandwunden

Brandwunden können nicht nur sehr schmerzhaft, sondern auch gefährlich sein. Denn durch sie wird oft eine große Hautfläche geschädigt, sodass der Körper dementsprechend belastet wird und ein großes Infektionsrisiko besteht. Lediglich Verbrennungen ersten Grades (die Haut ist rot und entzündet, die meisten Sonnenbrände gehören dazu) dürfen selbst behandelt werden. Verbrennungen zweiten Grades (sehr schmerzhaft, die Haut nässt und zeigt Brandblasen) sollten nur in Eigenregie behandelt werden, sofern sie kleiner als eine Handfläche des Betroffenen sind. Brandwunden dritten Grades (die Haut ist weiß, berührungsempfindlich oder tief verschorft) sind immer ein Fall für den Arzt oder sogar für das Krankenhaus.

Verbrennen für Anfänger

Halten Sie den verbrannten oder verbrühten Körperteil umgehend unter fließendes Wasser. Hierbei wird nicht nur gekühlt, auch mögliche Keime werden gleich ausgespült. Nach etwa 3 bis 4 Minuten umwickeln Sie die betroffenen Stellen für 15 bis 30 Minuten mit einem Lappen, der in kaltem Wasser oder abgekühltem, sehr sorgfältig abgeseihtem Ringelblumentee getränkt wurde, um die gereizten und verletzten Blutgefäße zu verengen und die spontanen Schmerzen zu lindern. Ist die Verbrennung oder Verbrühung durch die Kleidung hindurch erfolgt, sollte sie – sofern sie nicht mit der Brandwunde verklebt ist – entfernt werden.

Ringelblum' und Schweinefett

Medizinisch gesehen sind Verbrennungen Entzündungen, die durch große Hitze bzw. Gewebeschäden aufgrund von Hitze hervorgerufen werden. Verbrennungen zweiten und dritten Grades stellen darüber

hinaus ein großes Infektionsrisiko dar. Aufgrund ihrer entzündungshemmenden und antiseptischen Eigenschaften ist daher die Ringelblume (Calendula officinalis) bei Verbrennungen optimal, auch bei Verbrennungen zweiten Grades.
Am besten geeignet zur Behandlung von Brandwunden sind Ringelblumensalben auf Schweineschmalzbasis. Man erhält sie in den Apotheken, kann sie aber auch leicht selbst herstellen:
Zwei Handvoll frische Blüten in 500 Gramm Schweinefett erhitzen und gut durchmischen. Einen Tag zugedeckt ziehen lassen. Die erkaltete Masse am nächsten Tag wieder erwärmen und abseihen, schließlich in Salbentöpfchen füllen.
Die Salbe kann bei Verbrennungen ersten Grades sofort, bei Verbrennungen zweiten Grades etwa 24 Stunden nach Verletzungseintritt zum Einsatz kommen. Mehrmals täglich behutsam auf den betroffenen Stellen verteilen oder in Form eines Umschlags aus Mull oder Leinen aufbringen!

Den Sonnenbrand einwickeln

Die guten alten Quarkwickel kühlen und lindern den Schmerz, sie haben sich vor allem bei Sonnenbrand bewährt. Mischen Sie den Quark mit etwas Buttermilch und streichen Sie ihn auf ein Leinentuch, das Sie – mit der Quarkseite zur Haut – auf die geröteten Stellen legen. Dauer der Anwendung: 20 bis 30 Minuten, 3-mal pro Tag. Wechseln Sie den Wickel, wenn Sie merken, dass er wärmer wird.
Eine Alternative zum Quarkwickel ist der Salatwickel: Geben Sie die Blätter des Kopfsalats in siedendes Wasser; etwa 5 Minuten köcheln lassen. Dann abkühlen lassen und die nassen Blätter direkt auf die entzundete Haut legen. Diese Salatwickel kühlen und geben Ihrer Haut Feuchtigkeit und wichtige Nährstoffe zurück. Hervorragend geeignet für Sonnenbrand!

Gerstenöl liefert wundheilende Vitamine

Die geschädigte Haut benötigt viel Vitamin E und C. Verzehren Sie daher möglichst viel Obst und Gemüse. Zusätzlich nehmen Sie am ersten Tag zwei Teelöffel, vom zweiten bis vierten Tag einen Teelöffel Gerstenöl-Granulat. Sie erhalten diese natürlichen Vitamin-E-Bomben in den Apotheken.

Keine Gewalt – Blasen nicht aufstechen!

Die bei Verbrennungen zweiten Grades entstehenden Blasen sind so etwas wie ein „Löschkissen" für die geschädigte und gereizte Haut. Sie sollten nicht geöffnet werden. Warten Sie, bis sie von selbst austrocknen!

Homöopathie

• Cantharis D4 ist das Mittel der ersten Wahl bei schmerzhaften Verbrennungen und Versengungen, auch bei Sonnenbrand. Dosierung: 3-mal täglich 5 bis 10 Kügelchen (Globuli).

• Aconitum D12, wenn die Haut brennt, als wenn man sie mit Pfeffer eingerieben hätte. Es bestehen stechende, schneidende und bohrende Schmerzen, das Herz schlägt schnell. Dosierung: alle halbe Stunde 5 Globuli, bis zum Abklingen der Beschwerden.

Let the sun shine – aber in Maßen

Die meisten Verbrennungen passieren, weil sich die Menschen zu lange ungeschützt der Sonne aussetzen. Wer längere Aufenthalte in der Sonne plant, sollte sich generell mit einem Sonnenschutzmittel präparieren. Der Lichtschutzfaktor sollte mindestens 10 betragen (mit ihm kann man zehnmal solange in der Sonne bleiben wie ohne Sonnenschutz).

Typsache!

Die Menschen reagieren auf Sonnenstrahlen sehr unterschiedlich:

• Typ I – weiche und blasse Haut, rötliche Haare – darf lediglich für 5 bis 10 Minuten ungeschützt in der Sonne bleiben, danach bekommt er einen Sonnenbrand.

• Typ II – helle Haut, blonde bzw. braune Haare – hat eine Eigenschutzzeit von 10 bis 20 Minuten.

• Typ III – hellbraune Haut, blonde bzw. braune Haare – hat eine Eigenschutzzeit von 20 bis 30 Minuten.

• Typ IV – hellbraune („wettergegerbte") bis olivenfarbene Hautfarbe, dunkle Haare – darf immerhin ungeschützt 30 bis 45 Minuten in der Sonne bleiben.

Wichtig ist, dass Sie Ihren Hauttyp richtig einschätzen. Gerade Männer neigen dazu, sich zu hoch einzuordnen. Dabei ist es kein Zeichen von Schwäche, wenn man eine blasse Haut hat!

Doch bedenken Sie: Sonnenschutzmittel brauchen in der Regel mindestens 15 Minuten, bis sie ausreichend in die Haut eingedrungen sind und dort ihre Wirkung entfalten können. Wer sich also erst dann eincremt, wenn er bereits am Strand liegt, setzt seine Haut immerhin eine Viertelstunde ungeschützt der Sonne aus – und das reicht oft schon, um sich ernsthaft zu verbrennen.

Achten Sie außerdem darauf, dass Baden die Wirkung von Sonnenschutzmitteln reduziert. Die Hersteller testen ihre Produkte zwar auf Wasserfestigkeit, doch erfolgen diese Tests in der Regel mit Süß- anstatt mit Salzwasser, und das löst die Sonnenschutzmittel erheblich leichter aus der Haut heraus. Ganz zu schweigen davon, dass beim Abtrocknen nach dem Baden große Mengen an Hautschutzmitteln einfach abgerubbelt werden, was in den Tests zur Wasserfestigkeit ebenfalls nicht berücksichtigt wird.

Kleidercode für Sonnenanbeter

Wer sich wirklich zuverlässig vor Sonnenbrand schützen will, sollte den Schatten suchen. Auch Kleidungsstücke können schützen, wobei es ohne große Bedeutung ist, ob sie aus Synthetik- oder aus Naturmaterialien hergestellt sind. Dermatologen der Uniklinik Bochum testeten verschiedene Kleidungsstücke im Hinblick auf ihren Sonnenschutz, und stellten dabei fest, dass die Lichtdurchlässigkeit weniger vom Material als von der Webart abhängt. Demnach kann man unter einem billigen Baumwoll-T-Shirt ohne weiteres einen Sonnenbrand bekommen, während ein hochwertiges Kunstfaserhemd einen durchaus wirksamen Sonnenschutz gewährleisten kann. Weiterhin ist zu beachten, dass helle und nasse Textilien mehr UV-Strahlen durchlassen als dunkle und trockene Kleidungsstücke. Wer also viel schwitzt, sollte schon allein aus Sonnenschutzgründen öfter das T-Shirt wechseln. Der Schutzfaktor der Textilien lässt sich außerdem durch die Verwendung von Waschmitteln steigern, die beim Waschprozess einen so genannten UV-Absorber an die Textilfaser abgeben.

* * *

Ekzeme – Die Seele spielt mit

Hauptauslöser für Ekzeme ist die Dermatitis (mitunter auch Neurodermitis genannt). Sie zeigt sich als juckende, nässende, gerötete Entzündung der Haut, bei chronischem Verlauf ist die Haut weniger feucht und weniger gerötet. Typische Stellen für Dermatitis-Ekzeme sind: Knie- und Ellenbeuge, Schenkelbeuge, auf der Fußsohle, am Kinn, im Nacken.

Neben der Dermatitis können auch zahlreiche andere Faktoren zum Hautausschlag führen. Denn unsere Haut ist nun einmal ein Organ mit großflächigem Umweltkontakt, und der birgt natürlich zahlreiche Risiken wie etwa Parasiten, Sonnenstrahlen, Umweltgifte und Allergene. Darüber hinaus ist gerade unsere Haut ein Spiegel der Seele, die überaus sensibel auf psychische Belastungen reagiert und sich dabei oft entzündet.

Essig hilft lässig

Essig verringert die Brenn- und Juckgefühle auf der Haut. Bevorzugen Sie dabei dunkle Essigsorten mit hohem Gerbstoffanteil. Die Anwendung: Essig und Wasser zu gleichen Teilen vermischen und mehrmals täglich auf den gereizten Hautpartien verteilen. Länger anhaltend ist die Wirkung einer Essig-Mais-Paste. Dazu werden Maispaste und Essig zu einer klebrigen Masse verrührt, die auf den betreffenden Hautstellen verteilt wird. 15 Minuten einwirken lassen, danach mit lauwarmem Wasser abspülen. Mindestens einmal pro Tag anwenden.

Weichspüler machen keine Probleme

Weichspüler spielen bei der Dermatitis, auch wenn dies immer noch viele glauben, keine Rolle. In einer Studie der Wilhelms-Universität Bonn zeigte sich sogar, dass Atopiker davon profitieren, wenn ihre Wäsche mit Weichspülern behandelt wird, weil sie die Textilfasern mit einem Gleitfilm bedecken, der die Haut vor Reibungswiderständen und damit auch vor entzündungsfördernden Reizen schützt.

Out of Africa: Rotbuschtee

Der südafrikanische Rotbusch- oder Rooibostee zählt in seiner Heimat zu den Standardhausmitteln bei juckenden Hauterkrankungen. Die Anwendung: 1 gehäuften Teelöffel mit 1 Tasse (150 Milliliter) kochendem Wasser übergießen, 3 bis 5 Minuten ziehen lassen, danach abseihen. Trinken Sie davon 3 Tassen pro Tag. Man kann den Tee aber auch als Umschlag direkt auf die juckenden Hautpartien anwenden.

Oolong – der Hautschmeichler aus Taiwan

Der chinesische Tee wurde an der Universitätshautklinik im japanischen Orsu an 118 Dermatitis-Patienten erfolgreich ausgetestet. Seine Zubereitung: 1 gehäuften Teelöffel mit 1 Tasse (150 Milliliter) heißem (nicht unbedingt kochendem) Wasser übergießen, 3 bis 5 Minuten ziehen lassen, danach abseihen. Trinken Sie davon 3 Tassen pro Tag. Doch bedenken Sie: Oolong enthält Koffein und wirkt daher ähnlich anregend wie grüner oder schwarzer Tee. Geschmacklich steht er als halbfermentierter, also angewelkter Tee zwischen den beiden. Man erhält ihn in Apotheken und Teefachgeschäften.

Eine Fliege mit mehreren Klappen

Gleich für mehrere pflanzliche Mittel sind Heilwirkungen auf die atopische Dermatitis dokumentiert. Wie etwa für die Salben der Ballonpflanze (Cardiospermum halicacabum), die auch mit herkömmlichen Mitteln wie etwa Kortison kombinierbar ist. Positive Befunde existieren außerdem für Salben der Zaubernuss (Hamamelis virginiana) und Tinkturen der Bittersüßstängel (Solanum dulcamara). Man erhält sie alle in den Apotheken. Genauso wie den griechischen Cystus-Sud (gewonnen vom Strauch Cistus incanus), der in einer Anwendungsbeobachtung ebenfalls zeigte, dass er Menschen mit entzündlichen Hauterkrankungen helfen kann. Seine Anwendung erfolgt äußerlich, indem man ein Leinentuch mit dem Sud tränkt und es mehrmals täglich auf die entzündeten Stellen legt.

Das Bad der Kleopatra

Das Kleopatra-Bad ist ein traditionelles Hausmittel im Kampf gegen das Jucken, benannt nach der bekannten Königin aus dem alten Ägypten. Ob sie es tatsächlich so zubereitet hat, ist allerdings offen. Doch gegen das Jucken kann es eine echte Hilfe sein. Mischen Sie einen Esslöffel

Olivenöl mit 250 Milliliter Milch, und geben Sie diese Mischung ins 30 bis 32 Grad warme Badewasser. Dauer des Bades: etwa 10 Minuten. Der therapeutische Effekt wird noch verstärkt, wenn Sie anstatt Olivenöl das (allerdings deutlich teurere) Nachtkerzenöl nehmen.

Vorwärts zurück zur Natur

Wissenschaftler der Berliner Charité fanden heraus, dass der Verzicht auf Farb-, Duft- und Konservierungsstoffe in der Nahrung sinnvoll sein kann. Die Forscher verabreichten 41 Patienten mit Neurodermitis eine sechswöchige Diät, in denen auf Süßwaren, Käse, Eier, Räucherfleisch, Dosengemüse, Marmelade und andere Nahrungsmittel verzichtet wurde, die große Mengen an Zusatzstoffen enthalten. Bei 63 Prozent der Testpersonen ließ sich dadurch eine deutliche Besserung der Symptome erzielen. Einen Versuch ist diese Diät in jedem Falle wert, denn der Verzicht auf die genannten Speisen bringt sicherlich keinen Schaden.

Eine weitere Alternative im Kampf gegen das Jucken ist eine histaminarme Diät. Ihr Ziel besteht darin, den Anteil an Histaminen in der Nahrung herunterzuschrauben, da diese Stoffe bei Dermatitis und Urtikaria eine Schlüsselrolle spielen, indem sie den Mastzellen unseres Immunsystems gewissermaßen die Munition zur Verfügung stellen, um Entzündungen auszulösen. Wer sich histaminarm ernähren will, muss Speisen wie Thunfisch, Rohwürste, Sekt, Wein, Bier und Emmentaler vom Speisezettel streichen. An einigen deutschen Kliniken wird bereits erfolgreich mit dieser Methode gearbeitet. Eine ihrer großen Vorteile liegt jedoch darin, dass der Patient sie risiko- und problemlos auch zuhause durchführen kann.

Weniger = mehr!

Gerade bei Hautausschlägen neigt man dazu, Heilverfahren miteinander zu kombinieren. Seien Sie jedoch vorsichtig dabei, denn Ihre Haut ist zu sensibel, als dass man sie mit einer „Armee" aus Heilmitteln traktieren sollte. So sollten Sie sicherlich nicht alle genannten Tees miteinander kombinieren, es reicht einer von ihnen. Und während der homöopathischen Behandlung sollten Sie sogar restlos auf andere Arzneien verzichten, es sind allenfalls Umschläge mit Cystus- oder Rotbuschtee erlaubt.

Homöopathie

Bewährte Komplexmittel gegen juckende Hautausschläge sind DERCUT spag. (3-mal täglich 20 Tropfen), Derma-Gastreu R23 (einmalig 10 Tropfen bei akuten Schüben) und Ekzemasorin N (bei akuten Schüben 5 bis 10 Tropfen alle 60 Minuten).

1 x 1 der Hautpflege

- Tragen Sie nur Kleidung, die nicht zu dicht anliegt!
- Neue Textilien vor dem Tragen waschen, verwenden Sie generell nur unparfümierte Waschmittel ohne Weichspüler!
- Körperpflege: Meiden Sie Kosmetik und stark schäumende Reinigungsmittel ohne Rückfettungszusätze!
- Nehmen Sie beim Baden nur medizinische Ölzusätze!
- Beim Baden und Duschen nur mäßig heißes Wasser nehmen! Beim Abtrocknen nur trocken tupfen, nicht trocken rubbeln!
- Reduzieren Sie den Alkoholkonsum, denn Alkohol fördert die Hautdurchblutung!
- Halten Sie Ihre Fingernägel kurz, um der Haut beim Kratzen weniger zu schaden!
- Keine Alkohollösungen auf die Haut geben. Denn nach der ersten Linderung trocknen sie die Haut sehr stark aus.
- Bevorzugen Sie beim Zubereiten der Speisen Hanf- und Leinöl. Deren Fettsäuren helfen, die Entzündungen in der Haut zu lindern.

* * *

Frostbeulen

Frostbeulen zeigen sich als rötliche oder bläuliche Hautverfärbung, die schließlich teigig anschwillt und zu einem schmerzhaften Knoten auswachsen kann.

Die Frostbeulen tragen eigentlich einen falschen Namen. Denn am häufigsten entstehen sie bei nasskaltem Wetter mit Temperaturen von 1 bis 4 Grad über Null. Besonders gefährdet sind Frauen; etwa jede dritte Frau erleidet im Winter mindestens einmal Frostbeulen, weil sie sich nicht witterungsgerecht kleidet!

Kälte heißt: Raus mit dem Blut!

Frostbeulen sind ein Schutzmechanismus unseres Körpers. Wenn es kalt wird, drosselt er an besonders exponierten Stellen (Fuß, Hände, Nase) die Hautdurchblutung, um seine Temperatur besser halten zu können. Längerfristige Blutdrosselung führt zu Sauerstoffmangel im Gewebe, der schließlich zu Frostbeulen, im schlimmsten Falle zu akuten Erfrierungen mit kompletten Gewebeuntergängen führt.

Stillsitzen verboten!

Wichtig ist bei Frostbeulen, dass die Blutzirkulation wieder in Gang gebracht wird. Zur ersten Hilfe gehört daher, die betroffenen Körperteile vorsichtig zu bewegen. Sie dürfen jedoch Frostbeulen nicht massieren!

Vorbeugen: So haben Frostbeulen keine Chance!

Behindern Sie nicht die Blutzirkulation an den gefährdeten Hautstellen! Achten Sie auf weites und wärmendes Schuhwerk, auch die Socken sollten die Füße nicht abschnüren. Keine hochhackigen Schuhe oder dünne Slipper tragen, wenn es draußen kalt ist!

Ringelblume fördert die Durchblutung

Die Ringelblume (Calendula officinalis) kann bei Frostbeulen auf zweierlei Weise eingreifen. So verbessert sie die Durchblutung und dadurch die Sauerstoffversorgung im betroffenen Hautgewebe. Darüber hinaus ist sie ein Wundheilmittel, das seine größten Stärken hat, wenn es darum geht, abgestorbene Gewebeteile abzustoßen – ein Umstand, der Calendula

auch bei schweren Frostbeulen mit Gewebeuntergängen zu einem wertvollen Heilmittel macht.
Am besten hilft Calendulasalbe. Sie sollte mehrmals täglich aufgetragen werden, zur Nacht empfiehlt sich das Anlegen eines Salbenverbandes. Man erhält fertige Salben in der Apotheke, kann sie sich aber auch selbst zubereiten:
Zwei Handvoll frische Blüten in 500 Gramm Schweinefett erhitzen und gut durchmischen. Einen Tag zugedeckt ziehen lassen. Die erkaltete Masse am nächsten Tag wieder erwärmen und abseihen, schließlich in Salbentöpfchen füllen.

Alaun und Eichenrinde

Lösen Sie 500 Gramm Eichenrinde in 5 Liter Wasser und erhitzen Sie die Mischung bis zum Siedepunkt. Dann fügen Sie 1 Teelöffel Alaun hinzu und lassen das Wasser auf eine hautverträgliche Hitze abkühlen. Baden Sie darin die betroffenen Körperteile. 3 Bäder pro Tag, jeweils eine halbe Stunde lang. Wichtig: Eichenrinde darf nicht bei eitrigen Frostbeulen angewendet werden.

Wechselbad für mehr Gefühl

Wechselbäder bringen die gestörte Durchblutung wieder auf Trab. Baden Sie die erkrankten Stellen für 3 Minuten in einer Schüssel mit Heißwasser (etwa 38 Grad), dann für 20 Sekunden in kaltem Wasser. Wiederholen Sie dieses Wechselbad im Akutstadium der Frostbeulen mindestens zweimal pro Tag.

Homöopathie

Abrotanum Pentarkan ist ein Allgemeinmittel gegen Durchblutungsstörungen der Haut. 3-mal täglich 15 Tropfen.

* * *

Furunkel – die Feinde aus der Tiefe

Furunkel sind Entzündungen des Haarbalgs und zeigen sich als haselnuss- bis pflaumengroße Knoten in der Haut. Im Unterschied zu Aknepusteln liegen sie recht tief im Gewebe, lediglich ihr Eiterpfropf gelangt nach einer gewissen Zeit an die Oberfläche.

Bei Furunkeln gelangen Bakterien über feine Haarkanäle nach unten zum Haarbalg, sie dringen also auch in tiefere Hautschichten vor. Wenn der Heilungsprozess gute Fortschritte macht, wird der Furunkel „reif". Er verliert dann deutlich an Spannung, nur in der Mitte zeigt sich noch ein heller Eiterkopf, der schließlich problemlos (nachdem man den Eiterkopf mit einer desinfizierten Nadel angestochen hat) ausgedrückt werden kann.

Ringelblume und Ringelschwänzchen

Am besten helfen Calendulasalben auf Schweineschmalzbasis, da sie optimal in die tieferen Hautschichten eindringen. Verteilen Sie die Salbe drei- bis viermal täglich auf der betroffenen Hautstelle. Die Zubereitung:

Zwei Handvoll frische Blüten in 500 Gramm Schweinefett erhitzen und gut durchmischen. Einen Tag zugedeckt ziehen lassen. Die erkaltete Masse am nächsten Tag wieder erwärmen und abseihen, schließlich in Salbentöpfchen füllen.

Salbei macht Reifeprüfung

Gut bewährt bei Furunkeln haben sich Salbeiumschläge aus frischen Blättern. Lassen Sie das frische Kraut (die Menge richtet sich nach der Fläche der zu behandelnden Haut) im Topf mit etwas Wasser 2 Minuten köcheln. Währenddessen den erkrankten oder verletzten Bereich mit Öl einreiben. Dann die warmen Salbeiblätter auflegen und mit einer Mull- oder Baumwollbinde umwickeln. Die Umschläge sollten mindestens

Finger weg!

Mit Furunkeln in der Gesichtsregion müssen Sie unbedingt den Arzt aufsuchen, quetschen Sie keinesfalls an ihnen herum! Denn zwischen dem Venensystem dieser Hautbezirke und den Blutadern im Schädelinneren bestehen direkte Verbindungen, durch die sich die Entzündungen umgehend aufs Gehirn verlagern können.

einmal pro Tag zum Einsatz kommen und mindestens eine Stunde, besser 2 Stunden auf der Haut liegen bleiben.
Wer nicht die Zeit hat, sich für die Salbeiumschläge ruhig zu stellen, kann die Furunkel mehrmals täglich mit Salbeiöl oder einer Salbeicreme bestreichen.

Bockshornklee-Auflagen weichen auf

Ein Brei aus Bockshornkleesamen (Trigonella foenum-graecum) wirkt entzündungshemmend, außerdem senkt er die Spannung in der Haut, sodass die Schmerzen nachlassen. Kochen Sie dazu etwa 100 Gramm der pulverisierten Samen (erhältlich in Apotheken, Asia-Läden oder Gewürzgeschäften) mit etwa derselben Menge Wasser auf, bis sich ein zäher Brei bildet. Der Brei wird dann salbenartig auf ein Tuch verstrichen und für 20 Minuten auf die erkrankte Stelle gelegt. Dosierung: 2 Umschläge pro Tag.

Homöopathie

Zur inneren Unterstützung der Behandlung eignen sich folgende homöopathische Produkte:

- Mysterica sebifera (Tropfen) D2 beschleunigt die „Reifung" der Geschwüre. Dosierung: 3-mal täglich 5 Tropfen.
- Sulfur Pentarkan S hilft bei hartnäckigen, schlecht heilenden Furunkeln. Dosierung: 2-mal täglich 1 Tablette.
- Hypericum D6 unterstützt den Heilungsverlauf, nachdem sich der Furunkel geöffnet hat bzw. geöffnet wurde. Dosierung: 3-mal täglich 1 Tablette.

* * *

Fußpilz – gut zu Fuß auf menschlicher Haut

Fußpilz gehört zu den häufigsten Infektionen überhaupt. Er zeigt sich in Form von Rötungen und Schuppungen an den Fußsohlen oder zwischen den Zehen und er kann unangenehm und penetrant jucken! Fußpilz kann durch zahlreiche unterschiedliche Erreger verursacht werden. Die empfindliche Haut von Säuglingen, Diabetikern und Senioren wird gerne von Hefepilzen heimgesucht, die es auf ihrer Wanderschaft mitunter sogar schaffen, bis zu den Schleimhäuten der Geschlechtsorgane vorzudringen. Schimmelpilze nutzen meistens Hautverletzungen für ihre Attacken oder docken sich gerne an bereits bestehende Hauterkrankungen an. Häufigste Fußpilz-Auslöser (zu etwa 80 Prozent) sind aber Fadenpilze, und unter ihnen vor allem ein Mikroorganismus namens Trichophytum rubrum. Er liebt Temperaturen um die 35 Grad Celsius und siedelt sich deshalb besonders gern an subjektiv kalten und feuchten Füßen an. Wie andere Fadenpilze infiziert er seinen Wirt meistens indirekt, also nicht durch direkten Hautkontakt, sondern durch Haut- und Haarschuppen in bereits benutzten Handtüchern oder im warm-feuchten Milieu eines Schwimmbads.

Krieg im Körper!

Fußpilz beeinträchtigt die Leistungsfähigkeit und Abwehrkraft der von ihm befallenen Haut. Die Erreger der Wundrose beispielsweise, einer schmerzhaften Infektion der Hautlymphspalten, besiedeln vorzugsweise Hautpartien, die zuvor vom Fußpilz eintrittsfähig gemacht wurden. Fußpilz muss daher stets konsequent behandelt werden.

Statt Wüstentrip: Backpulverpaste

Backpulverpaste hilft gegen das Jucken und raubt als „Trockenleger" nachwachsenden Pilzen die Lebensgrundlage. Verrühren Sie etwas Backpulver mit lauwarmem Wasser und reiben Sie es auf die betroffenen Stellen. Drei Minuten einwirken lassen und wieder abspülen. Danach die Füße gut abtrocknen und Puder oder Stärkemehl auftragen.

Teebaumöl, der ganz legale Pilzkiller

Das australische Teebaumöl enthält so genannte Terpene, die über pilzabtötende Wirkungen verfügen und – bei äußerer Anwendung – auch

Immer ich!

Einige Menschen leiden immer wieder unter Fußpilz, auch wenn er zwischenzeitlich auskuriert wurde. Oft liegt das an mangelnder Fußhygiene. Bei einigen versteckt sich der Pilz jedoch in oder unter einem Zehennagel, wo ihm weder abtötende Heilpflanzen noch Trockenheit etwas anhaben können. Wenn der Fußpilz nicht verschwinden will oder sogar von Bläschen und Schmerzen begleitet wird, sollte unbedingt der Arzt aufgesucht werden.

Fußpilz gehört zu den besonders weit verbreiteten Sporterkrankungen. Denn während er in der Durchschnittsbevölkerung etwa 20 bis 30 Prozent befällt, kommt er unter Sportlern auf stolze 70 Prozent. Der Grund: Sportler besuchen öfter als andere öffentliche Duschen und Umkleideräume, und dort lauern die robusten Pilze in Horden – selbst in chloriertem Wasser wurden schon Exemplare von ihnen gesichtet.

in tiefere Hautschichten vordringen. In einer amerikanischen Studie an 117 Patienten zeigte es sogar Wirkungen beim besonders hartnäckigen Pilzbefall der Fußnägel, der so genannten Onychomykose. Hier kam es nach sechsmonatiger Anwendung des Öls bei 18 Prozent zum kompletten Verschwinden des Pilzes, bei 61 Prozent zeigte sich eine deutliche Besserung.

Die Anwendung erfolgt über ein Fußbad mit heißem Wasser, in das man 5 bis 10 Tropfen Teebaumöl gegeben hat. Besonders stark betroffene Hautstellen werden per Wattebausch direkt mit leicht verdünntem Teebaumöl (Speiseöl und Teebaumöl im Verhältnis 1:3) bestrichen.

Salbei macht muntere Pilze müde

Salbei (Salvia officinalis) enthält – genauso wie der australische Teebaum – pilzabtötende Terpene. Hinzu kommt, dass er die Schweißabsonderung hemmt und damit den Parasiten ihre feuchten Lebensbedingungen nimmt. Die Anwendung des Salbeis erfolgt über Fußbäder. Dazu wird eine entsprechende Menge an Salbeitee zubereitet: Zwei Teelöffel des getrockneten Krauts mit 1 Tasse kochendem Wasser überbrühen und zugedeckt 10 Minuten ziehen lassen, schließlich abseihen.

Das etwa zehnminütige Salbeifußbad sollte täglich zweimal wiederholt werden.

Verschaffen Sie Ihren Füßen ein besseres Milieu!

Heilpraktiker berichten von Heilerfolgen mit Schüßlersalzen. Besonders chancenreich sind demzufolge Behandlungen mit den Salben Nr. 10 (Natrium sulfuricum) und Nr. 8 (Natrium chloratum), die im Wechsel zwei- bis dreimal täglich eingerieben werden müssen. Bislang ist es Wissenschaftlern noch nicht gelungen, die Effekte der Schüßlersalze, die ja letzten Endes aus der Homöopathie hervorgegangen sind, zu belegen. Dennoch feiern sie mitunter beachtliche Erfolge. Beim Fußpilz bewirken sie laut Schüßler-Lehre eine Milieuveränderung auf der Haut, sodass sich die Pilze nicht mehr länger halten können und schließlich verschwinden.

Die Waschmaschine – eine tolle Erfindung!

Grundsätzlich empfiehlt sich für den Fußpilz wie bei anderen Mykosen auch, die Wäsche möglichst oft zu wechseln und gründlich zu waschen. Es ist allerdings nicht notwendig, sie beim Waschen unbedingt zu kochen, wie häufig behauptet wird. Eine Untersuchung der Hautklinik in Ludwigshafen brachte heraus, dass die Pilze – sofern Waschmittel benutzt wird – bereits bei Temperaturen von 60 Grad keine Überlebenschance mehr haben, die meisten von ihnen überstehen noch nicht einmal 30 Grad. Voraussetzung ist allerdings, dass die Wäschestücke maschinell gereinigt wurden. Bei der Handwäsche hingegen bleiben genug Erreger am Leben,

Nicht wahllos kombinieren!

Nicht die einzelnen pflanzlichen Heilverfahren miteinander kombinieren, nach dem Motto „Viel hilft viel"! Denn wer mehrere Heilpflanzen gleichzeitig einsetzt, riskiert Hautreizungen, die das Problem noch weiter verschlimmern können. Bleiben Sie also stets bei einer Methode und seien Sie dabei geduldig! Erst wenn sich nach drei Wochen partout keine Verbesserungen einstellen sollten, kann man einen Wechsel auf ein anderes Verfahren erwägen. Eine Fußpilztherapie kann sogar bis zu acht Wochen dauern.

sodass eine abermalige Infektion über die Kleidung durchaus möglich ist.

Dem Pilz keine Chance geben!

- Die Füße gut durchbluten, beispielsweise durch regelmäßiges Wechselduschen.
- Nach dem Baden oder Duschen die Füße sorgfältig abtrocknen. Das Handtuch nach dem Abtrocknen direkt in die Wäsche geben.
- In Schwimmbädern und Saunen immer Badeschlappen tragen, in Hotelzimmern Hausschuhe oder Socken.
- Füße gut belüften: keine Schuhe mit Synthetikauskleidung oder Synthetiksocken!
- Baumwollstrümpfe tragen und täglich wechseln!
- Fußnägel sorgfältig schneiden oder schneiden lassen, damit es zu keinen Hautverletzungen kommt. Merke: Auch eingewachsene Fußnägel können Fußpilz provozieren!

* * *

Grindflechte

Der Hautausschlag der Grindflechte zeigt sich im Gesicht und befällt in erster Linie Kinder. Die Krankheit beginnt mit Bläschen und Pusteln, die später mit gelben bis braunen Krusten überzogen werden. Die Krankheit heißt im medizinischen Sprachgebrauch Impetigo vulgaris. Ausgelöst wird sie durch Bakterien.

Achtung!

Grindflechte ist sehr ansteckend. An Schulen und Kindergärten brechen mitunter regelrechte Epidemien aus. Falls Ihr Kind daran erkrankt sein sollte, dürfen Sie es nicht in die Gesellschaft anderer Kinder lassen.

Ringelblume – was sonst?

Die Ringelblume (Calendula officinalis) attackiert die für die Erkrankung verantwortlichen Erreger, darüber hinaus hemmt sie die typischen Entzündungserscheinungen, die schorfige und verkrustete Haut wird aufgeweicht und wieder geschmeidig gemacht.

Impetigo wird am besten mit Calendulasalbe behandelt, sie sollte mehrmals täglich auf den betroffenen Stellen verteilt werden. Man erhält die Salbe in der Apotheke, sie sollte auf Schweineschmalzbasis zubereitet sein, weil sie dann besser einzieht. Man kann sie aber auch selbst zubereiten:

Zwei Handvoll frische Blüten in 500 Gramm Schweinefett erhitzen und gut durchmischen. Einen Tag zugedeckt ziehen lassen. Die erkaltete Masse am nächsten Tag wieder erwärmen und abseihen, schließlich in Salbentöpfchen füllen.

Nicht zu schnell mit Antibiotika einsteigen!

Bei Impetigo werden von Ärzten oft sehr schnell antibiotische Medikamente verschrieben, aus Angst vor möglichen Komplikationen wie etwa eine Nierenentzündung. Derartig schwerwiegende Komplikationen sind jedoch sehr selten, sodass zu Beginn der Krankheit ausschließlich mit Calendula behandelt werden sollte.

* * *

Haarige Probleme

Haarprobleme können vielfältige Formen annehmen. Die häufigsten sind Haarausfall, fettiges und sprödes Haar sowie Schuppen und Spliss. Das Haar reagiert auf mechanische Belastungen wie das lange Tragen von Helmen oder übermäßiges Trockenrubbeln mit Handtüchern, aber auch auf Temperaturbelastungen durch langes Fönen sehr empfindlich. Ebenfalls schädlich für den Haarwuchs sind übermäßige Sonnenbestrahlungen und kalter Wind.

Achtung, Eisenmangel!

Eisenmangel gehört zu den häufigsten Auslösern von Haarausfall, vor allem bei Frauen. Eisenpräparate sind jedoch nur bedingt hilfreich, oft werden sie schlecht verwertet. Besser sind natürliche Eisenquellen wie Kefir und Joghurt. Zu den größten Eisenräubern gehören aber die „Cremigmacher“, also die Alginate, Guarkern- und Johannisbrotkernmehle in Puddingpulver, Brotaufstrichen, Fertigsaucen, Instantsuppen, Speiseeis und fettreduzierten, aber trotzdem sahnigen Nahrungsmitteln! Die

Schmerzmittel ASS (Acetylsalicylsäure) und Indometacin sowie die Antazida (zur Magensäurepufferung bei Sodbrennen) führen ebenfalls zu Eisenverlusten. Wenn Sie außerdem schwarzen Tee trinken, sollten Sie ihn durch Rotbuschtee ersetzen. Denn der enthält keine Gerbstoffe, die das Eisen an sich binden und dadurch unverwertbar für uns machen.

Achtung!

Eisenmangel wird oft durch versteckte Infekte und Entzündungen ausgelöst. In diesen Fällen wird er natürlich erst dann verschwinden, wenn die betreffende Entzündung oder Infektion ausgeheilt ist.

Zink hilft flink!

Das Spurenelement gewährleistet die Nährstoffversorgung über die Haarwurzeln, gehört auch selbst zu den essenziellen Bestandteilen der Haarsubstanz. Jungen zeigen in der Regel geringere Zinkwerte im Haar als Mädchen, schwarzes Haar hat mehr Zink als braunes und das hat wiederum mehr als blondes Haar. Zinktabletten unterstützen allerdings nicht unbedingt den Haarwuchs – denn in extremen Mengen blockiert das Spurenelement die Aufnahme von Kupfer, das ebenfalls für den Haarwuchs benötigt wird. Besonders zinkreich sind Käse, Austern, Bierhefe, Weizenkeime, Sesam und Mohn. Die Phytate aus Cerealien wie Cornflakes, Haferflocken und Müsli hemmen die Zinkaufnahme, sollten daher reduziert werden! Beachten Sie, dass Medikamente wie Penicillamin, Tetracyklin, Isoniazid und Diuretika an den Zinkreserven zehren.

Erbsen, Sauerkraut, Feldsalat – Nahrung fürs Haar!

Erbsen besitzen ein optimales Wirkstoffprofil für die Haare. 100 Gramm getrocknete Erbsen enthalten bereits ein Drittel der notwendigen Tagesration an Zink und die Hälfte des täglichen Eisen- und Kupferbedarfs. Außerdem bestehen sie fast zu einem Viertel aus hochwertigen Proteinen, die unser Körper zur Synthese von Haarsubstanz verwenden kann. Ebenfalls ein echter „Haar-Pusher“ ist Sauerkraut. Es enthält viel Vitamin C für die Blutgefäße am Haarbalg, außerdem zahlreiche Vitamine aus dem B-Komplex für den Erhalt der Haarfarbe. Besonders wichtig ist jedoch sein hoher Gehalt an Pepsinen, durch die unsere Eiweißverwertung optimiert wird. Feldsalat enthält sehr viel Beta-Karotin, das unser Körper zu Vitamin A umwandeln kann.

Statt Shampoos: Honig-Packung für sprödes Haar

Zutaten:
2 Esslöffel Weizenkeimöl
1 Esslöffel Honig
1 Esslöffel Weinessig
Alle Zutaten miteinander vermischen und in das vorher angefeuchtete Haar einmassieren. Mit einer Alu- oder Plastikfolie abdecken, etwa 30 Minuten wirken lassen. Danach mit lauwarmem Wasser abspülen. Die raue Haaroberfläche wird geglättet, das Haar bekommt einen schönen Glanz.

Sahne-Kur für strapaziertes Haar

Zutaten:
2 Esslöffel süße Sahne
1 Teelöffel Speiseöl
1 Teelöffel Zitronensaft
Alle Zutaten vermischen und in das vorher angefeuchtete Haar einmassieren. Mit einer Alu- oder Plastikfolie abdecken, 15 Minuten einwirken lassen. Schließlich mit lauwarmem Wasser ausspülen.

Meerrettich-Wasser gegen Schuppen

Zutaten:
1 Meerrettich
Den ganzen Meerrettich grob zerteilen und eine halbe Stunde lang bei mäßiger Hitze köcheln lassen. Durch ein Sieb abschütten und den Sud in eine saubere Flasche füllen. Alle zwei Tage diesen Sud in die Kopfhaut einmassieren. Ein uraltes Mittel aus Großmutters Kosmetikschatz. Meerrettich enthält Schwefelverbindungen, die das Zellwachstum anregen und schädliche Keime abtöten.

Ei-Bier-Packung für Glanz und Geschmeidigkeit

Zutaten:
1 Ei
50 Milliliter Bier

Bier und Ei kräftig miteinander verquirlen. Das Haar mit Wasser anfeuchten, dann die Ei-Bier-Packung darauf verteilen. Mit einer Plastik- oder Alufolie umwickeln. Den Kopf mit einem Handtuch bedecken und die Packung etwa 30 Minuten einwirken lassen. Danach mit lauwarmem Wasser ausspülen.

Essig-Spülung für Glanz und Geschmeidigkeit

Zutaten:
2 Esslöffel getrocknete und zerkleinerte Klettenwurzeln (Arctium lappa; aus der Apotheke)
250 Milliliter Wasser
1 Liter Apfelessig
Die Klettenwurzeln 30 Minuten lang in dem Wasser kochen, danach abseihen. Den verbleibenden Sud mit dem Essig mischen. Diese Spülung sollte nach jeder Haarwäsche (5 Minuten einwirken lassen!) zum Einsatz kommen.

Petersilien-Packung für Haarglanz und eine gut durchblutete Kopfhaut

Zutaten:
1 Bund Petersilie
4 Esslöffel Wasser
Petersilie mit dem Wasser fein pürieren. Den Brei sorgfältig im trockenen Haar und auf der Kopfhaut verteilen. Mit Alu- oder Plastikfolie bedecken, ein Handtuch um den Kopf wickeln und etwa eine halbe Stunde einwickeln lassen. Anschließend mit lauwarmem Wasser auswaschen.

Essig-Spülung gegen Haarausfall

Zutaten:
100 Milliliter Weinessig
1 Esslöffel Brennnesselblätter
1 Esslöffel Birkenblätter
Die Zutaten miteinander vermischen und zwei Wochen gut verschlossen bei Raumtemperatur ziehen lassen, danach abseihen. Spülen Sie damit nach jeder Haarwäsche.

Hautblasen – autsch!

Die meisten Blasen entstehen durch Reibungskräfte aufgrund wiederholter Belastungen oder zu enger bzw. defekter Kleidungsstücke und Schuhe. Durch die Reibung wird die obere Hautschicht gegenüber der tieferen verschoben, bis sich schließlich beide voneinander lösen. Dann bildet sich ein Hohlraum, der schon bald mit Gewebewasser gefüllt wird.

Blasenort Nr. 1 ist der Fuß – aufgrund von unflexiblem oder zu engem Schuhwerk, Löchern in den Socken oder starken Hautbelastungen, wie sie beispielsweise beim Bergwandern typisch sind.

Nehmen Sie sich Zeit und eine Nadel

Dann reinigen und sterilisieren Sie zunächst Nadel und Blasenoberfläche samt umliegender Haut mit verdünntem Alkohol. Schließlich stechen Sie an der Blasenseite ein kleines Loch und drücken den Inhalt aus. Die Blasenhaut wird nicht abgezogen. Schützen Sie die Stelle tags-

Blasen Sie Blasen den Marsch!

- Alle Schuhe sollten gleichermaßen fürs Training wie für den Wettkampf geeignet und gut eingelaufen sein.
- Die Strümpfe sollten keine Löcher haben und trocken, sauber und passend sein, sie dürfen keine Falten werfen. Tragen Sie nur Socken, die ein Fersenteil haben! Die so genannten Schlauchsocken neigen dazu, im Schuh blasenträchtige Falten zu werfen.
- Vor allem Wanderer und Bergsteiger sollten wissen, dass Acrylsocken laut wissenschaftlichen Studien den Fuß doppelt so gut schützen wie Socken aus Naturstoffen (etwa aus Baumwolle). Der Grund: Sie passen sich besser den Fuß- und Schuhformen an, außerdem fühlt sich Acryl selbst bei Nässe noch weich und angenehm an.
- Neue Schuhe vor dem ersten Tragen mit einem Hirschtalgstift einreiben. Dadurch werden die Reibungskräfte gesenkt. Zudem empfiehlt es sich, die Schuhe von innen mit Seife oder Vaseline einzureiben.
- Ein alter Trick, der beim Tragen von Wanderstiefeln vor Blasen schützt: Tragen Sie statt einem Paar dicke Socken zwei dünne übereinander. So reiben die Socken aneinander und nicht an Ihrem Fuß.

über mit einem Heftpflaster, nachts ziehen Sie es ab, damit Luft herankommen und den Heilungsprozess beschleunigen kann.
Wenn Sie eine Hautblase aufstechen und die dabei austretende Flüssigkeit trübe ist oder übel riecht, kann es bereits zu einer schweren Entzündung gekommen sein. In diesem Falle sollten Sie den Arzt aufsuchen.

Pinkel-Schuhe nicht bescheuert!

Ein altes Hausmittel gegen scheuernde Schuhe: Füllen Sie den Schuh mit eigenem Urin, lassen Sie ihn darin ein paar Minuten ziehen, gießen Sie ihn dann wieder aus. Schlüpfen Sie nun in die Schuhe und tragen Sie diese eine Zeitlang. Keine Angst! Es riecht nicht – dafür macht es das Schuhwerk schön weich und anschmiegsam.

* * *

Hühneraugen – seid wachsam

Das typische Hühnerauge zeigt sich als Schwiele mit einem harten Hornkegel in der Mitte. Es handelt sich dabei um eine Verdickung der Hornhaut infolge von starken Druckbelastungen, meistens dort, „wo der Schuh drückt“ und wo die Zehen so eingeengt werden, dass sie gegeneinander reiben.

Ringelblume, bei Fuß!

Calendula officinalis wirkt als hautaufweichendes Emolliens und ist damit bei Hühneraugen ein Mittel der ersten Wahl.
Sehr bewährt bei Hühneraugen sind homöopathische Calendulasalben aus der Apotheke. Sie sollten mehrmals täglich aufgetragen werden.

Das Hühnerauge zum Bockshorn jagen

Das alte indische Gewürz Bockshornklee (Trigonella foenum-graecum) enthält hautaufweichende Substanzen, wirkt darüber hinaus sanft antibiotisch.
Kochen Sie etwa 100 Gramm der pulverisierten Samen mit etwa derselben Menge Wasser auf, bis sich ein zäher Brei bildet. Der Brei wird dann salbenartig auf ein Tuch verstrichen und auf die erkrankte Stelle gelegt. Dosierung: zwei Umschläge pro Tag.

Zwiebeln machen Fleisch zart

Eines der bewährtesten Mittel aus Großmutters Zeiten. Binden Sie eine Zwiebelscheibe auf das Hühnerauge, am besten mit einem Mullverband. Lassen Sie die Scheibe mindestens für 15 Minuten auf der erkrankten Stelle. Bis dahin sollte sich der Kern des Hühnerauges gelöst haben. Kann allerdings sein, dass dies bei der ersten Anwendung noch nicht klappt. Doch spätestens bei der zweiten wird es so weit sein. Danach gönnen Sie sich ein warmes Fußbad (10 Minuten).

Hobbychirurgen bitte in die Metzgerei!

Hühneraugen sind nichts für den Eingriff des Hobbychirurgen. Widerstehen Sie der Versuchung, mit Rasierklingen, Messern oder gar spitzen Fingernägeln an das Problem heranzugehen. Dabei könnte es zu ernsten Infektionen kommen.

Schweben Sie!

Schmerzhafte Hühneraugen müssen entlastet werden. Legen Sie ein Mullstück auf die betreffende Stelle und bedecken Sie es mit einem Stück Baumwolle. Nachts oder beim Duschen bzw. Baden sollten Sie allerdings die Polsterung entfernen, um die Haut atmen zu lassen.
Sollten Sie immer wieder unter Hühneraugen leiden, obwohl das Schuhwerk gewissenhaft ausgewählt wurde, kann es sein, dass Ihre Mittelfußwölbung zu schwach ausgeprägt ist. Gehen Sie dann zum Orthopäden; er kann Ihnen möglicherweise orthopädische Schuhe verschreiben.

* * *

Krätze – unerwünschter Besuch

Die Krätze zeigt sich durch juckende Knötchen zwischen den Fingern, am Handgelenk, rund um die Brust, am Gesäß und an den Geschlechtsteilen. Unter Wärme – beispielsweise unter der Bettdecke – wird das Jucken schlimmer; es verführt zum Kratzen, was natürlich Rötungen, offene Wunden und Entzündungen zur Folge haben kann.
Auslöser der Krätze ist eine Milbe. Die Krätzmilbenweibchen bohren sich in die Haut, während das Männchen unmittelbar nach der Befruch-

tung abstirbt. Das Weibchen lässt bei seinem Bohrgang allerlei Kot und Eier zurück, bei Wärme wird es an die Oberfläche gelockt – was natürlich die Beschwerden verschlimmert und die Ansteckungsgefahr vergrößert.

Die Krätze schafft Schmusekatzen

Die Krätze tritt bei Kindern häufiger auf als bei Erwachsenen. Sie sind während der Zeit der Infektion sehr anhänglich, und die Eltern sollten diesem Bedürfnis nachkommen. Achten Sie außerdem darauf, dass die Betroffenen andere Handtücher und Waschlappen benutzen als der Rest der Familie, außerdem sollten Sie täglich sämtliche Kleidungsstücke wechseln.

Schwefelblüten und Perubalsam

Eine Salbe aus Schwefelblüten (wird aus schwefelhaltigen Erzen gewonnen, man erhält sie in der Apotheke) und Perubalsam (in Apotheken oder Drogerien) macht den Krätzmilben den Garaus. So wird sie zubereitet:
Mischen Sie jeweils 10 Gramm der beiden Substanzen mit 100 Gramm Fett in einem stabilen Topf, die Creme gut durchkneten! Tragen Sie die Salbe einmal pro Tag auf die betroffenen Stellen, 3 bis 5 Tage lang; am besten ist, wenn Sie vorher für 15 Minuten ein 36 bis 38 Grad heißes Vollbad nehmen, um die Haut aufzuweichen und die Milbengänge zu öffnen.

Ganz oder gar nicht

Das Herdysche Seifenbad zählt zu den uralten und bewährten Hausmitteln der Krätzentherapie. Der Kranke wird dabei erst 30 Minuten lang am ganzen Körper mit grüner Seife eingerieben. Anschließend wird er im heißen Bad 30 Minuten lang leicht massiert. Daraufhin wird er eine halbe Stunde lang mit Schwefelsalbe (6 Gramm gereinigter Schwefel, 3 Gramm rohe Pottasche und 24 Gramm Fett; die Masse gut durchkneten!) eingerieben. Nach etwa zwei Stunden nimmt der Patient noch einmal ein warmes Bad. Wiederholen Sie die Herdysche Anwendung an drei aufeinander folgenden Tagen. Normalerweise sollten die Parasiten danach abgestorben sein.

Machen Sie auf Blau!

Bestimmte Farben lenken unser Bewusstsein auf sich und beruhigen uns, sodass das Krätze-Jucken weniger empfunden wird. Das gilt vor allem für die Farbe Blau. Tragen Sie also Kleidung mit dezenten Blautönen, Ihre Bettüberzüge sollten ebenfalls ein warmes Himmelblau zeigen. Wenn Sie an Textverarbeitung und Computerbildschirm arbeiten: Weg von grellen Gelb- und Grüntönen, am besten ist eine hellblaue Schrift auf dunklem Untergrund.

Homöopathie

Wenn die Milben abgetötet sind, empfiehlt sich eine Behandlung mit dem homöopathischen Mittel Ferrum phosphoricum D6, um die Hauterholung zu fördern. Dosierung: 3-mal täglich 5 bis 10 Kügelchen (Globuli).

* * *

Kopfläuse

Schon vor 70 000 Jahren krabbelte die Laus auf den Köpfen des Menschen, und noch immer gehört sie zu seinen treuesten Begleitern. Auch derzeit mausert sie sich wieder zu einer echten Plage. Experten schätzen, dass bundesweit etwa jedes dritte Kind einmal pro Jahr von den ungeliebten Krabblern heimgesucht wird.

Bei der Suche nach den Ursachen für den Kopflaus-Boom vermutet man schnell hygienische Defizite, doch die sind heute nicht größer als vor zehn Jahren. Zudem können exzessive Reinigungseinsätze den robusten Parasiten ohnehin nicht beeindrucken: Häufiges Haarewaschen führt höchstens zu saubereren Läusen.

Wichtiger für die Verbreitung der Läuse ist der Körperkontakt von Mensch zu Mensch. Denn der flügellose Gliederfüßer kann zwar weder springen noch fliegen, doch wenn Kinder im Hort, im Zeltlager oder in der Jugendherberge die Köpfe zusammenstecken, vermag er mit seinen sechs Beinen blitzschnell den Wirt zu wechseln.

Nicht den Kopf verlieren

Immer mehr Läuse werden resistent gegen die herkömmlichen Insektizide. Was natürlich die Frage aufwirft, wie sich die Parasiten überhaupt noch bekämpfen lassen. Wirkungsvoll bleibt sicherlich das komplette Abschneiden des Kopfhaars, doch gerade für Kinder ist das psychisch kaum zumutbar.

Das Kämmen mit speziellen „Bug Busters" (erhält man in der Apotheke) zum Entfernen der Läuseeier – den Nissen – wird da schon besser akzeptiert. Aber seine Erfolgsquote steht und fällt natürlich mit der Sorgfalt desjenigen, der es anwendet. Nichtsdestoweniger bleibt es eine wertvolle Therapieergänzung, allein schon, um die aktuelle Entwicklung des Lausbefalls zu überprüfen.

Neembaumöl hilft schon nach 10 Minuten

In einer Studie der Universität Kairo wurden 60 Kinder erfolgreich mit einem Shampoo aus Neembaum-Extrakt behandelt: Bereits 10 Minuten Einwirkzeit ließen den Parasitenbestand nahezu komplett verschwinden.

Man erhält Tinkturen oder Öle aus Neem (oft auch Niem gschrieben) bereits in vielen Drogerien und Apotheken. Dort werden auch entsprechende Shampoos angeboten. Doch man kann sie sich auch selbst zubereiten, indem man einfach Neembaumöl oder -tinktur in ein konventionelles Shampoo einmischt. Dosierung: 3 bis 5 Tropfen Öl oder Tinktur auf eine Portion Shampoo. Mindestens 10 Minuten einwirken lassen. Danach ausspülen und das noch nasse Haar mit dem Nissen-Kamm (Bug-Buster) durchgehen. Die Anwendung einige Stunden später und dann noch einmal acht Tage später wiederholen!

Nicht die Klassenzimmer leerfegen!

Die übliche Strategie, Kinder erst dann wieder in die Schule zu lassen, wenn sie komplett nissenfrei sind, fegt allenfalls die Klassenzimmer leer, ist aber ansonsten wenig hilfreich. Denn ein Kind kann bereits 24 Stunden nach einer erfolgreichen Erstbehandlung wieder in die Schule, weil es dann nicht mehr infektiös ist. Der Grund: Nur erwachsene Läuse können ansteckend sein, nicht aber ihre Eier. Allerdings muss nach acht bis zehn Tagen eine Nachbehandlung erfolgen, um dann auch dem schlüpfenden Nachwuchs den Garaus zu machen.

Homöopathie

- Homöopathische Mittel helfen gegen das Jucken. Hier vor allem
- Graphites D6, 3-mal täglich 5 Kügelchen (Globuli).
- Ledum D6, 3-mal täglich 5 Kügelchen (Globuli).

* * *

Masern – zum Glück einmalig

Die Masern durchlaufen in der Regel drei Stadien:

- 1. Stadium (3 bis 5 Tage): steiler Anstieg der Körpertemperatur, Entzündungen an den oberen Luftwegen. Das Kind meidet das Licht, da meistens auch die Bindehäute der Augen entzündet sind. Häufig bilden sich an der Wangenschleimhaut weißliche Stippchen, die sogenannten Koplik-Flecken.
- 2. Stadium (2 bis 3 Tage): Jetzt kommt es zum typischen Hautausschlag, ausgehend von den Ohren, über Hals, Gesicht, Schultern, Arme bis zu den Beinen. Die Flecken zeigen eine rosa-violette Farbe, können sehr klein bleiben oder in großen Fleckenfeldern zusammenfließen. Die Körpertemperatur steigt noch einmal auf 39 bis 40 Grad Celsius.
- 3. Stadium: Das Kind erholt sich, es besteht aber weiterhin Anfälligkeit gegenüber anderen Erkrankungen. Die Flecken heilen unter Schuppenbildung ab.

Sehr ansteckend – und sehr harmlos

Ausgelöst werden die Masern durch einen Erreger namens Virus Briarcus morbillorum. Masern sind hochgradig ansteckend. Betroffene Kinder sollten also bereits bei den ersten Krankheitsanzeichen nicht mehr zur Schule gehen und isoliert werden. Nach überstandenen Masern zeigen viele Kinder eine überraschende Vitalität und ein wacheres Bewusstsein als vor der Erkrankung. Der Grund: Die Krankheit führte zu einem intensiven Erleben der eigenen Körperlichkeit und der eigenen Anfälligkeit, aber auch zu der Erkenntnis, dass der Körper über Kräfte verfügt, auch aus tiefen Krisen wieder heil und gestärkt herauszukommen. Diese Erlebnisse stärken das Selbstbewusstsein und den Mut, die Probleme des Lebens anzupacken.

„Klassisch"

Masern sind eine „klassische" Kinderkrankheit, die bei normalem Verlauf keine ärztliche Unterstützung braucht. Man hat sie nur einmal im Leben! Geschichten von zwei- oder dreimaligen Wiederholungen der Krankheit basieren meistens darauf, dass von den Eltern oder dem Arzt eine falsche Diagnose gestellt wurde und man die Masern mit anderen fiebrigen Krankheiten verwechselte.

Warm anziehen!

Ziehen Sie Ihr Kind warm an! Sorgen Sie auch für seelische Wärme, denn masernkranke Kinder sind überdurchschnittlich weinerlich und schmusebedürftig.

Ganzkörper-Reibebad

Es regt nicht nur die körperlichen Abwehrkräfte des Kindes an, sondern kommt auch seinem erhöhten Zärtlichkeits- und Zuwendungsbedürfnis entgegen:
Baden Sie den Patienten in 30 bis 33 Grad warmem Wasser und reiben Sie ihn mit bloßen Händen ab, ohne zu drücken oder zu massieren. Danach stecken Sie das Kind direkt wieder ins Bett.

Homöopathie

Pulsatilla D6 hilft dem erkrankten Kind körperlich und seelisch wieder auf die Beine, vom „Homöopathie-Vater" Hahnemann wird es sogar als spezifisches Masernmedikament bezeichnet. Dosierung: 3-mal täglich 5 Globuli auf der Mundschleimhaut zergehen lassen.

* * *

Nagelbettentzündung

Rund um den Nagel sind relativ viele Schmerzrezeptoren, sodass eine Nagelbettentzündung echt quälend sein kann. Die Haut um das Nagelbett herum ist rot, verdickt, angespannt und reagiert druck- und schmerzempfindlich. In schwereren Fällen kommt es zur Eiterbildung.

Nagelbettentzündungen entstehen durch Bakterien, die durch kleine Verletzungen – aber auch durch Pilzbefall – ins Nagelbett vordringen konnten.

Tausendsassa Ringelblume

Die Ringelblume (Calendula officinalis) hilft bei Nagelbettentzündungen als Heilpflanze mit hohem antibiotischem Potenzial, außerdem wirkt sie entzündungshemmend. Nicht zu vergessen schließlich, dass sie als Emolliens das Hautgewebe um den Nagel herum weicher und elastischer macht. Es kann dann besser auf die Schwellung nachgeben und baut dadurch weniger schmerzhafte Oberflächenspannung auf.
Ein altes Hausmittel zur Behandlung von Nagelbettentzündungen ist das Calendula-Seifenbad. 1 Esslöffel Schmierseife in 250 Milliliter warmem Wasser auflösen. Dann mit 2 gehäuften Teelöffel Calendulablüten vermischen, aufkochen und 3 bis 5 Minuten köcheln lassen. Schließlich durch ein Tuch oder ein Sieb abseihen.
Der entzündete Finger wird in dem heißen Calendula-Seifenbad etwa 10 Minuten lang gebadet.
Wiederholen Sie die Prozedur täglich ein- bis zweimal.

Doppel-Power: Honig und Zwiebelsaft

Diese Kombination wirkt desinfizierend und mobilisiert die körpereigenen Abwehrkräfte. Mischen Sie beide Substanzen zu gleichen Teilen und bereiten Sie daraus vor dem Schlafengehen Auflagen, die mit einem Mullverband abgedeckt werden.

Homöopathie

In besonders starken Fällen empfiehlt sich die zusätzliche Einnahme des homöopathischen Mittels Hepar sulfaris D3. Dosierung: 3-mal täglich 5 bis 10 Kügelchen (Globuli).

Vorbeugen: So bleibt das Nagelbett gesund

- Schieben Sie Ihre Nagelhaut nach dem Duschen oder Baden behutsam mit einem Holzstäbchen oder einem Tuch zurück. Beschneiden Sie die Nagelhaut nie mit einer Schere!
- Trocknen Sie die Hände nach dem Spülen, Duschen oder Baden immer gut ab. Cremen Sie die Hände nach jedem Waschen gut ein!
- Wenn Sie chronisch an rauen Händen und rissiger Nagelhaut leiden, sollten Sie die Hände immer wieder mit Cystus-Creme einreiben. Man erhält sie in der Apotheke.

* * *

Nesselsucht – der Körper gegen sich selbst

Die Nesselsucht (Urtikaria) zeigt sich durch hellrote, linsen- bis münzgroße Quaddeln, die sich binnen weniger Minuten entwickeln können und stark jucken. Mitunter sind sie bereits nach einer Stunde wieder verschwunden. Es gibt aber auch Fälle, in denen der Ausschlag chronisch bleibt.

Immunsystem außer Kontrolle

Auslöser des Juckreizes der Urtikaria sind die so genannten Mastzellen. Sie gehören zur Immunabwehr und zu ihren Aufgaben gehört, durch die Ausschüttung von Histamin und anderen Substanzen entzündliche Reaktionen in Gang zu setzen. Ein Mechanismus, der notwendig ist, um das Gewebe vor Schäden zu schützen, der allerdings auch zur Reizung der Nervenendigungen führt. Im Falle der Urtikaria schießen nun die Mastzellen über das Maß hinaus, sie setzen also große Mengen an entzündungsfördernden Stoffen frei, obwohl objektiv kein hinreichender Grund dafür vorliegt.

Die Gründe für die Hyperaktivität der Mastzellen bleiben oft im Dunkeln. Nur in Einzelfällen lassen sich konkrete Allergien oder Nahrungsunverträglichkeiten nachweisen. Jüngere Studien weisen allerdings darauf hin, dass bei 30 bis 50 Prozent der Patienten eine Autoimmunstörung vorliegt, dass also ihre Mastzellen durch körpereigene Eiweiße aktiviert werden.

Glück im Unglück

Im Unterschied zu Neurodermitikern (Atopikern) geht das Kratzen der Urtikaria-Patienten nicht in die Tiefe. Blutende Hautverletzungen sind daher bei ihnen eher selten anzutreffen.

Achtung, Salicylate!

Der juckende Hautauschlag der Urtikaria zeigt oft einen engen Zusammenhang mit der Zufuhr von Salicylaten aus der Nahrung. Bei diesen Stoffen handelt es sich um Salze der Salicylsäure, die man in etwas abgewandelter Form von der Acetylsalicylsäure (ASS) kennt, die in vielen Rheuma-Medikamenten vorkommt. Dementsprechend können die Salicylate für Rheuma-Patienten sinnvoll sein, für Nesselsuchtpatienten sind sie jedoch oft ein Problem, weil sie allergische Reaktionen auslösen. In einer Studie der Berliner Charité reagierten sogar deutlich mehr Urtikaria-Patienten mit einem Hautausschlag auf salicylatreiches Tomatenpüree als auf Farb- und Konservierungsstoffe. Hier eine Liste der besonders **salicylatreichen Nahrungsmittel, die man möglichst vermeiden sollte:**

Ananas
Aprikosen
Avocado
Clementine
Dattel, getrocknet
Erdbeere
Feige, getrocknet
Grapefruit
Himbeere
Johannisbeere
Kirsche
Kiwi
Nektarine
Orange
Pfirsich
Rosine
Wassermelone
Weintraube

Artischocke
Champignon
Chicoree
Endivie
Gurke
Olive
Radieschen
Rettich
Tomate und Tomatenmark
Zucchini

Bier
Cashew
Erdnüsse
Essig
Gewürze, scharfe
(z.B. Pfeffer, Chili, Curry)
Honig
Mandeln
Wein

Reifeprüfung
Grundsätzlich gilt, dass vor allem unreifes und ungeschältes Obst und Gemüse viele Salicylate enthalten. Urtikaria-Patienten sollten ihre vegetarischen Nahrungsmittel nur reif und geschält verzehren.

Mineralisch überzeugend
Magnesium „überredet" die Mastzellen unseres Immunsystems dazu, weniger Histamine auszuschütten. Ein Effekt, der gerade für allergische Urtikaria-Patienten von Bedeutung ist, denn Histamine sind ja der Zündschlüssel, der ihre allergische Reaktion in Gang setzt. Wenn man jetzt bedenkt, dass Magnesium unter Stress enorm aufgebraucht wird und gestresste Menschen oft unter Magnesiummangel setzt, kann das Mineral im Hinblick auf Urtikaria gar nicht hoch genug eingeschätzt werden. Also: Achten Sie auf eine magnesiumreiche Nahrung mit Weizenkeimen, Hirse, Sesam, Leinsamen und Nüssen (Achtung: Viele Nüsse sind allergen!). Es kann auch sinnvoll sein, eine achtwöchige Kur mit „Bärlauch Magnesium" aus der Apotheke durchzuführen (3 bis 4 Kapseln pro Tag, je nach Schwere der Symptome). Der Milchzucker Laktose verbessert die Magnesiumaufnahme.

Eine südafrikanische Backzutat
Rooibos wirkt modulierend auf das Immunsystem, sodass es weniger reizempfindlich wird. Nicht zu unterschätzen ist auch die beruhigende Wirkung des südafrikanischen Tees auf das vegetative Nervensystem, durch die das Jucken der Nesselsucht gelindert wird. Für Patienten mit chronischem Nesselausschlag empfehlen sich Trinkkuren mit Rooibos, für die Erste Hilfe bei akuten Hautreaktionen sind sie hingegen eher seine Umschläge geeignet.
Die Trinkkur: Trinken Sie täglich etwa 1,5 Liter Rooibos-Tee, vor allem zu den Mahlzeiten. Am besten bereiten Sie sich schon am Morgen eine Thermoskanne vor, die dann über den Tag verteilt ausgetrunken wird. Außerdem sollten Sie den Rooibos auch in Ihren übrigen Speiseplan einbauen, er eignet sich vorzüglich zu Back- und Fleischrezepten sowie zu Rezepten mit sauren Milchprodukten wie Joghurt, Dickmilch und Kefir. Umschläge mit kaltem Rooibos-Tee lindern den Juckreiz und wirken entzündungshemmend.

Kochen Sie etwa 1 Liter Wasser kurz auf, übergießen Sie dann damit 4 Esslöffel Rooibos-Kraut. 5 Minuten ziehen lassen, schließlich abseihen. 15 Minuten im geschlossenen Gefäß abkühlen lassen, dann das Gefäß im Kühlschrank deponieren.
Die Anwendung: Tunken Sie ein Mull- oder Leinentuch in den Rooibos-Tee. Wringen Sie es gut aus, damit es nicht tropft. Dann legen Sie das Tuch auf die juckenden Stellen der Haut. Wenn der kühlende Effekt nachlässt, wird das Tuch erneut im kalten Tee eingetaucht.
Die Anwendung sollte etwa 15 Minuten dauern und immer beim akuten Nesselausschlag zum Einsatz kommen.

Das Darmmilieu aufbauen

Wissenschaftliche Studien ergaben, dass die Urtikaria einen engen Zusammenhang mit dem Zustand der Darmflora hat: Je größer die Anzahl der Schadbakterien und je kleiner die Anzahl der Nutzbakterien im Darm, desto größer scheint das Risiko einer chronischen Erkrankung. Demzufolge müsste es gelingen, den Krankheitsverlauf positiv zu beeinflussen, indem man die Position der Nutzbakterien im Darm stärkt.
Hierzu bieten sich Joghurt und Kefir an. Vor allem Kefir hat den Vorteil, dass man ihn ohne Aufwand selbst herstellen kann. Die entsprechenden Kulturen gibt es in Reformhäusern. Trinken Sie täglich zwei bis drei Gläser davon, das erste Glas am besten direkt nach dem Aufstehen.

Blau machen!

Bestimmte Farben lenken unser Bewusstsein auf sich und beruhigen uns, sodass das Jucken weniger empfunden wird. Das gilt vor allem für die Farbe Blau, die auf uns einen Kühleffekt ausübt. Tragen Sie also Kleidung mit dezenten Blautönen, Ihre Bettüberzüge sollten ebenfalls ein warmes Himmelblau zeigen. Wenn Sie an Textverarbeitung und Computerbildschirm arbeiten: Weg von grellen Gelb- und Grüntönen, am besten ist eine hellblaue Schrift auf dunklem Untergrund.

* * *

Pickel und Hautunreinheiten – nicht nur bei Bravo-Lesern

Die Hauptursache von Hautunreinheiten und Pickeln sind Verhornungen der Talgdrüsengänge. Sie gehören auch zum typischen Verlauf der Akne. Hier zeigen sich zunächst Hautmitesser mit schwarzem Punkt, die sich dann zu Entzündungen und großen, eitergefüllten Pickeln auswachsen.

Putzkommando Natur: Salbei- und Teebaumöl

Das traditionsreiche Salbeiöl wirkt sanft antibiotisch gegen die Bakterien, die an den Hautentzündungen beteiligt sind. Mischen Sie 10 Teile Olivenöl mit 1 Teil Salbeiöl. Träufeln Sie etwas von dieser Mischung auf einen Wattebausch, mit dem Sie dann die entzündeten Stellen abtupfen. Wiederholen Sie diese Anwendung mehrmals täglich! Man erhält Salbeiöl in der Apotheke.

Teebaumöl hat eine ähnliche Wirkstoffzusammensetzung wie Salbeiöl. Dass es bei Akne wirkt, zeigt eine Studie von Dermatologen der Isfahan Universität, Iran. Die Forscher behandelten 60 Akne-Patienten entweder mit einem Gel aus Teebaumöl oder einem wirkungslosen Placebo-Gel. 45 Tage später zeigten die Teebaum-Patienten etwa ein Sechstel der Akne-Läsionen, die man noch bei der Placebo-Gruppe feststellen konnte. Teebaumöl ist in der Regel etwas preiswerter als das Salbeiöl, man erhält es auch in Drogerien und Supermärkten und nicht nur in Apotheken. Sein Allergierisiko ist allerdings etwas höher. Die Anwendung erfolgt wie beim Salbeiöl.

Die Wirkung der Ursache

Die Ernährung spielt – auch wenn viele Betroffene es glauben – bei der Akne nicht die Hauptrolle, selbst der übermäßige Verzehr von Süßigkeiten scheint keine Akneschübe zu provozieren. Auch die Psyche spielt eher eine Nebenrolle. Die oft zu beobachtenden psychischen Abweichungen bei Akne-Patienten sind weniger die Ursache, als vielmehr das Resultat der Hautkrankheit, die ja für die Betroffenen als große Belastung erlebt wird.

Erbitterter Widerstand mit Cystus

Eine Alternative zum Salbeiöl. Die Polyphenole von Cystus (Cistus

Bälle flach halten!

Patienten, die wegen Akne längere Zeit mit Antibiotika behandelt werden, haben ein doppelt so hohes Risiko für Atemwegeserkrankungen wie andere Aknepatienten. Dies ist das Ergebnis einer repräsentativen Studie der Universität von Pennsylvania. Die amerikanischen Wissenschaftler empfehlen daher, den standardmäßigen Einsatz von Antibiotika bei Akne zu überdenken. Derzeit werden hierzulande etwa zwei Drittel der Aknepatienten mit Antibiotika, meistens in Form von Salben und Lotionen, behandelt.

B mit Bedacht benutzen!

In der medizinischen Literatur finden sich Fallberichte von starker Akne, die durch hoch dosierte Vitamin-B6- und B12-Präparaten ausgelöst wurde. Ein Hinweis darauf, wie empfindlich bisweilen der Hautstoffwechsel auf extreme Wirkstoffdosierungen reagiert. Die Akne verschwindet, wenn die Präparate abgesetzt werden.

incanus) wirken sanft antibiotisch, erhöhen außerdem aufgrund ihrer „gerbenden“ Wirkung die Widerstandsfähigkeit der Haut gegenüber Infekten und Umweltreizen. Den fertig abgemischten Cystus-Sud gibt es in Apotheken. Tupfen Sie ihn mehrmals täglich auf die entzündeten Stellen. Am Abend kann man auch ein mit Cystus-Sud getränktes Leinentuch auf das komplette Gesicht oder die befallenen Schulter- und Rückenpartien legen.

Tipp vom Heilpraktiker: Eigenurin

Viele Heilpraktiker empfehlen bei Akne eine Urintherapie. Betupfen Sie dazu die Pusteln mehrmals täglich mit ein paar Tropfen aus Ihrem Morgenurin. Wichtig: Die Tropfen dürfen danach nicht abgewaschen werden! Die Urintherapie zeigt mitunter beachtliche Erfolge – auch wenn sie wissenschaftlich nicht erklärt werden können.

Homöopathie

- Hepar sulfaris D12, vor allem während der Pubertät D12. Dosierung: 2-mal täglich 5 Kügelchen (Globuli).

• Nux vomica D6 zeigt vor allem bei Männern gute Erfolge. Dosierung: 3-mal 5 Kügelchen (Globuli) pro Tag.
• Kalium bromatum LM18, wenn der Patient notorisch unruhig ist und zu großem Durst neigt. 3-mal täglich 5 Kügelchen (Globuli).

So senken Sie Ihr Pickel-Risiko!

- Meiden Sie fetthaltiges Make-up!
- Waschen Sie Ihr Make-up jeden Abend gründlich ab!
- Achten Sie bei Ihrer Ernährung auf eine reichliche Versorgung mit dem Haut-Vitamin Biotin. Sie finden es vor allem in Walnüssen, Geflügel, Naturreis und Vollkornprodukten.
- Meiden Sie Sonnenbäder! Die alte These, wonach UV-Strahlen die Akne-Heilung begünstigen, ist überholt. Denn die Bestrahlung wirkt zwar entzündungshemmend und sie mag durch ihren Bräunungseffekt das Erscheinungsbild der Haut verbessern, doch gleichzeitig regt sie auch die Talgproduktion an. Die Folge: Bei einem Drittel der Patienten nimmt die Zahl der Aknepusteln unter UV-Bestrahlung sogar zu.

* * *

Schweißbildung, übermäßige

Die übermäßige Schweißbildung (Fachbegriff: Hyperhidrosis) kann viele Ursachen haben. Viele Betroffene besitzen eine angeborene Veranlagung dazu, aber auch psychische Faktoren (vor allem Angst) und bestimmte Nahrungsmittel (wie z. B. Knoblauch) können die Schweißabsonderung übermäßig steigern. Darüber hinaus gehören Schwitzattacken zu den typischen Begleitern der Wechseljahresbeschwerden.

Eine Paraderolle für den Salbei!

Die Pflanzenheilkunde kennt kein Heilmittel, das die Produktion der Schweißdrüsen besser drosseln kann als der Salbei. Hauptverantwortlich für diesen Effekt sind wahrscheinlich seine ätherischen Öle.

Bei Schweißfüßen empfehlen sich Fußbäder in einer Mischung aus 1 bis 2 Liter warmem Wasser und 4 bis 6 Esslöffel getrockneten Salbeiblättern. Bei Schweißattacken an mehreren Körperteilen sollte Salbei innerlich zum Einsatz kommen. Hier kann der Tee (3 Tassen täglich) ebenso hilfreich sein wie die Einnahme von Salbeitinktur (5 bis 7,5 Milliliter täglich auf 3 Einheiten verteilt) und ätherischem Salbeiöl (0,1 bis 0,3 Milliliter täglich auf drei Einheiten verteilt).

Angstschweiß aus Angst vor dem Schweiß

Schwitzen in unpassenden Situationen wird gemeinhin als Unsicherheit oder sogar als Ausdruck mangelnder Hygiene interpretiert. Hierdurch gerät ein sensibler Mensch schnell in die Situation, dass er beispielsweise bei einem Vorstellungsgespräch vor Angst schwitzt, und dann vor Angst, dass sein Gegenüber dies sehen oder sogar riechen könnte, noch stärker zu schwitzen anfängt.

Sonstige Maßnahmen

• *Kneippsche Anwendungen*

Waschen Sie sich morgens mit einem Lappen, den Sie in kaltes Wasser mit einem duftigen Bodyshampoo tauchen! Das verleiht Ihnen nicht nur einen angenehmen Duft, sondern nimmt auch Ihren Schweißdrüsen den Wind aus den Segeln. Auch Wechselbäder drosseln die Schweißproduktion.

• *Entspannen Sie sich!*

Gegen übermäßiges Schwitzen sind Entspannungsübungen wie das Tiefenentspannungstraining nach Jacobsen und das Autogene Training besonders wirksam. Autogenes Training sollte jedoch bei Experten (z.B. an Volkshochschulen) erlernt werden.

* * *

Zehennagel, eingewachsener

Es gibt Menschen, die eine angeborene Veranlagung zu eingewachsenen Zehennägeln haben. Andererseits gehören diese Beschwerden auch zu den traditionellen Sportlerproblemen. Besonders häufig betroffen sind Sportkletterer, weil sie gerne enges Schuhwerk anziehen, um besseren

Kontakt zur Wand zu haben. Fußballer holen sich eingewachsene Fußnägel oft durch bestimmte Schusstechniken (z. B. „Picke“ und extreme Lupfer) und natürlich dadurch, dass ihnen jemand im Spiel auf die Füße tritt. Schließlich gehört zu den weit verbreiteten Ursachen auch das runde Abschneiden der Fußnägel.

Dem Nagel aus der Klemme helfen

Baden Sie Ihren Fuß in warmem Wasser, um die Nagelsubstanz aufzuweichen. Danach abtrocknen und behutsam ein kleines, dünnes Stück Watte unter den eingewachsenen Nagel schieben. Die Watte hebt den Nagel an, sodass er besser aus dem Gewebe herauswachsen kann. Wechseln Sie die Watte mindestens einmal pro Tag; desinfizieren Sie die Stelle (beispielsweise mit einer Mischung aus 10 Teilen Olivenöl und 1 Teil Teebaumöl), um die Entzündungen zu vermeiden!

Homöopathie

• Hepar sulfuris D3 hilft bei entzündeten Nägeln mit Eiterbildung. 3-mal täglich 5 bis 8 Globuli.
• Silicea D6 unterstützt die Immunabwehr und regeneriert das geschädigte Gewebe am Nagelrand. Es sollte erst eingenommen werden, wenn kein Eiter mehr gebildet wird. 3 Mal täglich 5 Globuli.

Vorbeugen: Es muss kein Handstand sein

• Passendes Schuhwerk: Keine modischen Schuhe, die sich spitz oder flach nach vorn verengen! Keine High-Heels!
• Bergwanderer leiden besonders oft an eingewachsenen Fußnägeln, weil sie vergessen, dass ihr Fuß beim Abwärtslaufen in die Schuhspitze gepresst wird. Achten Sie daher beim Kauf Ihrer Wanderschuhe darauf, dass Ihre Zehen bei abschüssiger Wegstrecke noch genügend Platz haben.
• Die Fußnägel am besten wöchentlich schneiden. Weichen Sie die Füße vorher in warmem Wasser ein. Der richtige Schnitt zeigt keine kunstvollen Ovale, sondern erfolgt gerade – immer parallel zur Zehenspitze.

* * *

Warzen – der Schrecken aller Maskenbildner

Sie gehören zu den am meisten verbreiteten Hauterkrankungen überhaupt, etwa 10 Prozent aller jungen Erwachsenen im Alter bis zu 30 Jahren haben eine oder mehrere Warzen an ihrem Körper. Auch wenn die meisten der stecknadel- bis erbsengroßen Knötchen keine Schmerzen verursachen, können sie doch einen enormen Leidensdruck auslösen, vor allem dann, wenn sie sich im Gesicht ansiedeln. Und regelrechte Panik kommt schließlich auf, wenn immer wieder davon zu lesen ist, dass einige Warzen zu Hautkrebs führen können.

Tatsache ist jedoch, dass Warzen wohl lästig und kosmetisch belastend sein können, in der Regel aber kein Hautkrebsrisiko darstellen. Ausgelöst werden sie durch so genannte Papilloma-Viren, die sich bei Immunschwäche sehr leicht über den ganzen Körper verteilen, sich bei Immunstärke jedoch auch rasch wieder verziehen können. So hat die Papilloma-Spezialistin Jane Sterling von der Universität Cambridge herausgefunden, dass 65 Prozent aller Warzen innerhalb von zwei Jahren ganz von alleine verschwinden.

Held aller Hausmittel: Hygiene!

Hygienische Maßnahmen helfen, das Ausbreiten des Papilloma-Virus zu verhindern. So müssen Finger- und Zehenzwischenräume nach dem Duschen oder Baden gründlich getrocknet werden, Waschlappen gehören nach ihrer einmaligen Benutzung in die Kochwäsche. In Hotels und öffentlichen Badeanstalten ist das Tragen von Badeschuhen ratsam, bei der Hautpflege sollten die Warzen ausgespart werden, um durch Cremes oder Lotionen die Papilloma-Viren nicht noch weiter zu verteilen.

Thuja hilft Dünnhäutern

Thuja (Thuja occidentalis) gehört zu den pflanzlichen Heilmitteln, die das Warzenwachstum nicht nur oberflächlich behandeln können. In der Homöopathie kommt es als übergreifendes Medikament für die sensible „Warzenpersönlichkeit" zum Einsatz. Diese Persönlichkeit ist emotional schnell verletzt („dünnhäutig"), empfindlich gegen Feuchtigkeit und Kälte und neigt zu öliger Haut. Die Anwendung: Thuja D6, 3-mal täglich 5 Globuli. Darüber hinaus noch täglich einmal fünf Globuli in

Wasser lösen und mehrmals täglich auf die Warzen tupfen.

Kein Kuddelmuddel!

Sie sollten äußerliche Thuja- sowie die Teebaum- und Schöllkrautanwendungen nicht miteinander kombinieren, denn dies könnte die Haut reizen. Besser versuchen Sie es erst einmal innerlich und äußerlich mit Thuja und steigen dann, falls der Erfolg ausbleibt, auf Teebaum oder Schöllkraut um.

Clevere Naturwaffen

Teebaumöl unterbricht den Vermehrungszyklus der Papilloma-Viren. Vermischen Sie einen Teil Teebaumöl mit einem Teil Jojobaöl und betupfen Sie damit die Warzen mehrmals täglich.

Die Alkaloide des Schöllkrauts (Chelidonium majus) legen ebenfalls Viren lahm. Wirksam ist vor allem der frische Milchsaft, der aus den Blättern herausgepresst und auf die erkrankten Hautstellen aufgetragen werden muss (wichtig: er darf nicht getrunken werden – Vergiftungsgefahr!) Die 30 bis 50 Zentimeter hohe Pflanze ist den ganzen Sommer hindurch und überall an Mauern, Schuttplätzen und verwilderten Gärten zu finden. Man erkennt sie an den in lockeren Gruppen formierten gelben vierblättrigen Blüten und ihren gefiederten Blättern.

* * *

Herz und Kreislauf

Angina pectoris

Die Angina pectoris zeigt sich als Engegefühl in Brust und Hals und einen pochenden Schmerz, der bis in den linken Arm ausstrahlt. Die Betroffenen erleben natürlich große Ängste. Denn die Symptome der Angina ähneln denen eines Herzinfarkts, sie ähneln aber auch vielen Krankheiten im Brust- und Schulterbereich, die eher harmlos sind. Die Brustenge ist daher zunächst kein Grund zur Panik.

Gesund leben, Ende der Debatte!

Die Angina pectoris ist ein sicheres Warnzeichen für negative Veränderungen am Herzmuskel. Als Vorbote des Herzinfarkts muss sie unbedingt längerfristig unter Kontrolle gebracht werden. Dazu kommen blutverdünnende und herzkräftigende Medikamente in Frage, die der Arzt verschreiben kann. Letztendliche Abhilfe verspricht jedoch nur eine grundsätzliche Umstellung der Lebens- und Ernährungsweise: Mehr Bewegung, Abstellen des Nikotinkonsums, weniger Fleisch, weniger Alkohol, mehr Fisch, Obst und Gemüse, weniger Stress.

Kneipp trainiert die Blutgefäße

Ein 15-minütiges heißes Fußbad mit anschließender kühler Abwaschung hilft bei akuter Brustenge. Auch heiße Armumschläge haben sich bewährt. Heiße trockene Tücher oder Heizkissen auf die Herzgegend können ebenfalls die Beschwerden lindern, da ihre Wärme die verkrampften Blutgefäße wieder offenstellt.

Kneippsche Wasseranwendungen eignen sich auch zum Training der Blutgefäße und damit zur Vorbeugung von Herzerkrankungen. Ein ansteigendes Armbad beispielsweise können Sie in jedem Waschbecken anrichten. Füllen Sie das Becken mit 32 bis 34 Grad warmem Wasser (per Wasserthermometer kontrollieren!) und legen Sie die Unterarme hinein. Lassen Sie dann langsam heißes Wasser zulaufen. Ihr Ziel sollte sein, die Temperatur im Becken innerhalb von 15 Minuten allmählich auf 40 Grad zu steigern.

Ein Klassiker: Pestwurz

Pharmakologische Untersuchungen konnten zeigen, dass Pestwurz krampflösende Eigenschaften besitzt, vor allem bei schmerzhaften

Nicht als Ausrede missbrauchen: Alkohol

Mittlerweile gilt als sicher: Rotwein in kleinen Mengen (ein Glas pro Tag) wirkt positiv auf unser Herz-Kreislauf-System. Ansonsten gilt jedoch nach wie vor: Wer mehr als drei Flaschen Bier, eine Flasche Wein und drei Gläser Schnaps pro Tag trinkt, riskiert neben seiner Leber auch sein Herz.

Menstruationskrämpfen und Brustschmerzen infolge von Angina pectoris. In der Volksmedizin wird er schon schneller zu diesem Zweck angewandt.

Aufgrund seiner giftigen Alkaloide sollte Pestwurz nicht als Teeaufguss verarbeitet werden. Besser sind Präparate, bei denen die problematischen Substanzen durch flüssiges Kohlendioxid herausgespült wurde (Petadolex Kapseln). Richten Sie sich in der Dosierung nach der Packungsbeilage!

* * *

Blutdruck, niedriger

Schwindel, Torkeln, kalte Füße, unwiderstehliche Gähnattacken, Konzentrationsschwächen – glücklicherweise sind die Symptome des niedrigen Blutdrucks meistens kein Grund zur Besorgnis, doch sie können das Leben ganz schön schwer machen. Nicht nur, dass es kaum noch gelingt, einen Spätfilm bis zum Ende zu gucken. Gerade bei älteren Menschen führt der niedrige Blutdruck nicht selten zu gefährlichen Stürzen. Er ist daher keineswegs nur eine vernachlässigbare „German Disease", eine typisch deutsche Krankheit, wie von Seiten englischer Mediziner gespottet wird, die von den Tälern im Blutdruck nichts wissen wollen. Hierzulande spricht man von niedrigem Blutdruck, der Hypotonie, wenn die Blutdruckwerte im Sitzen unter 115/75 mmHg bleiben und beim Aufstehen noch weiter abfallen.

Frauen trifft's öfter

Mäßige Hypotonie ist kein Grund zur Beunruhigung. Andererseits gibt es durchaus Formen, die gesundheitlich bedenklich sind. Problematisch ist beispielsweise, wenn der niedrige Blutdruck sich mit Herzjagen und Phasen sehr hohen Blutdrucks abwechselt oder der Blutdruck nach dem Aufstehen aus sitzender Position gleich mit 50 mmHg in den Keller sackt, begleitet von Herzrhythmusstörungen und einer enormen Verlangsamung der Herzfrequenz. In diesen Fällen können durchaus schwere organische Schäden die Folge sein, weswegen sie unbedingt von einem Kardiologen abgeklärt werden müssen.

Die Ursachen der Hypotonie liegen im Dunkeln. Klar ist, dass für sie oft eine angeborene Veranlagung vorliegt und Frauen häufiger betroffen sind als Männer. In einigen Fällen wird sie durch bestimmte Medikamente hervorgerufen, oder aber durch schwere Erkrankungen wie Diabetes, Morbus Parkinson oder einer Unterfunktion der Schilddrüse, die dann eigentlich, noch vor einer symptomatischen Behandlung des niedrigen Blutdrucks, therapiert werden müssten.

Lang soll er leben!

Eigentlich sollten sich Hypotoniker freuen, denn ein mäßig niedriger Blutdruck prädestiniert für ein langes Leben. Wissenschaftler der Universität Oxford fanden heraus, dass Menschen mit Werten von 115/75 mmHg das geringste Risiko für Infarkte und Schlaganfälle haben. Weswegen man denn auch in England in der Regel auf die Behandlung von niedrigem Blutdruck verzichtet, es sei denn, dass er im oberen Wert noch nicht einmal 100 mmHg erreicht.

Die Wahrheit: Schwindel

Zu den typischen Symptomen der Hypotonie gehören die Schwindelattacken. Sie kommen vor allem dann, wenn man aus erniedrigten Positionen wie Sitzen und Liegen plötzlich ins Stehen wechselt. Hier hilft es, kurzfristig in die Hocke zu gehen. Oder zumindest im Stehen die Beine zu überkreuzen. Allein dieser „Überkreuz-Trick“ lässt den Blutdruck schon um 10 bis 15 mmHg ansteigen!

Stille Wasser sind tief – und gut

Hypotoniker sollten viel trinken, um ihr Blutvolumen auf hohem Niveau zu halten. Am besten geeignet ist Mineralwasser. Das erste Glas (mindestens 200 Milliliter) sollte schon am Morgen, noch vor dem Aufstehen getrunken werden. Dies führt zu einem spontanen Ansteigen der

Blutmenge und einem entsprechenden Anstieg des Blutdrucks, der bisweilen zwei Stunden lang anhält.

Kopf hoch!

Während des Schlafens empfiehlt sich eine leichte Erhöhung des Kopfendes. Der Grund: Viele Hypotoniker haben paradoxerweise ausgerechnet nachts einen erhöhten Blutdruck, der zu einer verstärkten Kochsalzausscheidung führt, die dann am Morgen in einen starken Blutdruckabfall ausmündet. Hebt man nun Oberkörper und Kopf ein wenig an, fällt dieser Mechanismus weniger dramatisch aus.

Medikamenten-Missbrauch

Viele Hypotoniker lassen sich starke und risikoreiche Medikamente verschreiben. Im Jahr 2000 verkauften die Apotheken 4,6 Millionen Packungen an Hypotoniemitteln. Spitzenreiter ist der Wirkstoff Etilefrin, der jedoch nur kurzfristig Linderung gibt und oft zu Nebenwirkungen wie Herzschmerzen, Schlaflosigkeit und Magen-Darm-Störungen führt. Andere Substanzen wie Aminopicolin, Adenosin, Nikotinsäure, Salicylsäure und Vitamine werden sogar an Patienten ausgegeben, obwohl sie vom Bundesgesundheitsamt durchweg als wirkungslos beurteilt wurden. Der Einsatz von Hausmitteln ist da sicherlich preiswerter und risikoloser.

Führt kein Supermarkt

Pfarrer Kneipp setzte auf seinen Rosmarinwein, um „blutdruckschwache“ Patienten auf Vordermann zu bringen.

Die Zubereitung: 1 Liter Weißwein mit 20 Gramm getrockneten Rosmarinblättern (Rosmarinus officinalis) mischen und fünf Tage lang im verschlossenen Glas stehen lassen, danach abseihen. Dosierung: Zwei Gläser Rosmarinwein pro Tag.

Sex-Pflanze lässt Blutdruck anspringen

- *Bockshornklee*

Die Samen der alten ayurvedischen Heilpflanze (Trigonella foenum-graecum) gelten als Muntermacher, der auch Hypotonikern aus ihren Müdigkeitslöchern hilft. Wissenschaftlich belegt ist, dass die Choline und B-Vitamine des Bockshornklees unsere Ner-

venzellen funktionstüchtig machen, was vor dem Hintergrund interessant ist, dass ja niedriger Blutdruck ein Ausdruck für Fehlleistungen des autonomen Nervensystems sein kann.
Außerdem regt Bockshornklee – durch seine mobilisierende Wirkung auf die Blutfilterkraft der Milz – die Blutbildung an (viele Hypotoniker leiden an Blutarmut!). Problematisch ist allerdings die Zubereitung der schon in der Antike bekannten Heilpflanze. Früher wurden ihre Samen überwiegend als Tee zubereitet, doch heute sieht man diese Darreichungsform eher kritisch, da hierbei Saponine freigesetzt werden können, die das Blutbild negativ beeinflussen. Besser ist es daher, auf den aktivierten Bockshornklee aus der Apotheke zurückzugreifen. Die Dosierung: 3 bis 5 Kapseln pro Tag.

- *Yohimbe*

Der Yohimbe-Baum stammt aus den tropischen Ländern Nigeria, Kongo und Kamerun. Seine Rinde wird traditionell als Aphrodisiakum eingesetzt – und als Blutdruck steigernder Muntermacher. Wissenschaftlich erwiesen ist, dass sein Hauptwirkstoff Yohimbin bestimmte Rezeptoren des Nervensystems blockiert und dadurch zu einer gesteigerten Aktivität des Sympathikus führt, dem „aktiven" Strang des vegetativen Nervensystems.
Die Zubereitung der Yohimbe-Rinde erfolgt am einfachsten in Form eines Aufgusses: 1 Esslöffel der Rinde mit 400 Milliliter Wasser zusammen aufkochen, 10 Minuten ziehen lassen, schließlich abseihen. Danach in kleinen Schlucken trinken. 2 Tassen pro Tag. Man erhält Yohimbe-Rinde in Fachgeschäften, die sich auf Ethno-Botanik, also auf exotische Heil- und Genusspflanzen der Volksmedizin spezialisiert haben.

Achtung, erwünschte und unerwünschte Nebenwirkungen

Aufgrund seiner Wirkungen auf das vegetative Nervensystem ist es möglich, dass Yohimbe nicht nur den Blutdruck, sondern auch den Pulschlag und die Atemfrequenz anhebt. Ganz zu schweigen davon, dass seine libido- und potenzsteigernde Wirkung nicht nur Legende ist, sondern oft auch tatsächlich einsetzt. Eine Nebenwirkung, die oft, aber nicht immer erwünscht ist.

Homöopathie

Die Homöopathie kennt einige Mittel gegen niedrigen Blutdruck. Wichtig ist aber hier, die Hypotonie im Zusammenhang mit dem Gesamtbild des Patienten zu sehen, und im Zusammenhang mit den jeweiligen Situationen, in denen sich die Symptome verbessern oder verschlimmern:

- Lycopodium D12 – einmal täglich 5 Kügelchen (Globuli) – empfiehlt sich, wenn der Patient über Müdigkeit und Schwäche klagt. Außerdem empfindet er immer wieder Taubheiten an Fingern und Zehen, ist er insgesamt nervös, reizbar, unsicher und leicht aus der Ruhe zu bringen. Die Beschwerden verschlimmern sich am späten Nachmittag und frühem Abend, unter Bewegung gehen sie zurück.
- Crataegus D6 – Tagesdosierung: 3-mal 5 Kügelchen (Globuli) – ist angezeigt, wenn dem Patienten immer wieder schwindelig wird. Außerdem spürt er Herzklopfen und einen unruhigen Herzschlag. Gelegentlich kommt es zu Kopfschmerzen, vor allem bei Wetterwechsel, und Kurzatmigkeit, selbst unter geringen Belastungen.
- Kalium carbonicum D6 – 3-mal pro Tag 5 Kügelchen (Globuli) – kommt zum Einsatz, wenn sich der Patient schon bei der geringsten Anstrengung erschöpft fühlt. Er schwitzt leicht, ist insgesamt zänkisch, schreckhaft und ängstlich. Frühmorgens zwischen drei und fünf Uhr verschlimmern sich die Beschwerden.
- China D6 – 3-mal pro Tag 5 Kügelchen (Globuli) – ist angezeigt, wenn der Patient insgesamt körperlich in schlechter Verfassung ist und Beschwerden wie Schwindel, Tinnitus und Herzklopfen auftreten. Weitere Kennzeichen der „China-Persönlichkeit“: Nervosität, Reizbarkeit und Geruchsempfindlichkeit. Außerdem verschlimmern sich ihre Beschwerden unter Kälte, Feuchtigkeit und Berührung.

Rumfingern hilft

Akupressur gemäß der Traditionellen Chinesischen Medizin hat bei Funktionsstörungen wie niedrigem Blutdruck gute Chancen. Es lohnt sich beispielsweise eine Massage am so genannten Qihai-Punkt, „dem Meer der Energie“. Er liegt einige Millimeter unterhalb des Bauchnabels und muss täglich mehrmals für ein bis zwei Minuten mit den Fingerkuppen massiert werden.

Ein weiterer Punkt zur Anregung des Blutdrucks liegt im inneren Nagelwinkel des kleinen Fingers. Er wird kräftig, aber nicht schmerzhaft, für ungefähr 30 Sekunden mit dem Daumennagel der anderen Hand massiert. Danach auf die andere Seite wechseln.

Wasser marsch!

• *Wechselduschen*

Zunächst eine Minute lang mäßig warm duschen, dabei den Körper ausgiebig strecken und recken. Dann auf mäßig kaltes Wasser drehen und am rechten Bein beginnend abduschen; erst die Außen-, dann die Innenseite, am linken Bein ebenso. Anschließend Brust, Bauch, Nacken und Gesicht abduschen. Dosierung: mindestens einmal pro Tag (am besten morgens).

• *Wechselwarmbad*

Dafür benötigen wir zwei Tauchbecken, also beispielsweise ein Waschbecken und eine daneben aufgestellte Wanne. Man sollte eine bequeme Sitzhaltung einnehmen können, die Arme werden entblößt. Ein Becken wird mit warmem (36 bis 38 Grad) Wasser, das andere mit kaltem (10 bis 18 Grad) Wasser gefüllt. Anschließend beide Arme für 5 Minuten ins warme Wasser legen. Dabei die Hände langsam umeinander kreisen lassen. Danach die Arme 10 Sekunden ins kalte Wasser und wieder zurück ins warme Wasser legen. Noch einmal drei Minuten darin liegen lassen, schließlich wieder für 10 Sekunden ins kalte Wasser wechseln. Arme herausziehen, das Wasser abstreifen. Nicht abtrocknen! Schließlich einen langärmeligen Pullover anziehen. Dosierung: Am besten 2-mal pro Tag. Morgens und mittags, nach den Mahlzeiten.

Einschlafkeulen im Muntermacher-Gewand

Kaffee und gelegentliche „Sekteinlagen“ können eine kurze Linderung für Hypotoniker bringen. Doch je nach Veranlagung und den individuellen Reaktionsmuster auf Koffein und Alkohol können sie auch das Gegenteil bewirken. So gibt es durchaus Fälle, bei denen das Glas Sekt wie eine „Einschlafkeule“ wirkt.

* * *

Bluthochdruck

Man spricht von erhöhtem Blutdruck oder Hypertonie, wenn bei drei oder mehr Arztbesuchen zu verschiedenen Zeiten mehr als 165/95 mmHg auf dem Blutdruckmessgerät angezeigt wurden. Das besondere Problem am Bluthochdruck: Er wird fast nie bemerkt. Nur selten äußert er sich bereits frühzeitig in Beschwerden wie Schwindel, Schlafstörungen, Atemnot oder Leistungsabfall; wenn man erst einmal die Folgen von jahrzehntelangem Bluthochdruck spürt, sind meistens schon irreparable Schäden an Herz, Niere, Gehirn oder Auge aufgetreten.

In Deutschland leiden etwa 12 bis 15 Prozent aller Erwachsenen an Hypertonie, weltweit sind es mehrere hundert Millionen, wobei freilich nur die wenigsten von ihrer Krankheit wissen.

Halsstarrigkeit vermeiden!

Das hätten wohl nur die wenigsten geahnt: Verspannungen im Nacken können den Blutdruck erhöhen, wie Wissenschaftler der University of Leeds herausgefunden haben. Demnach gibt es direkte neuronale Zusammenhänge zwischen den Nackenmuskeln und Teilen des Hirnstammes, die für die Regulierung von Herz-Kreislauf-Funktionen zuständig sind. Dies könnte erklären, warum sich im Anschluss von Schleudertraumen oft der Blutdruck erhöht. Studienleiter Jim Deuchars ist überzeugt, dass Haltungsfehler, wie sie durch monotone Bürotätigkeit ausgelöst werden, eine ähnliche Wirkung haben können.

Wer hat Angst vor dem Salzstreuer?

Die Rolle des Kochsalzes bei der Entstehung des Bluthochdrucks ist noch lange nicht geklärt. Die bisher vorliegenden Untersuchungen weisen in sehr unterschiedliche Richtungen. Sicher ist jedoch, dass das Kochsalz für die Entstehung der Hypertonie von geringerer Bedeutung ist als bislang angenommen und nur für so genannte „salzsensitive Menschen“ eine Bedeutung hat. Die alleinige Reduktion der Salzzufuhr reicht nach heutigem Wissensstand nicht aus, um bestehenden Bluthochdruck senken zu können.

Alles Essig!

Japanische Wissenschaftler entdeckten, dass Reisessig ein Hormon hemmt, das sonst die Blutgefäße verengen und dadurch für eine Steigerung des Bluthochdrucks sorgen würde. Es empfiehlt sich daher, auch in der Hausapotheke vornehmlich auf Reisessig zu setzen, um die Hypertonie zu bekämpfen. Dazu gehört, in ihrem Speiseplan sahnige und fettige Saucen komplett durch Reisessig zu ersetzen. Außerdem sollten Sie den Tag noch vor dem Frühstück mit einem Esslöffel aus einem Gemisch von gleichen Teilen Wasser und Essig beginnen.

Her mit der braunen „Droge"!

Schokolade hilft laut einer Studie der Universität Köln bei Hypertonie. Die Wissenschaftler ließen 13 Bluthochdruck-Patienten täglich zwei Wochen lang eine Tafel Schokolade essen. Am Ende senkte sich ihr oberer Blutdruckwert um durchschnittlich 5 mmHG. Allerdings wurde dieser Effekt nur für dunkle, nicht aber für helle Schokolade beobachtet. Ein deutlicher Hinweis darauf, dass die Inhaltsstoffe des Kakaos für den Effekt verantwortlich sind.

Omas Knüller

Unsere Großmutter gab uns einen Teller Hühnersuppe, damit wir nach einer Erkältung wieder auf die Beine kamen. Was sie aber wohl nicht wusste: Die traditionsreiche Kraftbrühe kann möglicherweise auch den Blutdruck senken. Denn japanische Forscher entdeckten im Hühnerbein gleich mehrere Eiweißverbindungen, die ein Enzym namens ACE (Angiotensin Converting Encyme) in Schach halten, das beim Menschen für enge Blutgefäße und damit für erhöhte Blutdruckwerte verantwortlich ist. Die Eiweiße der Hühnersuppe wirken demnach ähnlich wie die synthetischen, in der Humanmedizin üblichen ACE-Hemmer, nur ohne deren Nebenwirkungen. Wichtig ist allerdings, dass man beim Kochen die Hühnerbeine mitkocht – denn im Brustfleisch der Tiere sind zu wenig natürliche ACE-Hemmer.

Der doppelte Knobi

Bärlauch ist also so genannter ACE-Hemmer aktiv. Diese „Angiotensin Converting Encyme"-Hemmung spielt eine Schlüsselrolle in der Sen-

kung von krankhaft erhöhtem Blutdruck. In einer Studie der Universität München unter Prof. Hildebert Wagner zeigte sich, dass Bärlauch als ACE-Hemmer etwa doppelt so effektiv ist wie Knoblauch – und der gehört als Vorbeuge- und Therapiehilfe bei Bluthochdruck bereits zu den Klassikern der Heilpflanzenkunde.
Das Selbstsammeln von Bärlauch birgt allerdings seine Tücken, weil die Pflanze oft vom Fuchsbandwurm Echinococcus infiziert ist. Die Bandwürmer können selbst Jahre später noch zu gefährlichen Wucherungen in der Leber des Menschen führen. Besonders fatal ist aber, dass selbst der Kauf von Bärlauch-Zubereitungen des Handels keinen Schutz bietet, weil die meisten Hersteller die Kosten für einen Echinococcus-Test scheuen. Auf Nummer sicher geht, wer sich seinen Bärlauch als Frischblatt-Granulat beschafft, das mit dem Echinococcus-Zertifikat ausgestattet ist. Näheres dazu erfährt man beim Apotheker.

Nix wie hin zum Asialaden

Das Öl der Sesamsamen hat in der asiatischen Küche eine lange Tradition, es hat einen ganz eigenen Geschmack. Doch es kann wohl auch noch mehr. Biochemiker der Annamalai University im indischen Tamilnadu verabreichten 530 Bluthochdruckpatienten neben dem Medikament Nifedipin entweder 35 Gramm Sesamöl oder aber dieselbe Menge Sonnenblumen- oder Erdnussöl pro Tag. Zwei Monate später zeigte die Sesamölgruppe nicht nur niedrigere Blutdruckdaten, sondern auch bessere Cholesterin- und Entzündungswerte als die übrigen Testpersonen. Gute Argumente also dafür, den täglichen Speiseplan mit Sesamöl zu ergänzen. Man kann es auch zum Braten benutzen.

Aller guten Dinge

Grüner Tee bekämpft die Hypertonie auf drei Wegen:

- Er hemmt Arteriosklerose. Dadurch bleiben die Blutgefäße elastisch, sie können dann besser auf die Blutdruckwellen reagieren.
- Er steuert den Blutdruck. Der grüne Tee hemmt bestimmte Enzyme, die den Spannungszustand in den Blutgefäßwänden erhöhen.
- Schließlich sorgt der regelmäßige Teegenuss für Pausen im Alltag, die für Hypertoniker besonders wichtig sind.

Ersetzen Sie Ihren Frühstückskaffee durch grünen Tee, trinken Sie auch zum Mittagessen regelmäßig mindestens 1 Tasse (150 bis 200 Milliliter) davon. Denn er entfaltet seine pharmakologischen Wirkungen auf den Bluthochdruck am besten, wenn er zu den Mahlzeiten getrunken wird. Wichtig ist aber auch, immer wieder den Alltag für eine kleine Teepause zu unterbrechen. Denn „Abwarten und Tee trinken" ist genau die Einstellung, die eine Hypertoniker-Persönlichkeit unbedingt erlernen sollte.

Solo für Kaki

Die gelb-orangefarbene bis rote Kaki-Frucht wächst an einem Ebenholzgewächs, das ursprünglich aus Asien stammt, mittlerweile aber auch in anderen Kontinenten angebaut wird. Sie eignet sich geradezu ideal als Diät für übergewichtige Hypertoniker, denn sie besitzt nur wenig Natriumsalze, dafür aber umso mehr Kalium (bis zu 170 Milligramm auf 100 Gramm), Carotinoide und Vitamin C. Aus Israel stammen die kernlosen Kakis, die sogenannten Sharon-Früchte.
Reife Kaki-Früchte halten sich nur wenige Tage, müssen im Kühlschrank gelagert werden. Sie schmecken auch „solo" ohne andere Obstsorten und lassen sich bestens zum Mus verarbeiten.

Kneippscher Misteltee

Die Anwendung der Mistel als Arznei gegen Bluthochdruck und Arteriosklerose hat Tradition. Einer der überzeugten Anwender in dieser Richtung war Pfarrer Kneipp, der die Pflanze bei „Störungen im Blutumlaufe" empfahl. Und der Heilgeistliche nahm damit vorweg, was die Wissenschaft später bestätigen konnte: In Studien konnten sogar systolische Blutdruckwerte von 195 mmHg auf erträgliche 135 mmHg hinuntergedrückt werden. Einen Hin-

Leckerer Kaki-Bananen-Salat

Zutaten:
1 Kaki oder Sharon-Früchte
1 Banane
gemahlene Nüsse
Zitronensaft

Zerschneiden Sie die Kakis zu Würfeln und die Banane zu Scheiben. Dann werden beide unter Hinzufügen von Zitronensaft vermischt. Am Ende wird der Salat mit einigen gemahlenen Nüssen bestreut.

weis darauf, wie die Mistel diese Reaktion zustande bringt, gibt eine Studie der Gazi-Universität im türkischen Ankara. Demzufolge sorgt der Mistelwirkstoff Kalopanaxin für eine Muskelentspannung in den Blutgefäßwänden – und je niedriger dort die Spannung ist, umso besser kann Blut durch die Adern fließen. Beruhigend: Für diesen Effekt reicht es aus, sich die Mistel in Form von Extrakten oder Tees durch den schlichten Mundweg einzuverleiben, Injektionen sind also überflüssig.

Zutaten:
20 Gramm Mistelkraut
20 Gramm Ackerschachtelhalm
20 Gramm Hirtentäschelkraut
15 Gramm Löwenzahnwurzeln mit Blättern
15 Gramm Benediktenkraut
15 Gramm Rautenkraut
15 Gramm Schafgarbenkraut

Die Zutaten erhält man in der Apotheke. Für die Zubereitung des Tees 1 Teelöffel der Mischung mit 1 Tasse kochendem Wasser überbrühen. 10 bis 12 Minuten ziehen lassen, danach abseihen. 2 bis 3 Tassen pro Tag.

Vegetarische Kost zieht Hypertonie den Stecker raus

Eine groß angelegte, 12 Jahre währende Studie verglich die Blutdruckwerte von 5000 Vegetariern mit denen von „normalen" Mischkostessern. Das Ergebnis: Gerade einmal 3 Prozent der Vegetarier litten unter hohen Blutdruck im Unterschied zu den fast 15 Prozent der Kontrollgruppe, auch hatten sie eine signifikant niedrigere Sterblichkeitsrate an Herz-Kreislauf-Erkrankungen.

* * *

Krampfadern und Venenentzündungen

Bei Venenerkrankungen sind die Beine geschwollen, bei oberflächlichen Venen zeigt sich eine Rötung und Entzündung der Haut. Typisch ist das Brennen in den Beinen, vor allem nach längerem Stehen. Krampfadern treten vor allem an den Waden auf und zeigen sich dort als vergrößerte, wurmartig gewundene und verdickte bläulich-rote Venen, die sich unter der Haut abzeichnen oder sie deutlich nach oben ausbeulen. In schweren Fällen führt die Venenentzündung zu offenen Unterschenkelgeschwüren (Ulcus cruris).

Die bisherige medizinische Lehrmeinung lautet, dass Venenerkrankungen überwiegend physikalisch bedingt sind und durch eine Überfüllung des Venensystems in den Beinen hervorgerufen werden. Doch diese Erklärung reicht nicht mehr aus. Nach heutiger wissenschaftlicher Erkenntnis müssen bei Venenerkrankungen auch die aktiven Leistungen der Gefäßwand selbst betrachtet werden. Sie kontrolliert normalerweise den Stoffaustausch zwischen dem venösen Blut und dem umliegenden Gewebe, doch sie ist überaus anfällig für Gifte, Infekte und andere störende Einflüsse, und dadurch wird sie immer wieder durch Zellen des Immunsystems attackiert. Es kommt zu Entzündungen und Schädigungen, die Kontrollfunktionen der Gefäßwand werden stark eingeschränkt. Die Folge: Der Stoffaustausch gerät aus dem Gleichgewicht, aus dem venösen Blut wird Wasser ins umliegende Gewebe gedrückt und die Fließeigenschaft des Blutes wird derart nachteilig beeinflusst, dass schließlich auch die großen Venen Probleme bekommen, es abzutransportieren.

Get up, stand up!

Etwa 10 Millionen Bundesbürger, so die Schätzungen von Experten, leiden an einer chronischen Venenerkrankung. Eine Volkskrankheit also, die ihren Ursprung in unserem modernen Lebensstil hat.

Der heutige Mensch jagt und sammelt eben nicht mehr, sondern bringt lange Zeit mit unbeweglichem Sitzen zu, und das fördert den Hochdruck in den Venen.

Blumen aufs Bein

Die Ringelblume (Calendula officinalis) gehört zu den Heilpflanzenklassikern bei Venenerkrankungen. Jüngere Untersuchungen bestätigen diese Einschätzung. Demnach hemmt Calendula die Entzündungen und die Ausbildung von Wasseransammlungen. Darüber hinaus verbessert sie die Fließeigenschaft des Blutes, die schmerzhafte Spannung des Hautgewebes – auch bei bereits offenen Unterschenkelgeschwüren – lässt deutlich nach.

Ein Test an Patienten mit Krampfadern, Venenentzündungen und Unterschenkelgeschwüren ergab, dass Ringelblumensalbe in 75 Prozent der Fälle das Schweregefühl in den Beinen und in 87 Prozent die Entzündungen verschwinden ließ. 96 Prozent der Patienten beurteilten den Heilungserfolg insgesamt als „gut" oder „sehr gut".

Am besten hilft Calendulasalbe auf Schweineschmalzbasis, da sie auch in tiefere Hautzonen eindringt. Ihre Zubereitung:

Zwei Handvoll frische Blüten in 500 Gramm Schweinefett erhitzen und gut durchmischen. Einen Tag zugedeckt ziehen lassen. Die erkaltete Masse am nächsten Tag wieder erwärmen und abseihen, schließlich in Salbentöpfchen füllen.

In der Apotheke gibt es aber auch fertige Salbenprodukte zu kaufen. Verteilen Sie die Salbe mehrmals täglich auf den betroffenen Stellen, zur Nacht decken Sie die Stellen mit einem Mulltuch ab.

Essen Sie doch, was Sie … sollen!

Verbessern Sie Ihre Ernährung! Gegen Venenerkrankungen hilft der Wirkstoff Adenosin, da er die Fließeigenschaft des Blutes verbessert. Man findet diesen Stoff vor allem in der Honigmelone. Ähnliche Wirkungen haben die Sulfide des Knoblauchs und die Gingerole des Ingwers. Und das Vitamin C aus Kiwis, Orangen, Erdbeeren und Zitronen bildet den Kitt, mit dem die Venen ihre Schäden reparieren können, ohne dabei an Elastizität zu verlieren.

Baum ins Blut

Die Wirkstoffe von Schnurbaum (Sophora japonica) und Rosskastanie (Aesculus hippocastanum) können bis zu einem bestimmten Grad die

Venenwände abdichten und dortige Entzündungsprozesse stoppen. Dadurch gelangt keine Flüssigkeit mehr ins umliegende Gewebe, der Patient bleibt von den schmerzenden Schwellungen verschont. Man erhält Rosskastanien- und

Schnurbaumextrakte in der Apotheke, die Dosierungen richten sich nach der Packungsbeilage.

Sanftes Kortison? Und ob.

Präparate aus aktiviertem Bockshornklee (aus der Apotheke) hemmen den Abbau von körpereigenem Kortisol, sodass größere Mengen dieses entzündungshemmenden Hormons für die Selbstheilung der kranken Gefäßwände übrig bleiben. Das traditionsreiche Mittelmeergewürz findet daher als Venentherapeutikum vor allem bei Heilpraktikern und Naturärzten Beachtung, die auf die Selbstheilungskräfte des menschlichen Organismus vertrauen. Dosierung: 3 bis 4 Kapseln pro Tag.

Weg mit den High-Heels

Wer in seinem Beruf lange sitzen und stehen muss, sollte für häufige Unterbrechungen dieser Positionen sorgen und beim Sitzen nicht die Beine übereinander schlagen. Die Schuhe dürfen keine Stöckelabsätze haben, außerdem empfiehlt sich, Wärme an den Beinen zu meiden, kalt zu duschen und täglich im Kneippschen Sinne Wasser zu treten. Das funktioniert auch in Dusch- und Badewannen: Kaltes Wasser bis zur Wadenhöhe einlaufen lassen, anschließend geht man im Storchengang ein bis sechs Minuten im Wasser spazieren, wobei ein Bein immer komplett aus dem Wasser gezogen wird. Damit der Storchengänger nicht ins Straucheln kommt, sollte der Wannenboden mit einer rutschfesten Unterlage gesichert sein. Im direkten Anschluss an die Übungen verpackt man die Füße in warme Socken.

Homöopathie

- Calcium fluoratum D12 dient dazu, die Wände der Venen zu stabilisieren. Seine Anwendung muss daher langfristig erfolgen. 3-mal täglich 5 Globuli, über mindestens acht Wochen.
- Sabdariffa D12, wenn sich die anfänglichen Besenreißer immer mehr zu schmerzhaften Krampfadern ausweiten und vor allem die Knöchel sichtbar anschwellen. 3-mal täglich 5 Globuli, über mindestens acht Wochen.

* * *

Stoffwechsel und Verdauung

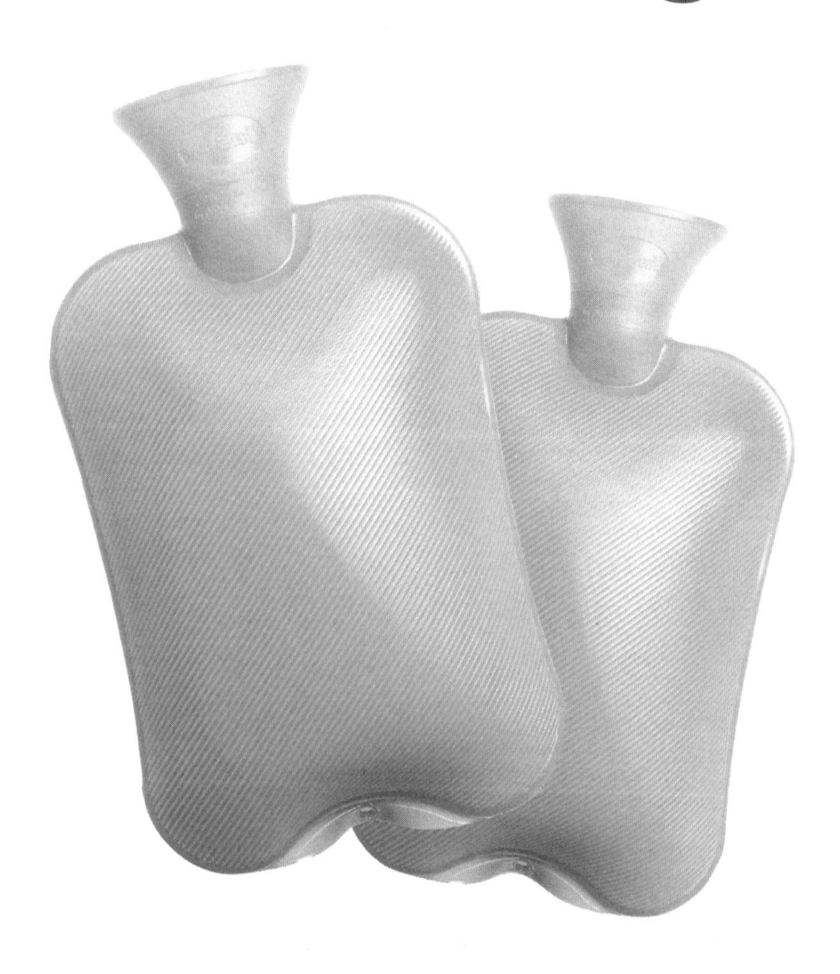

Afterjucken

Ein überaus peinliches Leiden. Denn das hartnäckige Jucken im Bereich des Afters verführt dazu, sich mit dem Gesäß auf dem Stuhl hin und her zu bewegen, was den Betrachter dann durchaus an ein Wildschwein oder einen Bären erinnern kann, die ihre „Duftfahne“ an der Baumrinde abreiben. Das Schlimme am Afterjucken: Es wird stärker unter Wärme, also ausgerechnet dann, wenn wir uns irgendwo häuslich niedergelassen haben. Hauptursache für das Afterjucken ist eine permanent feuchte Haut, weswegen es relativ häufig bei Radfahrern auftritt. Aber auch Allergien, Pilzinfektionen, Wurmerkrankungen und Hämorrhoiden können zu Afterjucken führen.

So bekommen Sie das Jucken in den „Griff“

• *Zaubernuss – kein Märchen*

Die Gerbstoffe der Zaubernuss (Hamamelis virginiana) wirken entzündungshemmend, greifen gezielt in bestimmte Stoffwechselvorgänge ein, die typisch fürs Jucken sind. Die Anwendung erfolgt am besten über die medizinischen Salben aus der Apotheke. Drei- bis viermal täglich auftragen!

• *Hinsetzen …*

Cystus-Sud (gewonnen aus dem griechischen Strauch Cistus incanus) enthält hohe Dosierungen an entzündungshemmenden und pilzabtötenden Polyphenolen. Man erhält ihn vorgemischt in der Apotheke. Die Anwendung: 3 Likörgläser des Suds in eine Schüssel oder Sitzbadewanne mit warmem Wasser geben. Dann nehmen Sie ein gemütliches Sitzbad von 10 Minuten Dauer. Tupfen Sie anschließend die Afterregion gründlich, aber behutsam mit einem Handtuch ab. Für jedes Sitzbad ein neues, frisch gewaschenes Handtuch nehmen.

• *Eichenrinde, Malve und Ringelblume*

Ein wirkungsvolles Hausmittel aus Großmutters Zeiten. Mischen Sie 200 Gramm Eichenrinde (Quercus robur) und 50 Gramm Malvenblätter (Malva sylvestris) mit 30 Gramm Ringelblumenblüten (Calendula officinalis). Eine Handvoll davon mit 1 Liter kochendem Wasser überbrühen, 10 Minuten zugedeckt ziehen lassen, anschließend abseihen. Dann den Rückstand des Tees mit einem halben Liter Wasser aufkochen und wiederum abseihen. Schließlich beide Wasserextrakte miteinander in eine Wanne gießen und für 10 bis 15 Minuten ein Sitzbad darin nehmen.

• *Kamillekur für's Toilettenpapier*

Am besten kaufen Sie dreilagiges Papier und feuchten es mit etwas kaltem Kamillentee an, bevor Sie es benutzen. Die Zubereitung des Tees: 1 gestrichenen Esslöffel Kamilleblüten mit heißem Wasser übergießen, 10 Minuten zugedeckt ziehen lassen, danach abseihen. Mittlerweile gibt es auch kamillehaltige Toilettenpapiere zu kaufen, doch ihre Wirkung muss – aufgrund der Verdampfungen während des Lagerns – als geringer eingeschätzt werden, als wenn Sie Ihr Papier selbst mit der Pflanze behandeln.

• *Nicht nur für Mönche: kalte Waschungen*

Nach dem Stuhlgang hemmen kalte Waschungen den Juckreiz und schließen die beschädigten Blutgefäße. Außerdem werden auf diese Weise viele Keime fortgespült.

• *Homöopathie*

Dulcamara D3 hilft, wenn sich das Jucken bei Bettwärme verschlimmert und bei Kälte verbessert. Dosierung: 3-mal 5 Globuli pro Tag.

Vorbeugen!

• Ballaststoffreiche Nahrung beschleunigt die Darmpassage und lindert dadurch die Belastungen an der Afterregion. Essen Sie daher faserreiches Gemüse wie Spinat, Erbsen, Bohnen, Brokkoli und Spargel. Essen Sie kein Weißbrot, sondern nur Vollkornwaren.

• Ruhe beim Toilettengang! Denn gerade das „Stille Örtchen" sollte wirklich ein Ort der Muße sein. Sie brauchen übrigens nicht jeden Tag Stuhlgang haben; jeden zweiten oder dritten Tag reicht vollkommen aus.

• Verwenden Sie nur allergenreduzierte („sensitive") Waschmittel ohne Duftstoffe.

Abwarten und gelassen bleiben!

Spontanheilungen sind beim Afterjucken besonders häufig. Und finden meistens dann statt, wenn der Betroffene ein positives Erlebnis hatte, das seinen geistigen und körperlichen Entschlackungsdrang mobilisierte.

* * *

Aufstoßen

Zum Aufstoßen kommt es, wenn über die Speiseröhre zu viel Luft in den Magen gelangt. Sofern Babys ihr „Bäuerchen" machen, ist das meistens normal. Denn sie verstehen sich noch nicht darauf, die Nahrung ohne Lufteinschlüsse herunterzuschlucken. Anders sieht es jedoch bei Erwachsenen aus. Hier kann das Aufstoßen das Zeichen für eine Magenschleimhautentzündung sein. In der Regel gibt es jedoch andere, trivialere Ursachen: kohlensäurehaltige Getränke, lufthaltige Speisen wie Schlagsahne, Softeis und Omelettes, hastiges Essen und Trinken, schnelles Sprechen, gleichzeitiges Sprechen und Essen. Doch Achtung: Aufstoßen gehört zusammen mit Sodbrennen zu den typischen Symptomen einer Magenschleimhautentzündung. Sollte es also mehrere Wochen andauern, sollte der Arzt aufgesucht werden.

So bleibt dem Rülpser die Luft weg

• *Essig*

Essig ist ein altes und bewährtes Hausmittel gegen Aufstoßen, er wirkt ausgleichend auf die Magensäfte. Nehmen Sie einen Teelöffel Apfelessig bei Bedarf! Bei immer wiederkehrendem Aufstoßen empfiehlt es sich, vor dem Frühstück bereits den ersten Essigtrunk einzunehmen. Vermischen Sie dazu in einem Glas Apfelessig, Honig und warmes Wasser zu gleichen Teilen.

• *Beruhigender Kartoffelsaft*

Der Saft der Kartoffel beruhigt die gereizten Magenwände und puffert die Magensäuren, er hilft vor allem bei saurem Aufstoßen. Sie erhalten ihn in den Reformhäusern. Wer ihn selbst machen will: 1 rohe Kartoffel in 500 Milliliter kaltes Wasser pressen. Trinken Sie davon 3 Gläser pro Tag, am besten vor den Mahlzeiten.

• *Kefir für die Darmflora*

Kefir ist basisch, er puffert also die Säuren aus dem Magen. Darüber

> **Nicht-EU-Bäuerchen**
>
> Säuglinge müssen aufstoßen. Das so genannte Bäuerchen sollte daher bei Babys keineswegs verhindert werden. Denn sie beherrschen das luftfreie Essen und Trinken noch nicht richtig. Außerdem ist ihr Magen viel kleiner, sodass er sich fortwährend Platz verschaffen muss.

hinaus stabilisiert er das Darmmilieu, sodass die Verdauung optimiert wird und sich weniger Gase in den Verdauungswegen entwickeln können. Trinken Sie davon 2 bis 3 Gläser pro Tag.

• *Mädesüß (kein Schreibfehler!)*

Eine Empfehlung des englischen Heilpflanzenkundlers Andrew Chevalier. Hilft bei saurem Aufstoßen. Wissenschaftlich gesichert ist, dass bestimmte Inhaltsstoffe von Filipendula ulmaria Schleimhautentzündungen und die Ausschüttung von Magensäuren hemmen. Die Anwendung erfolgt als Tee: 2 Teelöffel Mädesüßblüten mit 1 Tasse kochendem Wasser übergießen. 10 Minuten ziehen lassen, danach abseihen. 3 Tassen pro Tag, jeweils zu den Mahlzeiten. Man kann aber auch einen konzentrierten Sud zubereiten (3 Teelöffel auf 1 Tasse), der dann mit der flachen Hand auf dem Bauch verrieben wird.

• *Homöopathie*

Mandragora e radice D6 hilft, wenn sich der Oberbauch voll anfühlt und beim Aufstoßen viel Luft hervorkommt. 3-mal täglich 5 bis 10 Kügelchen, eine Stunde vor den Mahlzeiten. Graphites D6 ist dagegen beim Gefühl von Schwere und Druck im Magen angezeigt. Das Aufstoßen fällt schwer, vor allem heiße Getränke werden schlecht vertragen. Dosierung: 3-mal täglich 5 Globuli, eine Stunde vor den Mahlzeiten.

Der große Grüne

In Asien weiß man es schon länger: Wer regelmäßig grünen Tee trinkt, diszipliniert sein Schluckverhalten. Das feinherbe Aroma des Tees kann nur durch kleine Schlucke genossen werden, hastiges Hinunterstürzen zerstört hingegen seinen Genuss. Gefördert wird das behutsame Schluckverhalten noch dadurch, wenn man den Tee – wie in Japan üblich – aus kleinen Tässchen trinkt.

Darüber hinaus zählt der grüne Tee zu den alkalischen Getränken. Dies bedeutet, dass er bestehende Säureüberschüsse im Magen wirksam zu neutralisieren vermag. Dadurch hilft er bei „Säurerülpsern“, wie sie etwa typisch für exzessiven Fleisch- und Colagenuss sind.

Trinken Sie zu jeder Mahlzeit 1 bis 2 Tassen (jeweils 150 Milliliter) grünen Tee. Lassen Sie den ersten Aufguss 3 Minuten ziehen und spülen

Sie ihn dann fort. Trinken Sie nur den zweiten und dritten Aufguss (jeweils 3 Minuten ziehen lassen!), sie enthalten weniger magensaftanregendes Koffein als der erste.

* * *

Bauchschmerzen bei Erwachsenen

Schmerzen im Bauch, oft in Verbindung mit Blähungen und Druckgefühl, gehören zu den häufigsten Beschwerden überhaupt. Die Ursachen können sehr unterschiedlich sein. So kommen Darmentzündungen und Nahrungsmittelunverträglichkeiten ebenso in Frage wie Magenschleimhautentzündungen und die simple Tatsache, dass zu viel und zu schnell gegessen wurde. Doch unabhängig davon – in der Therapie geht es erst einmal darum, die Turbulenzen im Bauch zu beruhigen.

Qual der Wahl!

Gegen Bauchschmerzen gibt es recht viele Mittel aus Großmutters Heilkundeschatz. Machen Sie nicht den Fehler, alles miteinander kombinieren zu wollen. Suchen Sie sich nicht mehr als eine Methode aus einem Bereich heraus. Also beispielsweise neben der Kümmel-Kartoffel-Suppe eine Methode aus dem Bereich der Heilkräuter und eine aus dem Bereich der Homöopathie. Wobei auch hier Vorsicht angebracht ist. Denn Pfefferminze darf nicht mit homöopathischen Mitteln kombiniert werden, da sie deren Wirksamkeit einschränkt!

Erde, wem Erde gebührt

Heilerde hilft besonders bei Reizmagen. Außerdem begünstigt sie den Aufbau einer gesunden Darmflora, eignet sich also zur längerfristigen Anwendung bei Verdauungsbeschwerden.

Nehmen Sie zweimal pro Tag einen Teelöffel Heilerde ein, jeweils

Vorsicht, Eierstockentzündungen

Auch die Eierstockentzündung zeigt sich in Bauchschmerzen mit Übelkeit und Brechreiz. Typisch für sie ist weiterhin, dass sich die Schmerzen beim Gehen verschlimmern und die Bauchmuskulatur unter Schutzspannung gehalten wird. Die Eierstockentzündung ist ein Fall für den Arzt!

Der Nachtisch ... sagen Sie papp!

Tatsächlich: Der Nachtisch geht irgendwie immer noch rein, selbst nach den opulentesten Speisen, und wir haben sogar noch – trotz proppevollen Magens – Appetit darauf. Was deutlich macht: Der Magen kann überaus dehnfähig sein. Und: Wir haben das Gefühl für unsere Sättigung verloren. Viele Bauchschmerzen und auch ernsthafte Magen-Darm-Erkrankungen ließen sich vermeiden, wenn wir weniger in uns hineinschlingen würden.

nach dem Mittag- und Abendessen. Schwemmen Sie die Heilerde in stillem Mineralwasser auf, trinken Sie diese Mischung in kleinen Schlucken. Achten Sie beim Einkauf der Heilerde darauf, dass man Ihnen in der Apotheke wirklich nur diejenige Heilerde gibt, die zum Verzehr geeignet ist.

Hilfreiche Heilkräuter

Bauchschmerzen gehören zu den ersten Indikationen der Heilpflanzenkunde:

- *Bei Darmentzündungen und Durchfall*

Hier hilft Eichenrinde (Quercus robur). 1 Teelöffel Eichenrinde mit 1 Tasse kochendem Wasser übergießen, 10 Minuten ziehen lassen und schließlich abseihen. Trinken Sie davon 2 Tassen pro Tag. Wichtig: Eichenrinde ist nicht gedacht für Schmerzen im Oberbauch!

Ein weiterer Heiltee gegen Darmentzündungen: Salbeitee. 1 gehäuften Teelöffel getrocknete Salbeiblätter mit 1 großen Tasse (200 Milliliter) kochendem Wasser überbrühen. Mindestens 10 Minuten zugedeckt ziehen lassen. Danach durch ein Sieb oder ein Tuch abseihen. Die empfohlene Tagesdosis für Aufgüsse liegt bei 4 bis 6 Gramm Salbeiblätter pro Tag. Das entspricht etwa 3 bis 4 Tassen.

- *Bei Reizmagen (Oberbauchschmerzen) mit Sodbrennen*

Koriandertee. 2 Teelöffel gemahlene Korianderfrüchte (Coriandrum sativum) mit 1 Tasse (200 Milliliter) Wasser überbrühen, 10 Minuten zugedeckt ziehen lassen, abseihen. 3 bis 4 Tassen täglich, bei Bedarf können auch mehr getrunken werden.

- *Bei Reizmagen (Oberbauchschmerzen) infolge von Nervosität*

Lavendeltee. 2 gestrichene Teelöffel Lavendelblüten (Lavandula angustifolia) mit 1 Tasse kochendem Wasser überbrühen, zugedeckt 10 Minu-

Koriander, das Vorbeugungs-Gewürz

Koriandersamen kann man auch sehr gut in der Küche einsetzen, er kann dadurch so etwas wie eine Dauervorbeugung gegen Reizmagen werden. Er eignet sich für salzige genauso wie für süße Gerichte. Er gehört zu den Standardbestandteilen von Curry-Pulver, wird daher in Indien und China zu Gemüse- und Fleischgerichten eingesetzt. Auch im Nahen Osten, Spanien sowie Mittel- und Südamerika wird er den unterschiedlichsten Speisen zur Abrundung beigegeben, in Frankreich verarbeitet man ihn in Gemüsesuppen „à la grecque". Sehr pikant schmeckt er zu Teerezepten.
Großmutter wusste schon: Koriander ist ein ideales Gewürz zum Experimentieren, denn er ist mild und vom Aroma weit genug, sodass eigentlich keine Speise mit ihm misslingen kann. Im Handel bekommt man den indischen Koriander „vulgaris" sowie die russische Sorte „microcarpum". Die russischen Koriandersamen sind kleiner, dafür aber sehr viel ergiebiger an ätherischem Öl und dadurch therapeutisch wertvoller.

ten ziehen lassen, schließlich abseihen. Trinken Sie davon 3 Tassen pro Tag.
Eine bewährte Mischung aus der Volksheilkunde gegen nervöse Oberbauchschmerzen wird aus Pfefferminze (Mentha x piperita), Baldrianwurzel (Valeriana officinalis), Kümmelsamen (carum carvi) und Kamilleblüten (Matricaria chamomilla) gemischt. Mischen Sie alle Zutaten zu gleichen Teilen. Übergießen Sie 1 gehäuften Teelöffel der Mischung mit 1 Tasse (200 Milliliter) kochendem Wasser. 5 bis 8 Minuten zugedeckt ziehen lassen, danach abseihen. Jeweils 1 Tasse zu den Mahlzeiten.

- *Bei krampfartigen Bauchschmerzen mit unklarer Ursache*

Hier hilft eine Mischung aus Kamille (Matricaria chamomilla) und Schafgarbe (Achillea mille-

Stein und Öl

Verteilen Sie einige Duftsteine mit ätherischem Lavendelöl (aus Drogerie oder Apotheke) in Ihrem Arbeitszimmer. Das wirkt beruhigend, ohne schläfrig zu machen. Die Lavendeltropfen am besten täglich neu auf die Steine träufeln.

folium). Mischen Sie beide Kräuter zu gleichen Teilen. 2 Teelöffel der Mischung mit 1 Tasse kochendem Wasser übergießen. 10 Minuten zugedeckt ziehen lassen, abseihen. Trinken Sie davon 3 Tassen pro Tag, der Tee hilft auch bei Krämpfen im Unterleib.

• *Gerade für Sportmuffel: Die Rollkur*
Die Rollkur ist ein altes und bewährtes Hausmittel bei Bauchschmerzen. Sie beginnt am Abend. Übergießen Sie 2 Esslöffel Kamillenblüten mit einem halben Liter Wasser, 10 Minuten ziehen lassen, abseihen. Alternativ können Sie auch 1 Teelöffel Kamilletinktur mit kochendem Wasser überbrühen, das Abseihen entfällt dann. Füllen Sie den Tee in eine Thermoskanne und stellen Sie die an Ihr Bett. Trinken Sie den Tee unmittelbar, nachdem Sie am Morgen aufgewacht sind. Danach rollen Sie sich für jeweils 5 Minuten erst auf den Rücken, dann auf die rechte Seite, den Bauch und schließlich die linke Seite. Ihr Magen ist jetzt bereit für die alltäglichen Belastungen. Wiederholen Sie die Rollkur jeden Morgen.

Kein Trend-Food, aber nützlich

Kartoffel-Kümmel-Suppe für empfindliche Mägen. Ein altes Rezept aus der Volksmedizin, das schon vielen Menschen mit empfindliche Magen geholfen hat, da es mit Kartoffelstärke, Leinsamen und Kümmel traditionelle Verdauungsmittel sinnvoll miteinander verbindet. Kochen Sie 2 bis 3 ungeschälte und klein geschnittene Kartoffeln, 2 Teelöffel Leinsamen und 2 Teelöffel Kümmelfrüchte in 2 Liter Wasser. Trinken Sie die Suppe über den Tag verteilt in kleinen Schlucken bei lauwarmer Temperatur. Die erste Portion nehmen Sie am besten schon morgens vor dem Frühstück zu sich.

Homöopathie

• Nux vomica D6 hilft gereizten Menschen, die schnell „sauer“ reagieren und dazu neigen, unter Stress viel Alkohol, Kaffee und Zigaretten zu konsumieren. Dosierung: 3-mal täglich 1 bis 2 Tabletten.
• Ignatia D6 ist angezeigt bei Beschwerden infolge von seelischen Rückschlägen wie Trauer und Kummer, die auf den Magen geschlagen sind. Dosierung: 3-mal täglich 1 bis 2 Tabletten.

• Carbo vegetabilis Pentarkan hilft bei plötzlichen Magenkrämpfen, die von Aufstoßen oder Blähungen begleitet werden. Dosierung: 3-mal täglich 1 bis 2 Tabletten.
• Staphisagria D6, für introvertierte Typen bei angestautem Ärger und angestauten inneren Konflikten, die im Magen „verarbeitet" werden. Dosierung: 3-mal täglich 1 bis 2 Tabletten.

* * *

Bauchschmerzen bei Kindern und Babys

Die Verdauungsorgane sind bei Kleinkindern noch nicht vollständig entwickelt, darüber hinaus müssen Sie sich nach dem Stillen an zahllose neue Nahrungsmittel gewöhnen. Dass es dabei oft zu Bauchmerzen kommt, liegt auf der Hand. Sie zeigen sich oft in Gesellschaft von Gurgelgeräuschen im Bauch und in Begleitung von Blähungen und Druckgefühl. Babys schreien dabei außerdem oft, Kleinkinder werden quengelig und jähzornig.
Bei Babys sind meistens Blähungen, bei Kleinkindern opulente Speisen mit viel Fett und psychische Belastungen der Auslöser von Bauchschmerzen. Auch typische Kinderkrankheiten wie Mumps können von Bauchschmerzen begleitet sein.

Kinderkram?

Verdauungsstörungen mit Blähungen sind bei Babys keine Seltenheit. Ihr Verdauungstrakt muss sich ja erst an die unterschiedlichen Formen der Nahrung gewöhnen, und das fällt gerade männlichen Babys immer wieder schwer. Allerdings sind Verdauungsprobleme umso seltener, wenn das Baby vorwiegend mit Muttermilch ernährt wird und sich bei den Mahlzeiten ein gleichförmiger Rhythmus einpendeln kann.

Achtung!

Sofort den Notarzt rufen, wenn die Bauchschmerzen plötzlich und heftig gekommen sind und von Erbrechen, starkem Aufgeblähtsein, Fieber, keuchender Atmung oder rasendem Puls begleitet werden! Gehen Sie außerdem zum Arzt, wenn die Magenprobleme bei Ihrem Kind trotz Ihrer Behandlung länger als drei Tage anhalten oder immer wiederkehren.

Babys Darm relaxt

Gewöhnen Sie das Baby an einen festen Rhythmus in der Nahrungsaufnahme. Regelmäßig alle vier Stunden sollten Brust oder Flasche gegeben werden.
Um ein schreiendes Baby still zu kriegen, darf nicht immer nur aufs Stillen zurückgegriffen werden. Denn das Schreien kann auch andere Ursachen haben als Hunger. Häufig haben auch ruhige Ansprachen und sanftes Wiegen eine „schreistillende" Wirkung.

Kleinkinder besitzen psychisch noch nicht das dicke Fell der Erwachsenen. Bestimmte Stressbelastungen wie Angst vor Strafe, Klassenarbeiten oder Spielkameraden schlagen auf den Appetit und provozieren einen nervösen Verdauungstrakt. Streit der Eltern oder Scheidungsstress gehören zu den Hauptursachen des kindlichen Reizmagens.

Baby-Bauch bläht? Brei!

• *Möhrenbrei kräftigt die Verdauung*

Roher Möhrenbrei enthält viel Vitamin A zur Kräftigung der Darm- und Magenschleimhäute, seine Pektine wirken beruhigend auf die Darmwände und durchfallhemmend. Geben Sie dem Baby ein Schälchen davon über den Tag verteilt. Die Möhren vorher gut putzen, schälen und zerkleinern, doch nicht kochen, denn dies würde wichtige Zuckerverbindungen zerstören.

• *Hilfe vom Kap der guten Hoffnung*

In der südafrikanischen Volksmedizin ist der Rooibos-Tee ein Standardmittel gegen die berüchtigte Dreimonatskolik der Babys. Er wirkt krampflösend auf die Darmmuskeln, außerdem ist er allergiehemmend und beruhigend. Er schmeckt leicht süßlich, sodass ihn die meisten Babys ohne sonderlichen Widerstand trinken, wenn man den Tee per Fläschchen reicht (man kann ihn auch mit Milch oder Fruchtsaft mischen!). Bei Kindern, die gestillt werden, kann auch die Mutter den Tee trinken (mindestens einen Liter pro Tag!). Die Wirkstoffe vom Rotbusch werden dann einfach durch die Muttermilch an das Kind weitergegeben.
Die Zubereitung des Tees: 1 gehäuften Teelöffel mit 1 Tasse (200 Milliliter) kochendem Wasser überbrühen, 5 Minuten ziehen lassen, danach abseihen.

• *Ölmassagen*

So machte man es schon seit einigen hundert Jahren: Reiben Sie den Bauch des Babys regelmäßig mit Kümmelöl ein (im Uhrzeigersinn!).

Homöopathie

• Carbo vegetabilis D6 hilft bei plötzlichen Magenkrämpfen, die von Aufstoßen oder Blähungen begleitet werden. Weitere Symptome, die für den Einsatz dieses Homöopathikums sprechen: Das Baby ist blass und hat kalte Füße. Dosierung: vor jeder Mahlzeit 5 Kügelchen (Globuli).

• Magnesium carbonicum D6 bei Blähungen, wenn das Kind unruhig ist, schwitzt und viel schreit. Dosierung: vor jeder Mahlzeit 5 Kügelchen.

Für Kinder von drei bis acht Jahren: Wickel, Öl und Buttermilch

• *Buttermilch hemmt Säuren*

Buttermilch erzielt mit seinen alkalischen (säurehemmenden) Substanzen gerade bei unklaren Bauchbeschwerden oft ungeahnte Erfolge. Geben Sie Ihrem Kind davon täglich einen halben Liter, in kleinen Portionen über den ganzen Tag verteilt. Die Milch sollte Zimmertemperatur haben.

• *Aromatherapie beruhigt*

Basilikum und Sandelholz beruhigen die Magenwände und beseitigen die Spannungszustände im Bauch. Geben Sie ein paar Tropfen des jeweiligen Öls auf Duftsteine, die Sie in Ihrer Wohnung – vor allem in Küche und Esszimmer – verteilen. Bei akuter Übelkeit tropfen Sie ein wenig Öl auf Brust, Ohrläppchen und Unterarminnenseiten des Kindes.

• *Kartoffelwickel*

Ein altes Mittel aus Omas Hausmittel-Kiste: etwa 4 bis 5 Kartoffeln kochen, zerquetschen und zwischen zwei Tüchern auf den Kinderbauch legen. Die Kartoffeln dürfen natürlich nicht zu heiß sein!

• *Steinkleewickel*

Eine Handvoll getrocknetes Kraut (Meliolotus officinalis) in ein Tuch einschlagen, auf einen Teller legen, mit kochendem Wasser übergießen. Etwa 10 Minuten ziehen lassen, das Ganze mit einem zweiten Teller abdecken. Dann den Wickel zwischen den beiden Tellern auspressen, sodass er nicht mehr tropft. Für 10 bis 15 Minuten auf den Bauch des Kindes legen.

- *Homöopathie*

Bryonia D6 bei „erkältetem" Magen infolge von kalten Getränken, großen Portionen Eiscreme oder einer plötzlichen Abkühlung der Umgebungstemperatur. Dosierung: stündlich 1 Tablette bis zum Abklingen der Beschwerden.

Magnesium phosphoricum D6 bei Krämpfen im Bauch und starken Blähungen. Die Beschwerden bessern sich durch Druck und Wärme. Dosierung: vor jeder Mahlzeit 1 Tablette.

* * *

Blähungen – Blowing in the wind

Blähungen sind nichts anderes als Lufteinschlüsse im Darm, meistens hervorgerufen durch unvollständige Verdauung. Blähungsfördernd sind beispielsweise Hülsenfrüchte, Kohl, Bananen, Rettich und alles, gegen das eine Unverträglichkeit besteht. Blähungen können aber auch durch schwere Erkrankungen wie Darmentzündungen, Reizmagen und Gastritis auftreten.

Gib den Därmen Saures!

Essig fördert die Speichelproduktion und optimiert dadurch die Verdauung. Vermischen Sie Apfel- oder Reisessig mit Honig (am besten dunklem Honig!) und Wasser zu gleichen Teilen. Trinken Sie davon jeweils ein Likörglas vor den Mahlzeiten, halten Sie dabei den Schluck ein paar Sekunden im Mund.

Falls Sie immer wieder mit Blähungen zu tun haben, empfiehlt sich die Zubereitung eines speziellen Verdauungsessigs. Dazu brauchen Sie 15 Gramm Kümmelsamen, 15 Gramm Fenchelsamen und 30 Gramm frischen, fein gehackten Ingwer sowie 500 Milliliter Weinessig. Vermischen Sie diese Zutaten in einer Flasche, dann lassen Sie das Ganze zwei Wochen lang gut verschlossen bei Raumtemperatur ziehen. Danach die Kräuter durch einen Filter abseihen. Trinken Sie von diesem Essig regelmäßig ein Likörglas zu den Mahlzeiten.

Salbei reloaded

Als Bitterstoffpflanze verbessert Salbei (Salvia officinalis) insgesamt die Verdauungsfunktionen, er lindert durch seine Gerbstoffe aber auch Reizzustände der Darmschleimhaut.
Nehmen Sie täglich zu den Mahlzeiten 0,1 Milliliter Salbeiöl ein, das entspricht etwa 3 Tropfen aus den handelsüblichen Tröpfchenzählflaschen. Man erhält das Öl in der Apotheke und kann es auch auf einen Zuckerwürfel oder in den Tee tropfen, um es einzunehmen.

... und Erwachsene ebenso

Ein altes Hausmittel gegen Blähungen ist Kamillentee mit Lakritze, die ja aus der Süßholzwurzel (Glycyrrhiza glabra) gewonnen wird. Übergießen Sie 2 Teelöffel Kamillenblüten (Chamomilla matricaria) mit 1 Tasse kochendem Wasser. 10 Minuten ziehen lassen, dann werden 20 Gramm Lakritze in dem Tee aufgelöst. Trinken Sie 1 bis 2 Tassen pro Tag!

Der Weltstar gegen Blähungen

Eine Kräutermischung aus Anis (Pimpinella anisum), Kümmel (Carum carvi) und Fenchel (Foeniculum vulgare) gilt in fast allen Ländern der Welt als bewährtes Mittel gegen Blähungen.

Süß UND gesund

Der Süßholzstoff Glyzyrrhizin sorgt für den unverwechselbaren Süßgeschmack der Süßholz-Wurzeln. Seine Süßkraft ist 50-mal so stark wie der handelsübliche Fabrikzucker, jedoch ohne dessen schädliche Wirkungen auf Zähne und Zahnfleisch. Süßholz bildet dadurch einen wirkungsvollen Zuckerersatz.
Von noch größerer Bedeutung sind aber die entzündungshemmenden und antiallergischen Wirkungen von Glyzyrrhizin. In wissenschaftlichen Studien gelang der Nachweis, dass Glyzyrrhizin entzündliche Schwellungen verhindert – es ist in dieser Wirkung 13-mal so stark wie der allgemein bekannte Entzündungshemmer ASS (Acetylsalicylsäure). Darüber hinaus hemmt der Süßholzwirkstoff auch die Signalübertragung in unseren Schmerzleitbahnen, er wirkt also auch als schmerzstillendes Mittel.

Vermischen Sie die drei Samenarten zu gleichen Teilen. Dann 2 gestrichene Teelöffel der Mischung mit 1 Tasse kochendem Wasser überbrühen, zugedeckt 8 bis 10 Minuten ziehen lassen. Schließlich abseihen. 3 Tassen pro Tag, am besten zu den Mahlzeiten.

Geheimwaffe

Die Artischocke enthält die verdauungsfördernden Enzyme Inulase und Invertase, französische Forscher entdeckten zudem Mitte der dreißiger Jahre den Artischockenwirkstoff Cynarin, der gezielt die Arbeit der Leber unterstützt. Es gilt mittlerweile als gesichert, dass die Artischocke eine rasche Linderung bei Darmstörungen wie Durchfall, Verstopfung und Blähungen verschafft. Sie eignet sich als Auflage für eine leckere Pizza ebenso wie als Bestandteil von Salaten und Gemüse.

Für einen leckeren Artischocken-Salat brauchen Sie nichts weiter als sechs eingelegte Artischockenherzen sowie zwei Tomaten, Salz, Pfeffer, Oregano, eine Messerspitze mittelscharfen Senf sowie jeweils einen Esslöffel Weinessig, gehackte Petersilie und gehackten Dill. Nehmen Sie die Artischocken aus der Marinade. Abtropfen lassen und halbieren, jeweils sechs Hälften kranzförmig in der Mitte eines Tellers anordnen. Die Tomaten werden vorsichtig blanchiert und zunächst einmal auf einem Teller stehen gelassen. Unterdessen kommt die

Der Schleimhautfreund

Hauptwirkstoffe der Fenchelfrüchte sind die ätherischen Öle, vor allem das Anethol. Dieses Öl besitzt anregende Wirkungen auf die Schleimhaut der Luft- und Darmwege. Außerdem wirkt Anethol krampflösend und antibiotisch. Dadurch wird Fenchel zu einer Heilpflanze bei Infektionen und Entzündungen im Darm. In Deutschland erhält man in der Regel zwei Fenchelqualitäten: den Kamm- oder Traumelfenchel mit 4,5 Prozent ätherischem Öl und den Strohfenchel mit 3,5 Prozent ätherischem Öl. Der Erstgenannte ist gesünder, der Zweitgenannte ist allerdings besser mit anderen Gewürzen kombinierbar.
Daneben werden in Deutschland mittlerweile auch zahlreiche ausländische Fenchelsorten angeboten.

Der Kochsalz-Trick

Kochsalz (Natriumchlorid) hilft oft bei Blähungen von Säuglingen (der berüchtigten Drei-Monats-Kolik). Geben Sie einfach etwas Salz ins Trinkfläschchen. Wenn Erwachsene nach kohlenhydratreichen Speisen (wie z.B. Pudding, Teigwaren, Nudeln) unter Blähungen leiden, kann es ebenfalls hilfreich sein, den Mahlzeiten etwas mehr Kochsalz zuzufügen oder einfach eine Salzgurke zu essen.

Sauce dran: Salz und Senf so lange verrühren, bis sich das Salz gelöst hat. Dann zusammen mit dem Öl und dem Essig zu einer Sauce vermischen. Jetzt die blanchierten Tomaten enthäuten, in kleine Würfel schneiden und zusammen mit der zerhackten Petersilie und dem Dill in die Sauce geben.
Zum Abschluss wird die Sauce mit Oregano und Pfeffer gewürzt und über die Artischockenherzen gegossen.

Sonstige Maßnahmen – Lassen Sie die Luft raus

• *Zeit lassen!*
Lassen Sie sich beim Essen Zeit. Schlingen Sie nicht, Finger weg vom Fast Food!
• *Einfrieren!*
Manche Gemüsesorten verlieren ihren aufblähenden Charakter, wenn sie nicht frisch, sondern vor dem Verzehr erst einmal eingefroren werden. Dazu gehört beispielsweise der Rosenkohl.
• *Einweichen!*
Hülsenfrüchte verlieren ihren blähungsfördernden Charakter, wenn man sie vor dem Kochen oder Dampfen zwölf Stunden in Wasser einlegt.
• *Regelmäßig essen!*
Achten Sie auf regelmäßige Nahrungsaufnahmen. Keine Völlereien! Lieber vier bis fünf kleinere Mahlzeiten am Tag als zwei bis drei größere. Vermeiden Sie vor allem warmes und fettreiches Essen am Abend!

Rotbusch gegen Kolik

Die Drei-Monats-Koliken der Babys haben schon viele Eltern zur Verzweiflung gebracht. Denn die Kleinen leiden unter ihnen, sie verkrampfen und krümmen sich unter Schmerzen, immer wieder entweichen ihnen krachend die Gase aus dem Darm. Die Ursachen der Drei-Monats-Koliken sind noch ungeklärt.

Es gibt viele Thesen, doch keine gesicherte Erkenntnis. Klar ist, dass Jungen häufiger betroffen sind als Mädchen. Allein diese These spricht dafür, dass die Koliken eher in den geschlechtlichen Entwicklungsunterschieden begründet sind, und damit würden ihre Ursachen in Erbgut und Hormonen liegen, die bekanntermaßen schwer beeinflussbar sind.

Andere Wissenschaftler vermuten hinter den Baby-Krämpfen eine Allergie oder Unverträglichkeit gegenüber Stoffen, die sich entweder im Milchersatz oder aber in der Nahrung der Mutter befunden haben und über die Muttermilch weitergegeben werden. Doch gerade im letzteren Fall ist es überaus mühselig, den problematischen Nahrungsbestandteil herauszufinden. Wenn man meint, ihn endlich gefunden zu haben, ist die Drei-Monats-Kolik meistens schon wieder vorbei.

Der südafrikanische Rooibos-Tee besitzt – unabhängig von den Ursachen – beste Linderungschancen bei den Drei-Monats-Koliken:

- Er besitzt ein Profil aus Flavonoiden, das in hohem Maße krampflösend auf die Darmmuskeln wirkt.
- Er enthält antiallergische Wirkstoffe, die besonders bei Nahrungsmittelallergien helfen.
- Er schmeckt fruchtig-süß und kommt dadurch dem natürlichen Baby-Bedürfnis nach Süßem entgegen. Die Erfahrung zeigt immer wieder, dass Babys und Kleinkinder Rooibos-Tee sehr gerne trinken – ganz im Unterschied etwa zum Anis-Kümmel-Fenchel-Tee.
- Er ist vielseitig einsetzbar. Man kann ihn pur ins Fläschchen geben oder ihn mit der Muttermilch, dem Milchersatz oder einem Saftgetränk mischen (am besten im Verhältnis 1:1). Wichtig ist, dass das Getränk angenehm warm ist. Rooibos enthält so gut wie keine Kalorien, so dass keine Gefahr besteht, das Baby zu überfüttern.

Rotbusch aus der Mutterbrust

Die Zubereitung des südafrikanischen Tees ist einfach: Zunächst wird das Wasser im Kessel bis zum Siedepunkt erhitzt, währenddessen deponieren Sie den Rooibostee in der Kanne. Die Menge: 1 gehäufter Teelöffel pro Tasse (200 – 250 Milliliter). Dann gießt man das kochende Wasser in die Kanne. 2 bis 3 Minuten ziehen lassen, schließlich durch ein Leinentuch oder einen feinen Filter abseihen und in die Tassen gießen. Der „grüne", unfermentierte Rooibostee kann auch etwas länger (bis zu 5 Minuten) ziehen.

Kolikgeplagte Babys, die nicht gestillt werden, bekommen ihren Rotbuschtee am besten durch die Flasche gereicht. Bei Stillbabys besteht die wirksamste Möglichkeit darin, dass die Mutter den Rotbuschtee in großen Mengen trinkt. Seine kolikhemmenden Wirkstoffe gelangen dann durch die Milch in den Darm des Babys. Und als Nebeneffekt darf sich die Mutter gleich noch darüber freuen, etwas für ihren Eisenhaushalt und ihren Teint getan zu haben.

Recycling-Tee

Wie beim grünen Tee, so sind auch beim Rooibos bis zu drei Aufgüsse möglich. Geschmacklich stehen sie dem ersten Aufguss kaum nach. Der erste Aufguss hat jedoch schon die Inhaltsstoffe des Tees zum Teil aus ihren festen Verbindungen gelöst, sodass die Folgeaufgüsse nur noch 30 bis 60 Sekunden ziehen müssen. Ihr Gehalt an Vitamin C ist geringer als beim ersten Aufguss, doch für die Behandlung von Drei-Monats-Koliken ist dies ohne Bedeutung.

* * *

Blasenentzündung

Es zieht und schmerzt, besonders lästig ist aber der ständige Drang zur Toilette, wo dann das – in der Regel spärliche – Harnlassen zu einer echten Tortur werden kann. Die Harnblasenentzündung (Zystitis) kann überaus ärgerlich und schmerzhaft sein. Oft reicht es schon aus, im nassen Badeanzug herumzulaufen oder ein paar Minuten auf kalten Steinen zu sitzen, damit sie sich einstellt. Doch es gibt noch eine ganze Reihe von anderen Risikofaktoren.

Glück gehabt, Mann!

Der größte Risikofaktor für eine Zystitis ist es, eine Frau zu sein. Von 50 Erwachsenen mit Harnwegsinfekt ist nur einer ein Mann. Der Grund: die weibliche Harnröhre ist nur etwa vier Zentimeter lang, im Unterschied zu 20 Zentimetern beim Mann. Für die entzündungsauslösenden Keime ist also der Weg zur Harnblase bei Frauen deutlich kürzer als beim Mann.

Bei einem Drittel der an Zystitis erkrankten Frauen besteht außerdem von Geburt aus eine stark ausgeprägte Neigung der Haut- und Schleimhautzellen, Bakterien festzuhalten. Dies bedeutet konkret: die Zystitis-Keime werden nicht – wie es sein sollte – mit dem Urin einfach fortgespült, sondern sie erhalten die Chance, sich in den Harnwegen zu „verstecken".

Spaßbremse?

Aus moralischen Gründen wird gerne die Tatsache verdrängt, dass viele Frauen durch Geschlechtsverkehr an ihre Zystitis kommen. Vor allem bei jungen, sexuell aktiven Frauen liegen die Ursachen für den Harnwegsinfekt meist beim Partner. Empfängnisverhütende Spiralen und Kondome können hier einen wirksamen Schutz aufbauen, andere Verhütungsmittel wie das Diaphragma verändern jedoch das Scheidenmilieu und können dadurch sogar das Risiko einer Harnwegsinfektion erhöhen.

Keim auf Abwegen

Auslösender Keim der Zystitis ist in 80 Prozent aller Fälle eine Bakterie namens Escherichia coli. Sie zählt eigentlich zu unseren „Nutzkeimen". Denn normalerweise ist sie im menschlichen Darm zuhause, wo sie uns beim Verdauen hilft. Gelangt der Coli-Keim aber von dort aus in die Harnröhre, so kann er hier zu einem echten Problem werden – einem Problem freilich, das man medizinisch in den Griff bekommen kann.

Alkoholfrei!

Als „Erste Hilfe“ empfiehlt sich bei Blasenentzündungen, die Flüssigkeitszufuhr auf mindestens drei Liter pro Tag zu steigern. Auf diese Weise werden die Harnwege durchgespült, sodass viele der Keime einfach fortgeschwemmt werden.

Krasse Kresse

Bei Blasenentzündungen ist die Kresse ein bewährtes Heilkraut, es konnte bereits in vielen Studien seine Wirkungen auf die Harnwege unter Beweis stellen. Sie wirkt aufgrund ihrer Senföle in hohem Maße antibiotisch, ihr Vitamin C wirkt entzündungshemmend und unterstützt das Immunsystem. Am besten als frische Brunnenkresse im Salat oder als Kräuterbeimischung im Frischkäse. Dosierung: 10 bis 20 Gramm pro Tag. Wichtig: Während der Kresseanwendung muss viel getrunken werden!

Goldrute schlägt Blasenkeime

1 Esslöffel Goldrutenkraut mit 1 Tasse kochendem Wasser überbrühen. 10 Minuten ziehen lassen und schließlich abseihen. Trinken Sie davon 3 Tassen zwischen den Mahlzeiten. Die Goldrute gehört bei der Blasenentzündung zu den Mitteln der ersten Wahl. Bei Wasseransammlungen infolge von Herzschwäche oder verringerter Nierentätigkeit darf die Goldrute jedoch nicht zum Einsatz kommen, weil diese Organe durch die Wirkstoffe des Krauts möglicherweise allzu sehr belastet würden.

Moosbeeren meistern Mikroben

Die Proanthocyanidine des Cranberry-Saftes (gewonnen aus den Früchten des Moosbeerenstrauchs Vaccinium macrocarpon) hindern Bakterien daran, sich an der Blasenschleimhaut anzudocken. Die Mikroben haben dann keine Chancen mehr, sich dort festzusetzen und für Entzündungen zu sorgen. Die richtige Dosierung des Saftes liegt zwischen 200 und 300 Millilitern pro Tag. Man erhält ihn in Apotheken und Reformhäusern.

Homöopathie

- Cantharis D6 hilft bei Blasenentzündungen mit Krämpfen sowie starken, brennenden Schmerzen und spärlichem Urinabfluss. Dosierung: 3-mal täglich 5 bis 10 Globuli.
- Petroselinum D6 lindert den plötzlich auftretenden Harndrang. 3-mal 5 Tropfen täglich.

Blasentraining!

- Trinken Sie mindestens 2 Liter Flüssigkeit pro Tag.
- Halten Sie sich warm. Wechseln Sie nasse Badebekleidung und sorgen Sie dafür, dass Ihre Nieren immer bedeckt sind.
- Stabilisieren Sie Ihr Immunsystem, beispielsweise durch regelmäßige Spaziergänge an der frischen Luft und morgendliches Wechselduschen.
- Verhindern Sie Harnstau. Gehen Sie auch wirklich auf Toilette, wenn sich der Harndrang einstellt.
- Benutzen Sie Toilettenpapier immer von vorne nach hinten. Gehen Sie auch beim Waschen in dieser Richtung vor.
- Entleeren Sie nach dem Geschlechtsverkehr die Blase.

* * *

Blasenschwäche

Blasenschwäche wird von den meisten Frauen verschwiegen, weil sie diese Erkrankung als typische Alterserscheinung auffassen. Doch in dieser Einschätzung liegen sie falsch. Jüngere Erhebungen belegen, dass schon im Alter von 15 bis 21 Jahren knapp acht Prozent aller Frauen unter Blasenschwäche leiden. Schon regelmäßiges Joggen strapaziert den Beckenboden in einem Maße, dass es zu Inkontinenzproblemen kommen kann. Bei anderen reichen schon die Hormonschwankungen im normalen Monatszyklus aus, die Funktionen des Beckenbodens einzuschränken.

Heublumen trainieren den Harndrang

Holen Sie sich 500 Gramm Heublumen aus der Apotheke. Übergießen Sie den duftigen Haufen mit 5 Liter Wasser und erhitzen Sie das erhaltene

Gemisch bis zum Sieden. Danach 20 Minuten ziehen lassen und abseihen. Jetzt haben Sie einen Heublumen-Sud, den Sie problemlos ins heiße Badewasser gießen können. Ihr Bad sollte allerdings nicht länger als 15 Minuten dauern. Sie können es täglich wiederholen, denken Sie aber daran, dass Ihre Strom- oder Gasrechnung möglicherweise kräftig ansteigen wird.

Eine Volkskrankheit – schlimmer als Privatfernsehen!

Etwa sechs Millionen Menschen leiden in Deutschland an Blasenschwäche. Eine Volkskrankheit mit hohem Verbreitungsgrad also, die vor allem Frauen trifft. Doch sie wird nur selten behandelt. Laut Berufsverband der Frauenärzte gehen allenfalls vier von zehn Betroffenen mit ihrem Inkontinenz-Problem zum Arzt.

Kegelübungen als „Gedächtnisstütze"

Sie bringen Ihnen das Gespür für vernachlässigte oder „vergessene" Muskeln des Harntrakts zurück. Seien Sie diszipliniert, gehen Sie alle zwei Stunden zum Urinieren auf die Toilette. Versuchen Sie dort, den Harnstrahl zwei- bis dreimal durch Zusammenziehen der Beckenmuskeln zu unterbrechen.

Homöopathie

• Kalium carbonicum D12 ist ein homöopathisches Mittel, das sich besonders bei Schließmuskelschwäche im Alter bewährt hat. Täglich ein-

Ihr Notfall Päckchen

Wenn Sie um Ihre Blasenschwäche wissen, sollten Sie für den Fall der Fälle ausgerüstet sein. Ihr Notfall-Päckchen (es passt in jede Hand- und Manteltasche) sollte bestehen aus
- einer frischen Unterhose
- Slipeinlagen
- einigen Erfrischungstüchern und
- einer Plastiktüte, in der Sie Ihre Utensilien vor und nach Gebrauch verstauen können.

Manchmal erledigt dieses Notfall-Päckchen sogar Ihr Blasenproblem, weil nämlich das Wissen, peinliche Situationen verhindern zu können, beruhigend auf die Blasenmuskeln wirkt.

mal 5 Tropfen. Nicht öfters einnehmen, denn D12 ist bereits ein Mittel mit relativ hoher Potenz, das tiefgreifende Wirkungen besitzt.

• Belladonna-Kügelchen D6 helfen gegen Nervosität und starkem Harndrang. 3-mal täglich 10 bis 20 Kügelchen.

* * *

Durchfall

Der Durchfall zeigt sich als wässriger Stuhl, starker Stuhldrang und heftige Unterleibskrämpfe. Seine Ursachen können vielfältig sein, doch in den meisten Fällen wird er durch Infektionen ausgelöst. Darüber hinaus können auch Stress, Darmentzündungen, Nahrungsmittelallergien und Unverträglichkeiten zu Durchfall führen.

Schonen!

Durchfall heißt Schonzeit für den Darm. Das bedeutet, dass Sie jetzt keine opulenten Speisen verzehren sollten. Auch ballaststoffreiches Gemüse sollten Sie erst einmal meiden. Am besten: Viel trinken (Wasser, keine Cola!), und etwas Zwieback oder Salzstangen dazu.

Apfelbrei mit Salbei dabei

Der Salbei ist den meisten von Husten- und Halsbonbons bekannt. Dabei ist sein Einsatzspektrum viel weiter angelegt. Er beruhigt gerade bei Darmerkrankungen eine wertvolle Hilfe sein. So beruhigt er die gereizten Darmmuskeln, seine Gerbstoffe geben der Darmschleimhaut einen natürlichen Schutz. Außerdem verfügt er über antibiotische Substanzen, in deren Visier auch Escherichia coli gehört - dieser Erreger gehört mit seinen giftigen Ausscheidungen zu den Hauptauslösern von vielen Durchfallerkrankungen.

Ein bewährtes Hausmittel aus Osteuropa ist der Apfelbrei mit Salbei. Als Zutaten brauchen Sie:

2 bis 3 süßsaure Äpfel (z.B. Jonagold)
1 Teelöffel Honig
1 Teelöffel zerkleinerte Salbeiblätter
1 Esslöffel Butter
1 Messerspitze Paprika, edelsüß

Dann die Äpfel schälen, entkernen, klein schneiden und mit einer kleinen Menge Wasser zu Mus zerkochen. Zucker, Salbei und Butter einrühren, mit Paprika abschmecken und etwa 10 Minuten ziehen lassen.
Apfelbrei mit Salbei hilft nicht nur gegen Durchfall, er kann auch ganz normal zu Enten- oder Gänsebraten serviert werden.

So schützen Sie sich vor Reisedurchfall

Kein Leitungswasser und keine offenen Getränke zu sich nehmen, außerdem keine Eiswürfel und keine Salate! Stattdessen nur in Flaschen abgefüllte oder abgekochte Getränke, die Speisen sollten gut durchgekocht und das Obst sollte schälbar sein, wie etwa Kiwis und Bananen. Generell gilt der Satz: „Koch es, brat es, schäl es oder vergiss es!"

Entgiften mit Cystus-Sud

Aufgrund seiner Gerbstoffe ist der in Apotheken erhältliche Cystus-Sud (gewonnen vom griechischen Strauch Cistus incanus) ähnlich erfolgversprechend wie der Salbei. Die Anwendung erfolgt als Sud (gibt es fertig zubereitet in der Apotheke). Trinken Sie davon 3 bis 4 Likörgläser pro Tag. Cystus-Sud wirkt in starkem Maße entgiftend!

Lapacho kräftigt die Darmschleimhaut

Auch Lapacho-Tee ist ein ergiebiger Gerbstofflieferant. Für 4 große Tassen (jeweils 250 Milliliter) Lapacho-Tee benötigen Sie zwei gestrichene Esslöffel Lapachorinde und einen Liter Wasser. Das Wasser aufkochen, dann die Rinde hinzugeben und alles zusammen kurz aufkochen. Anschließend die Hitze reduzieren und den Tee auf kleiner Flamme 5 Minuten köcheln lassen.
Noch 15 Minuten zugedeckt ziehen lassen, schließlich abseihen. Am besten gießen Sie den Tee dann in eine Thermoskanne, um ihn über den Tag verteilt trinken zu können. Lapachorinde bekommen Sie mittlerweile überall in Apotheken und Reformhäusern.

Tee mit Zimt: ein sanftes Antibiotikum

1 Teelöffel Schwarztee und eine Viertel Stange Zimt mit 1 Tasse (200 Milliliter) kochendem Wasser übergießen. 5 Minuten ziehen lassen, anschließend abseihen. Zimt gilt in Indien als bestes Mittel gegen Durch-

fall. Er wirkt stopfend und antibiotisch auf zahlreiche Darmkeime. 3 Tassen pro Tag.

Kefir schafft optimales Darmmilieu

Ein wirkungsvolles Rezept gegen Darmentzündungen, es baut die angegriffene Darmflora auf: Vermischen Sie 150 Milliliter Kefir mit 50 Milliliter Johannisbeersaft. Trinken Sie täglich drei Gläser davon. Sie können auch ein paar Nuss- oder Mandelsplitter über das Getränk streuen. Den Johannisbeersaft erhalten Sie in Reformhäusern, den Kefir in jedem Supermarkt.

Essig für den Durchfallfall

Wissenschaftlich erwiesen ist, dass Essig gegenüber zahlreichen Darmbakterien antibiotisch wirkt. Seine Mineralien decken überdies den Mineralienverlust infolge des Durchfalls ab.

Da es im Alltag immer wieder zu Durchfallerkrankungen kommt, kann es nicht schaden, sich einen speziellen Heilessig dafür herzustellen. Übergießen Sie dazu 20 Gramm getrocknete Pfefferminze (aus Apotheke oder Reformhaus), 1 Teelöffel Bärlauch-Frischblatt-Granulat (aus der Apotheke) und 20 Gramm Zimt (aus Apotheke, Gewürzladen oder Reformhaus) mit 500 Milliliter Essig (am besten nehmen Sie dazu wegen der entzündungshemmenden Gerbstoffe eine möglichst dunkle Essigsorte). Lassen Sie die Kräuter-Essig-Mischung zwei Wochen gut verschlossen ziehen, danach wird abgeseiht. Trinken Sie davon drei Likörgläser pro Tag zu den Mahlzeiten, bei starkem Durchfall dürfen es auch 5 Gläser sein. Die Mischung hält sich einige Monate (Essig ist ja ein Konservierungsmittel), kann also gut in der Hausapotheke für den „Fall des Durchfalles“ aufbewahrt werden.

Kein Kuddelmuddel

Machen Sie nicht den Fehler, möglichst viele der angegebenen Heilmittel miteinander zu kombinieren. Von den pflanzlichen Anwendungen (Cystus, Salbei, Bärlauchessig, Eichenrinde, Zimt) sollten Sie nur eine zur Anwendung bringen, ergänzend dazu vielleicht ein passendes Homöopathikum und die Kefir-Johannisbeeren-Kur.

Homöopathie

- Nux vomica D6 hilft, wenn man nervös ist oder viel durcheinander gegessen hat. 3-mal täglich 5 bis 10 Kügelchen (Globuli).
- Arsenicum album D6 lindert die Beschwerden nach dem Genuss kalter Getränke. 3-mal täglich 5 bis 10 Kügelchen (Globuli).
- Veratrum album D6 hilft bei stark wässrigen Durchfällen, die den Körper auszehren. 3-mal täglich 5 bis 10 Kügelchen (Globuli).

Achtung!

Wann wird Durchfall ein Fall für den Arzt? Wenn gleichzeitig Fieber festzustellen ist oder sich Blut oder Schleim im Stuhl zeigen, und wenn der Durchfall länger als drei Tage dauert. Bei Kleinkindern und älteren Menschen sollte man allerdings umgehend den Arzt aufsuchen, da hier der durchfallbedingte Flüssigkeits- und Elektrolytverlust schon früh zu Nierenversagen führen kann.

* * *

Erbrechen und Übelkeit

Für einen Erwachsenen gibt es kaum etwas ein schlimmeres Erlebnis als das Erbrechen. Nicht nur, dass wir es meistens als ekelhaft empfinden. Das unkontrollierte Zusammenziehen der Muskeln in Magenwänden, Zwerchfell und Bauch und das anschließende Hinaufwürgen sind erschöpfend und auslaugend, danach sind wir erstmal erledigt. Kinder haben es in dieser Hinsicht leichter, weil der Weg vom Magen zum Mund bei ihnen kürzer ist. Mitunter erbrechen sie sich – um danach direkt wieder zur Tagesordnung, das heißt zum Spielen überzugehen. Wir Erwachsene können da nur neidisch sein. Nichtsdestoweniger sollte man auch bei Kindern aufmerksam bleiben, wenn sie erbrechen. Denn die Aktion des Erbrechens wird vom Körper immer nur dann ergriffen, wenn er sich in akuter Bedrängnis sieht.

Keine halben Sachen

Der Auslöser des Erbrechens sitzt im unteren Teil des Hirns, und zwar in der Medulla oblongata. Die Medulla kann durch die Psyche (alle Nerven-

> **Eine wichtige Bio-Reaktion**
>
> Das Erbrechen hat in den meisten Fällen den konkreten Sinn, den Körper so rasch wie möglich von Schadstoffen zu befreien. Brechreiz darf daher nicht mit allen Mitteln bekämpft werden. Wenn allerdings sicher ist, dass er keine biologischen, sondern psychische Ursachen hat (wie beispielsweise auf schwankenden Schiffen und Flugzeugen), sollte man etwas gegen ihn unternehmen.

stränge aus dem Gehirn müssen ja erst einmal durch die Medulla durch, um zum Rückenmark zu gelangen) und durch Gifte wie Nikotin, Schwermetalle und Toxine aus verdorbener Nahrung sehr schnell beeinflusst und zum Auslösen des Brechreizes gebracht werden. Die Medulla oblongata geht beim Auslösen des Brechreizes sehr gründlich vor, sie sorgt nicht selten dafür, dass der Mageninhalt komplett geleert wird. Dabei gehen freilich zahlreiche Mineralien und viel Wasser verloren, die schon bald wieder dem Körper zugeführt werden sollten. Außerdem brauchen die Magenwände erst einmal eine gewisse Zeit, um sich von dem Erbrechen zu erholen. Hier ist also zunächst leichte Kost gefragt.

Speien wegen Kinetose

Hauptauslöser für Reiseübelkeit ist das überforderte Gehirn. Befindet man sich beispielsweise im Fond eines fahrenden PKW, wo der Blick nach vorn durch Kopfstützen und Köpfe von Fahrer und Beifahrer stark eingeschränkt ist, so nimmt man widersprüchliche Reize aus dem Seh- und Gleichgewichtsbereich wahr. Die Augen melden dem Gehirn Bewegungslosigkeit, das Innenohr mit seinem Gleichgewichtsorgan meldet hingegen Beschleunigungs- und Lageveränderungen. Das Gehirn fühlt sich durch diese widersprüchlichen Signale bedroht und veranlasst die Ausschüttung von Stresshormonen, die zu den bekannten Symptomen Kopfschmerzen, Übelkeit, Schwindel und Erbrechen führen.

Heilmittel unterwegs

- *Ingwer.* Das traditionsreiche Gewürz setzt das Erregungsniveau in den Magenwänden herab, darüber hinaus wirkt es angstlösend. Eine klinische Ingwer-Studie an Patienten, die per Drehstuhl in einen „reiseähnlichen

Taumelzustand" gesetzt wurden, brachte beachtliche Erfolge. Die Zubereitung von Ingwer-Tee: 1 Teelöffel der Wurzel mit 1 Tasse kochendem Wasser übergießen, zugedeckt 10 Minuten ziehen lassen, dann abseihen. Nicht mehr als 3 Tassen pro Tag. Es macht aber auch Sinn, vor dem Reiseantritt ein paar Ingwer-Kekse zu knabbern oder etwas Ingwer-Pulver zusammen mit Pudding oder Obstsalat zu einem schmackhaften Dessert zu vermischen. In der Apotheke gibt es zudem Ingwer-Präparate zu kaufen.

- *Akupressur.* Dazu wird das Handgelenk gebeugt, sodass man deutlich die zwei scharfkantigen Sehnen sehen kann, die vom Unterarm in die Hand führen. Auf diesen beiden Sehnen wandert man nun zwei Daumen breit in Richtung Ellenbeuge. Dort liegt der so genannte Neiguan-Punkt. Der wird dann mit den Fingerspitzen der anderen Hand für ein bis zwei Minuten massiert. Erst rechts, dann links, und mit einem Druck, der deutlich zu spüren, aber nicht schmerzhaft ist.

Schweinshaxe – nein danke

Nach dem Erbrechen sollte alles vermieden werden, was den Magen-Darm-Trakt über Gebühr beanspruchen könnte. Also zunächst einmal wenig Fett, wenig Eiweiß, wenig Zusatzstoffe (also keine Lebensmittel aus der Konserve) und keine anregenden Substanzen (z.B. Koffein und Gewürze wie Pfeffer, Paprika oder Curry).

Gefragt sind zunächst einmal Kohlenhydrate, Wasser und Mineralien. Zu Großmutters Zeiten gab man den kleinen und großen Patienten nach dem Erbrechen erst einmal stilles Mineralwasser zum Trinken und zum Essen eine Portion Götterspeise. Das macht durchaus Sinn! Denn das Gelatine-Dessert enthält viele Kohlenhydrate und Mineralien (mit Ausnahme von Natrium und Kupfer), wird leicht vertragen – und schmeckt!

Stressfrei und stabil

Als Vorbeugung gegen Reiseübelkeit empfiehlt es sich, den Reisestress herunterzuschrauben. Sich also an einem Ort aufzuhalten, wo die Bewegung am geringsten ist. Im Flugzeug ist das im Bereich der Tragflächen, im Autobus auf den vorderen Plätzen, und auf See ist es mittschiffs ruhiger als anderswo. Und wer seinen Kindern auf dem Autorücksitz Reiseprobleme ersparen will, sollte möglichst ruhig und gleichmäßig fahren.

Vitamin hilft auch hier

Pyridoxin (Vitamin B6) wird schon seit längerer Zeit als Mittel gegen unerwünschte Brechreize eingesetzt. Es scheint eine beruhigende Wirkung auf die Medulla oblongata, also auf unser „Brechzentrum“ im Gehirn zu besitzen. Die üblichen Pyridoxinlieferanten wie Fleisch, Milchspeisen und Getreide sind jedoch für den gereizten Magen genau das Falsche. Besser: Zerhacken Sie ein paar Bierhefetabletten, die dann mit viel Wasser oder auf der oben erwähnten Götterspeise in kleinen Portionen heruntergeschluckt werden.

Gar nicht reizend!

Unmittelbar nach einer Brechattacke, aber auch zur Vorbeugung bei starker Neigung zum Erbrechen, heißt es zunächst einmal, alles zu meiden, was die Magenschleimhaut reizen könnte. Hierzu gehören natürlich Kaffee und Alkohol. Absolut tabu sind Cola-Getränke, da sie neben dem Koffein auch noch andere Substanzen enthalten, die den Magen reizen. Ebenfalls auf der Negativliste stehen:

- Zitrusfrüchte
- Zitrussäfte
- Anregende Gewürze
- Rohe Zwiebeln
- Kohl
- Hülsenfrüchte
- Frittierte und stark fettende Speisen
- Sahne- und Käsekuchen und andere fettreiche Kuchensorten.

Streicheleinheiten

Wenn sich der Magen erbrochen hat, sollte man ihm Gutes tun. Dazu eignen sich Nahrungsmittel wie:

- Zwieback
- Haferschleim
- Milchbrei
- Kompott
- Trockenes Brot (hier ausnahmsweise dem Weißbrot den Vorzug gegenüber Vollkornprodukten geben!)

Power durch Babynahrung

Erbrechen kostet Kraft. Vor allem Erwachsene sind danach so erschöpft, dass sie sich mitunter kaum noch aufrecht halten können. Dennoch ist das kein Freibrief für Schokolade oder Fleisch, denn diese Nahrungsmittel geben keine Kraft, sondern sie kosten Kraft. Eine Kraftbrühe nach folgendem Rezept ist da schon wesentlich besser geeignet:
Geben Sie ein Glas Karotten (am besten ein Glas Babynahrung) in einen Topf mit einem halben Liter milder Brühe. Das Ganze aufkochen und mit Suppenkräutern und etwas Muskat würzen. Diese Suppe bringt den Salz- und Kohlenhydrathaushalt wieder in Ordnung, die Mineralien und Vitamine der Karotte (vor allem Provitamin A) sorgen darüber hinaus für die Genesung der strapazierten Magenschleimhaut.

* * *

Gallenbeschwerden

Ein unzureichender Gallenfluss kann sich durch Völlegefühl, Appetitlosigkeit, Oberbauchbeschwerden sowie Sodbrennen zeigen. Die Symptome verschlimmern sich nach fetthaltiger Kost. Gallenblasenbeschwerden werden in erster Linie durch eine Kost verursacht, die zu viele tierische Fette enthält. Nicht nur das kann die Ursache sein – die erbliche Veranlagung spielt auch eine Rolle.

Großes Plus für Kaffee und Nuss

Eine Studie der Harvard Medical School in Boston ergab: Wer mehr als fünfmal 30 Gramm Nüsse pro Woche verzehrt, reduziert sein Risiko für Gallensteine um etwa 25 Prozent. Die amerikanischen Forscher waren zu diesem Ergebnis nach einer Erhebung an über 80 000 Frauen gekommen. Der Gallenschutz wird vermutlich durch die Fettsäuren und fettlöslichen Vitamine der Nüsse aufgebaut. Verzehren Sie täglich eine Handvoll Nüsse. Am besten ungesalzene Nüsse, die Sie selbst aus der Schale geholt haben.
Auch Kaffee bringt die Galle in Schwung. Bereits 2 bis 3 Tassen pro Tag senken laut wissenschaftlichen Erhebungen das Gallensteinrisiko um etwa 30 Prozent. Verantwortlich dafür ist offenbar das Koffein: Denn entkoffeinierter Kaffee hat keinen Einfluss auf die Quote.

Nicht nur gegen Moskitos: Curcuma

Das Gewürz hat als Gallentherapeutikum eine lange Tradition. Seine Farbstoffe Kurkumin, Mono- und Bidesmethoxykurkumin wurden in jüngerer Zeit von Wissenschaftlern ausführlich untersucht. Demzufolge regen sie die Entleerung der Gallenblase an, außerdem schützen sie die in unserem Organismus kursierenden Fette vor aggressiven Sauerstoffverbindungen, den freien Radikalen. All diese Effekte unterstützen die Heilung von Gallenblasenerkrankungen. Man erhält Curcuma-Wurzeln in Gewürzgeschäften sowie im ethnobotanischen Fachhandel. Achtung: Im akuten Stadium einer Entzündung ist das Gewürz nicht mehr angezeigt, hier kann seine anregende Wirkung sogar schädlich sein!
Die Anwendung:
Curcuma-Öl: Vermischen Sie dazu 1 Esslöffel kaltgepresstes Mandelöl mit 1 Teelöffel zerriebenem Curcuma. Mit der daraus entstehenden gelben Masse ölen Sie dann die Hautpartien über der Gallenblase (sie befindet sich im Oberbauch) ein.
Tee: einen halben Teelöffel Curcuma-Pulver mit 1 Tasse kochendem Wasser überbrühen, 5 Minuten zugedeckt ziehen lassen, schließlich abseihen. Trinken Sie davon 2 bis 3 Tassen pro Tag.
Curcuma wird mittlerweile auch in der Apotheke als Präparat verkauft. Die Dosierung richtet sich nach der Packungsbeilage. Die Behandlung sollte unbedingt mit Ihrem Arzt abgesprochen werden!

Antike Artischocke

Die Artischocke wurde schon bei den alten Römern zur Verbesserung der Fettverdauung eingesetzt. Heute weiß man, dass sie die Gallenproduktion um bis zu 30 Prozent steigern kann. Die gelegentliche Artischocke auf der Pizza bringt jedoch wenig, und die teuren Extrakte sind nicht notwendig. Die „Zeitschrift für Phytotherapie" bricht deswegen eine Lanze für eine traditionelle Zubereitungsform, nämlich den Frischpflanzensaft der Artischocke. Er zeigt selbst in einer Verdünnung von 1:10 noch eine Wirkung auf den Gallefluss. Man erhält ihn in Apotheken. Achtung: Er darf nicht mehr im akuten Stadium der Gallenblasenentzündung angewendet werden!

* * *

Verstopfungen

Unser Darm ist ein harter Arbeiter und ständig in Bewegung. Für seine Arbeit ist er auf die Unterstützung der Bauchmuskeln angewiesen, doch die ist bei vielen Menschen aufgrund von Bewegungsmangel und flacher Atmung zu schwach ausgebildet. So manches Verstopfungsproblem ließe sich daher schon mit Atem- und Kraftübungen lösen.
Weitere Ursachen von Verstopfungen können falsche Ernährung und psychische Belastungen sein. Insgesamt sollte man jedoch vorsichtig sein, bevor man überhaupt eine Verstopfung diagnostiziert. Denn die Stuhlgangsquote kann von Mensch zu Mensch sehr unterschiedlich sein. Der eine „kann" täglich zweimal, der andere nur einmal in zwei Tagen. Eine Verstopfung liegt eigentlich erst dann vor, wenn man weniger als einmal in drei Tagen, und dann nur unter großer Anstrengung entleert.

Abführen!

Bauen Sie mehr Pflaumen, Feigen, Aprikosen, Datteln und Melonen in Ihren Speiseplan ein. Verdauungsfördernde Säfte sind Pflaumen-, Holunder- und Sauerkrautsaft.

Manna liefert Wasser

Wirksubstanz der Manna-Esche (Fraxinus omus) ist das Mannit. Es „pumpt" Wasser in den Darm und verbessert dadurch die Darmpassage der Nahrung. Nehmen Sie täglich zweimal einen Esslöffel Mannasirup (aus Drogerie oder Apotheke), trinken Sie mindestens einen halben Liter stilles Mineralwasser dazu!

Bitte Bitteres!

Erhöhen Sie den Bitterstoffanteil im Speiseplan, denn Bitterstoffe fördern die Verdauung und die Ausschüttung von Verdauungsenzymen. Trinken Sie also mehr Tee (den Sie natürlich nicht süßen sollten), würzen Sie mehr mit Beifuß, Kerbel, Majoran, Oregano, Salbei und Pomeranze. In der Apotheke erhält man zudem so genanntes „Urbitter-Granulat". Es ist aus einheimischen Wildkräutern zusammengesetzt und erhöhte in einer Studie an übergewichtigen und „verstopften" Patienten die Stuhlfrequenz. Es kann freilich nur dann seine Wirkung entfalten, wenn man es einige

Minuten vor den Mahlzeiten zu sich nimmt, um auch wirklich den bitteren Geschmack zur Entfaltung kommen zu lassen.

Rutschhilfe

Die Schalen der Flohsamen (Psyllium afra) enthalten Schleimstoffe, die in Verbindung mit Wasser stark quellen. Dadurch nimmt das Stuhlvolumen zu, es kommt zu einem Dehnungsreiz an den Darmwänden, der die Verdauung anregt. Die stuhltreibende Wirkung der Samen ist mittlerweile auch wissenschaftlich solide belegt. Die Anwendung: ein- bis dreimal täglich einen halben Löffel der gepulverten Samen (aus der Apotheke) in einem Glas Wasser vorquellen lassen und einnehmen. Über den Tag verteilt mindestens noch zwei Liter Flüssigkeit trinken, am besten Mineralwasser.

„Stuhlanreger"

Hilfreiche Kräuterkombination. In der Volksmedizin hat sich ein Mix aus Stiefmütterchen (Viola tricolor) und Holunderblüten (Sambucus nigra) bewährt. Mischen Sie 30 Gramm Stiefmütterchenkraut mit 20 Gramm Holunderblüten. Übergießen Sie einen Esslöffel der Mischung mit 1 Tasse kochendem Wasser, 10 Minuten ziehen lassen, schließlich abseihen. Trinken Sie davon 2 bis 3 Tassen pro Tag.

Homöopathie

- Alumina D6, wenn der Stuhlgang lange dauert und nur unter Schmerzen abläuft. Dosierung: 3-mal täglich 5 bis 10 Globuli.
- Nux vomica D4, für reizbare Menschen, die schnell wütend werden und alles richtig machen wollen. Ihre Darmverstopfung zeigt sich in Krämpfen und ständigem Völlegefühl. Dosierung: 3-mal täglich 5 bis 10 Globuli.
- Magnesium phosphoricum D12 bei akuten Bauchkrämpfen mit Blähungen. Dosierung: jeweils zum akuten Anfall 10 Kügelchen mit einem Glas warmem Wasser auflösen und in kleinen Schlucken trinken.

* * *

Zuckerkrankheit (Diabetes mellitus)

„Etwa 250 Millionen Menschen leiden derzeit an Diabetes, fast vier Millionen sterben jährlich daran", so die aktuelle Warnung der Internationalen Diabetes-Föderation. Eine Volkserkrankung also, und ihre Krakenarme reichen bis nach Deutschland, wo etwa vier Millionen Menschen betroffen sind.

Das Heimtückische an Diabetes: Er verläuft meistens schleichend. Oft wird er nur durch den Zuckernachweis bei einer routinemäßigen Urinanalyse entdeckt. In schwereren Fällen zeigt er sich als starker Durst, übermäßige Harnausscheidung, Gewichtsverlust sowie Kraft- und Antriebslosigkeit.

Bei Diabetes handelt es sich um eine Stoffwechselkrankheit, hervorgerufen durch Insulinmangel und gekennzeichnet durch die Unfähigkeit des Körpers, Zucker und andere chemische Verbindungen richtig zu verwerten und aus dem Blut zu entfernen. In der Folge sammeln sich giftige Substanzen im Blut an, die schließlich den Organismus längerfristig schädigen können.

Freispruch für Zucker!

Der krampfhafte Verzicht auf Zucker bringt bei Diabetes weniger als viele glauben, insofern Fette, Bewegungsmangel und Übergewicht den für die Erkrankung verantwortlichen Insulinstoffwechsel noch mehr belasten. Der finnische Wissenschaftler Prof. Jaako Tuomilehto ließ 500 Testpersonen mit hohem Diabetesrisiko weniger tierische Fette essen und mindestens fünf Prozent an Körpergewicht abspecken. Dafür sollten sie mehr Ballaststoffe zu sich nehmen und sich jeden Tag mindestens 30 Minuten lang bewegen. Im Ergebnis zeigte sich, dass diese einfachen Verhaltensänderungen das Diabetesrisiko um 58 Prozent verringerten.
Ernährungswissenschaftler sind sich heute einig: Die Reduktion des Übergewichts bringt die meisten Pluspunkte im Kampf gegen Diabetes, schon zwei, drei Kilogramm Gewichtsverlust verbessern den Stoffwechsel.
Darüber hinaus sollte der Diabetiker seinen Speiseplan mit bestimmten Biostoffen ergänzen.

Trenddrink für Diabetiker: Muskatellersalbeitee

Muskatellersalbei (Salvia sclarea) wird in Israel schon länger zur Behandlung von Diabetes eingesetzt. Seine blutzuckersenkenden Wirkungen konnten im Labor eindrucksvoll bestätigt werden. Demzufolge senkt Muskatellersalbei den Blutzuckerwert nicht etwa dadurch, dass er in den Stoffwechsel eingreift, sondern dadurch, dass er bereits im Darm den Übertritt von großen Zuckermengen in den Blutkreislauf verhindert.

Trinken Sie täglich jeweils 1 Tasse Muskatellersalbeitee zu den Hauptmahlzeiten. Die Zubereitung: 1 Teelöffel Salbei mit 1 Tasse (200 Milliliter) kochendem Wasser überbrühen, 10 Minuten zugedeckt ziehen lassen, schließlich abseihen. Sie erhalten den Muskatellersalbei (Salvia sclarea) in ethnobotanischen Fachgeschäften und einigen Apotheken.

Oolong-Tee

Der südchinesische Oolong-Tee zeigte in einer Studie des Suntory Research Centers im japanischen Osaka, dass er die Therapie von Diabetes unterstützen kann. Die Wissenschaftler verordneten 20 Patienten zusätzlich zu ihren konventionellen Medikamenten eine Tagesration von 1,5 Liter Oolong. Im Unterschied zu einer Vergleichsgruppe zeigten sich bei ihnen nach einer 30-tägigen Anwendung deutlich stärkere Senkungen im Blutzuckerspiegel. Man erhält den malzig schmeckenden Tee in Apotheken und Teefachgeschäften. Die Zubereitung: 1 Teelöffel Oolong mit 1 Tasse kochendem Wasser übergießen, 3 bis 5 Minuten ziehen lassen, danach abseihen. 3 Tassen pro Tag, am besten zu den Mahlzeiten.

Warum Apfelkuchen den Zuckerspiegel senken kann

Zimt kann Diabetikern den Verzehr von Süßwaren erleichtern. Zu diesem Ergebnis kommt eine Studie eines amerikanisch-pakistanischen Forscherteams. Die Wissenschaftler sind über einen Zufall auf diesen Effekt gestoßen, als sie die Auswirkungen von Apfelkuchen auf den Blutzucker untersuchten: Das süße Gebäck präsentierte sich als Blutzuckersenker, obwohl man aufgrund seines hohen Zuckergehaltes eigentlich das Gegenteil erwartete. In weiteren Untersuchungen stellte sich

dann der Zimt als Ursache für dieses Paradox heraus. Die Wissenschaftler betonen, dass schon eine gelöste Zimtstange im Tee ausreicht, den Blutzuckerwert deutlich zu senken.
Kochen Sie öfters mit Zimt, er eignet sich ja nicht nur für Süßspeisen, sondern auch für andere Gerichte. Sehr gut schmeckt auch der Zimttee: Einen Teelöffel Schwarztee und eine Viertel Stange Zimt mit 1 Tasse (200 Milliliter) kochendem Wasser übergießen. 5 Minuten ziehen lassen, anschließend abseihen.

Spielen Sie nicht Quacksalber!

Falls Sie vom Arzt auf Blutzucker senkende Medikamente eingestellt sind, dürfen Sie diese nicht einfach absetzen, wenn Sie mit Alternativheilmitteln beginnen wie etwa Oolong oder Muskatellersalbei. Denn dann besteht prinzipiell die Gefahr einer Unterzuckerung! Die korrekte Vorgehensweise besteht vielmehr darin, das entsprechende Naturheilverfahren besonders intensiv mit Blutzuckermessungen zu begleiten, damit Sie Erfahrung darüber sammeln, wie stark es auf Sie wirkt und ob es Sie möglicherweise in die Lage versetzt, Ihre Medikamentendosis zu reduzieren. Sie sollten sich dazu mit Ihrem Arzt absprechen!

„Magnetfüße"

Amerikanische Forscher führten eine Untersuchung an 24 Patienten durch, die aufgrund starker Diabetes an schmerzhaften Durchblutungsstörungen der Füße litten. Für den einen Fuß erhielten sie eine magnetische Einlegesohle, der andere Fuß wurde lediglich mit einer wirkungslosen Placebosohle ausgestattet. Einen Monat später zeigten die „Magnetfüße" deutliche Besserungen, die Schmerzen waren dort erheblich stärker zurückgegangen als bei den Nachbarfüßen, die lediglich zum Schein behandelt wurden. Es kann also sinnvoll sein, sich magnetische Einlagen in die Schuhe zu legen. Man erhält sie mittlerweile in immer mehr Apotheken.

* * *

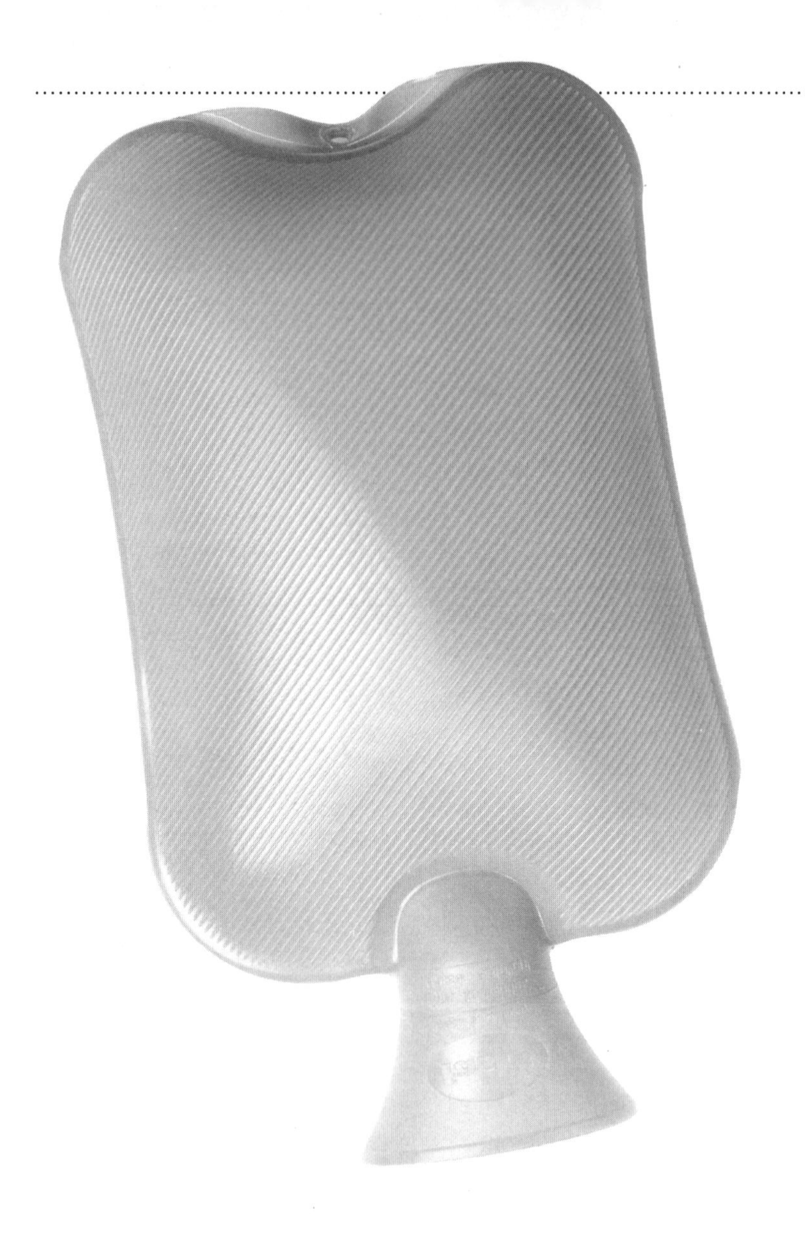

Schmerzen und Rheuma

Gelenkschmerzen

Schmerzen an den Gelenken können viele Ursachen haben. Die häufigsten sind Gicht, Arthrose und Arthritis.

Arthritis: Eingerostet

Die Arthritis trifft vorwiegend Fingermittel- und -grundgelenke sowie Handgelenke, Ellbogen, Knie, Sprung- und Zehengrundgelenke. Typisch für die Arthritis ist die Morgensteifigkeit, in schweren Fällen zeigen sich Rheumaknoten in Gelenken, Knochenvorsprüngen und Sehnen.

Arthrose: Wenn's knirscht

Bei der Arthrose handelt es sich um einen Verschleiß am Gelenkknorpel. Er befällt vornehmlich die Knie- und Hüftgelenke und macht sich zunächst durch Spannungsgefühle und Knirschen bei der Bewegung bemerkbar; der Patient hat den Eindruck, dass „irgendetwas" in seinem Gelenk steckt. Im späteren Verlauf kommen Schmerzen und Schwellungen hinzu, die sich im so genannten aktivierten Arthroseschub bis zur Unerträglichkeit steigern können. Der Patient hat Schwierigkeiten beim Laufen, Treppensteigen und dem Heben von Lasten.

Schuss nach hinten

Die Arthritis gehört zu den so genannten Autoimmunkrankheiten, bei denen sich der Körper buchstäblich gegen sich selbst richtet. Das Immunsystem verliert die Orientierung und zerstört die körpereigenen, gesunden Zellen der Gelenkinnenhaut, was dort zu schmerzhaften Entzündungen und Wucherungen führt.

Ziemlich blutleer

Der Gelenkknorpel besitzt keine eigene Blutversorgung, sondern er wird eher schlecht als recht durch eine „Schmiere" im Inneren des Gelenks versorgt. Er hat daher bei Verletzungen eine schlechte Heilungstendenz. Sollte es also infolge von Arthrose zu einem starken Knorpelverschleiß gekommen sein, muss sich der Patient auf eine langwierige Heilung einstellen – oder sogar darauf, dass der Knorpelverschleiß nicht mehr korrigiert werden und der Patient froh sein kann, wenn es zu keiner Verschlimmerung mehr kommt.

Gicht in Sicht

Die Gicht kommt in Schüben, meistens in der Nacht. Die Schübe können mehrere Tage andauern. Sie zeigen sich als Rötung und Schwellung der betroffenen Gelenke mit teilweise extremen Schmerzen.

Gichtursache Nr. 1 ist ein erhöhter Harnsäurewert im Blut. Wenn die Harnsäure nicht mehr über die Nieren in ausreichendem Umfang abtransportiert werden kann, sammelt sie sich in Form von Kristallen an den Gelenken, die schließlich unter Einschaltung des so genannten Arachidonsäurestoffwechsels den typischen Gichtanfall hervorrufen.

Mann, was isst du?

Dass erbliche Faktoren bei der Gicht eine große Rolle spielen, zeigt die Statistik. Demzufolge sind Männer 20-mal so häufig betroffen wie Frauen, drei Prozent aller Männer müssen bis zu ihrem 65. Lebensjahr mit Gicht rechnen. Nichtsdestoweniger könnte das männliche Geschlecht den erblich bedingten Risikofaktor deutlich begrenzen, wenn es sich in seiner Ernährung umstellen würde.

Mal wieder der Essig

Die Volksmedizin empfiehlt bei rheumatischen Erkrankungen generell Mittel zur Entschlackung, und dazu zählt auch der Essig. Trinken Sie jeden Tag nach dem Aufstehen ein Glas aus gleichen Teilen Wasser und Essig (am besten Apfel- oder Reisessig). Sind die Gelenke erhitzt und geschwollen, helfen Umschläge aus Essigwasser. Tränken Sie ein Leinentuch in einer Mischung aus gleichen Teilen Essig und Wasser und wickeln Sie es dann um das schmerzende Gelenk. Anwendungsdauer: mindestens 20 Minuten. Wenn der Umschlag sich deutlich erwärmt hat, erneut mit Essigwasser tränken.

Bei rheumatischen Beschwerden haben sich in den letzten Jahren die Brennnesselblätter in den Vordergrund gespielt. Ihre Wirkstoffe greifen dämpfend in das rheumatische Entzündungsgeschehen ein, eine Reihe von Studien belegt, dass sie bei Rheumakranken schmerzlindernd wirken und deren Konsum an pharmazeutischen Schmerzmitteln herunterschrauben. Es macht also durchaus Sinn, Brennnesselblätter mit Essig zu kombinieren. Mischen Sie dazu 40 Gramm getrocknete Brennnesselblätter (aus Apotheke oder Reformhaus) mit einem halben Liter Apfelessig. Lassen Sie diese Mischung etwa 2 Wochen gut verschlossen stehen, danach mit einem Filter abseihen. Trinken Sie davon 2 Likörgläser pro Tag, morgens und abends, jeweils nach den Mahlzeiten.

Sauer macht gar nicht lustig

Eine zentrale Rolle spielt bei rheumatischen Erkrankungen die so genannte Arachidonsäure, eine Fettsäure, an die der Mensch ausschließlich über die tierische Ernährung kommt. Die fleischbetonte Ernährung ist allerdings nicht alleinverantwortlich für Arthritis, die Hauptschuldigen sind vielmehr in denjenigen psychoimmunologischen Prozessen zu suchen, die den Arachidonsäurestoffwechsel überhaupt erst auslösen.

Zur Senkung des Arachidonsäurepegels sollten Sie prinzipiell drei Wege einschlagen:

- Reduzieren Sie die Nahrungsmittel, die besonders viel Arachidonsäure enthalten. Das sind Hühnerei, Fleisch, Wurst und Aal.
- Bauen Sie verstärkt jene Nahrungsmittel in Ihren Speiseplan ein, die besonders viel Linolsäure enthalten. Von dieser Fettsäure ist nämlich bekannt, dass sie den Arachidonsäure-Stoffwechsel hemmt. Die entsprechenden Nahrungsmittel sind Margarine, Weizenkeimöl, Erdnussöl und andere Getreidekeim- und Nussöle.
- Essen Sie mehr fetten Fisch wie Makrele, Hering, Sardine und Lachs (aber keinen Aal!). Denn Fischöl mit seinem hohen Gehalt an Omega-3-Fettsäuren hemmt den Arachidonsäure-Stoffwechsel, indem es dazu notwendige Enzyme ausschaltet. Falls Sie keinen Fisch mögen, können Sie auch entsprechende Präparate (in der Dosierung von 3 bis 5 Gramm Öl pro Tag) aus Reformhaus und Apotheke einnehmen.

Mit Kirschen gegen den Schmerz

Zu den natürlichen Schmerz- und Entzündungshemmern gehört die so genannte Salicylsäure. Sie ist chemisch ein Verwandter der Acetylsalicylsäure, die unter dem Kürzel ASS in der Medizin schon länger als Mittel gegen Schmerzen und Entzündungen eingesetzt wird. Nahrungsmit-

tel mit hohem Salicylsäureanteil sind Äpfel, Aprikosen, Beerenfrüchte, Kirschen, Nektarinen, Pfirsiche, Weintrauben, Erbsen, Gurken und Tomaten.
Amerikanische Wissenschaftler entdeckten, dass schon zwei Handvoll frischer Kirschen pro Tag den Harnsäurespiegel senken. Außerdem zeigten die „Versuchsesser" einen deutlich erhöhten Vitamin-C-Wert, andere Messungen deuteten auf eine Entzündungshemmung hin. Also: Auf zum Markt und Kirschen kaufen! Ob Kirschkonserven ähnliche Effekte bringen wie das frische Obst, ist allerdings fraglich.

Tipps aus dem Saftladen

Proteus mirabilis – so heißt der Keim, der laut Forschern des Kings College in London in der Lage ist, zunächst eine Blasenentzündung und später eine rheumatoide Arthritis auszulösen. Offenbar irritiert er das Immunsystem so nachhaltig, dass es daraufhin die körpereigenen Gelenke attackiert und dort für schmerzhafte Entzündungen sorgt. Es könne daher im frühen Arthritis-Stadium sinnvoll sein, so die englischen Wissenschaftler, mit Cranberry-Saft zu behandeln. Von ihm ist bekannt, dass er den Proteus-Keimen das Andocken an unseren Körperzellen erschwert. Man erhält den extrem saueren Saft hierzulande in Reformhäusern, Drogerien und Apotheken. Dosis: ein bis zwei Likörgläser pro Tag.

Wein statt Bier, das rat ich dir!

Wer täglich mehr als sieben Glas Bier trinkt, verdoppelt sein Gichtrisiko, doch selbst moderate Biertrinker mit zwei Gläsern pro Tag erkranken eher an Gicht als Abstinenzler. Dies ist das Ergebnis einer Langzeitstudie des Massachusetts General Hospital in Boston. Ob der Alkoholgehalt des Biers wesentlich zur Erhöhung des Gichtrisikos beiträgt, ist unklar, denn bei Weintrinkern konnten die amerikanischen Wissenschaftler keine Zusammenhänge mit der Erkrankung finden.

Harte Konsequenzen bei Soft-Drinks!

In den letzten Jahren werden immer mehr Fruchtsäfte und Limonaden mit Fruktose-Sirup aus Maisstärke gesüßt. Der Grund: Seine Süßkraft ist stärker als beim Tafelzucker, er lässt sich leichter und billiger transportieren – und er genießt ein besseres Image. Aktuelle Daten vom Arthritis Research Centre of Canada in Vancouver deuten jedoch darauf hin, dass dieser Trend zu einem Anstieg von Gichterkrankungen geführt hat. Demnach steigert schon der tägliche Verzehr von einem Süßgetränk das Gichtrisiko um 45 Prozent, bei zwei Drinks sind es sogar 85 Prozent. Vermutliche Ursache: Fruktose erhöht den Purinspiegel und die Harnsäurewerte. Auf deutschen Lebensmitteln muss Maissirup ab einem Fruktose-Wert von 5 Prozent als „Glukose-Fruktose-Sirup" aufgelistet werden.

Strenge Auflagen aus Bockshornklee

Bei Gelenkschmerzen mit starker Schwellung empfehlen sich Auflagen aus Bockshornklee (Trigonella foenum-graecum), die man als Teuto-Sog-Auflagen in der Apotheke erhält.
Verrühren Sie das Trigonella-Pulver zu einem zähen Brei, der dann auf einem Leinentuch verstrichen wird. Sie können nun den Umschlag mit der Breiseite direkt auf das Gelenk deponieren und mit einem Verband oder Tuch umwickeln, oder aber – wenn Ihnen die Wirkung so zu stark ist – noch ein Leinen- oder Mulltuch (je nach Größe des Gelenks) zwischen Haut und Trigonella-Brei legen. Dauer der Anwendung: mindestens 30 Minuten, am besten abends.

* * *

Kater

Karneval, Silvester, Geburtstag, Hochzeit – es gibt viele Gründe zu feiern und dem Alkohol zuzusprechen. Doch oft wird dies am nächsten Morgen teuer bezahlt: Nachdurst, Muskelzittern, Schweißausbrüche, Schädelbrummen – der berüchtigte „Kater" (das Wort stammt vermutlich vom griechischen katarhein = herunterfließen). Und feiernde Menschen machen sich seit jeher Gedanken, mit welchen vorbeugenden und therapeutischen Maßnahmen man ihm entgehen kann.
Beim Kater sind die psychischen und kognitiven Funktionen des Hirns deutlich eingeschränkt. Diese Einschränkungen können bis zu 48 Stunden dauern und auch dann noch vorliegen, wenn im Blut gar kein Alkohol mehr nachweisbar ist.

Bier auf Wein ...?

Für den Kater spielt die Reihenfolge der Getränke keine Rolle. Das einzige triftige Argument für die Reihenfolge Bier-Wein lautet, dass sich dadurch schon ein kleiner, niederprozentiger Biersee im Magen befindet, wenn der hochprozentige Wein kommt. Die Folge: Der Rebensaft wird verdünnt und sein Alkohol geht nur sukzessive ins Blut über, der Schwips verzögert sich. Wichtiger für den Kater ist, welche Getränke man verzehrt: Je höher ihr Anteil an Fuselalkoholen, umso größer die Wahrscheinlichkeit für einen dicken Kopf. Denn sie werden im Körper zu Giften umgebaut, die zu einem Sauerstoffengpass im Gehirn führen. Hochprozentige, aber reine Spirituosen wie etwa Wodka enthalten weniger Fuselalkohol als Kräuterschnäpse oder Obstliköre, beim Bier sorgt laut einer Untersuchung der Fachhochschule Münster ausgerechnet das Weizenbier für den schlimmsten Kater. Es wäre jedoch voreilig, diese Getränke generell als „billigen Fusel" zu bezeichnen. Denn Fuselalkohole haben eine wichtige Funktion als Geschmacksträger, ohne sie wären viele Biere, Weine und Spirituosen nichts weiter als ein fahles Feuerwasser.

Wasser marsch!

Alkoholexzesse bringen unseren Wasser- und Mineralienhaushalt durcheinander. Trinken Sie daher so viel Mineralwasser wie möglich, am besten beginnen Sie mit Ihrer Wasserkur schon am Abend direkt nach der Party.

Gewürzschrank auf

Ingwerwurzel und Koriandersamen sind alte Hausmittel gegen Kater. Ingwer besitzt ähnlich schmerzstillende Wirkungen wie ASS, wobei er allerdings schonender für die Magenwände ist. Koriandersamen erhöhen die Aktivität von Entgiftungsenzymen, die dringend für den Alkoholabbau benötigt werden.

Überbrühen Sie 1 Teelöffel Pulver aus frischem Ingwer und 1 Teelöffel gemahlene Koriandersamen mit 1 Tasse kochendem Wasser. Zugedeckt 10 Minuten ziehen lassen, dann abseihen. Trinken Sie 2 Tassen davon in kleinen Schlucken. Danach sollte das Katerproblem erledigt sein.

Honigbrot kontra Kater

Experten der Kopfschmerzklinik in Chicago empfehlen, vor der Party ein großes Honigbrot zu essen. Denn das versorgt den Körper mit Fruchtzucker, der im Stoffwechsel mit dem Alkohol konkurriert. Dadurch verzögert sich der Schwips, und auch das Katerrisiko nimmt ab. Wer jedoch trotz Honigbrot sturzbetrunken wird, muss auch am nächsten Morgen mit einem heftigen Kater rechnen.

Fischgerücht

Das alte Anti-Kater-Frühstück, am Morgen „danach" einen Salzhering oder einen Rollmops zu essen, bringt nichts. Im Gegenteil. Insofern der Alkohol die Magenwände gereizt hat, sollte man sie jetzt nicht auch noch durch schwer verdauliche Speisen zusätzlich belasten.

* * *

Kopfschmerzen

Kopfschmerzen können die unterschiedlichsten Formen annehmen, doch besonders häufig sind Spannungskopfschmerzen und Migräne. Der Spannungskopfschmerz zeigt sich durch ziehende oder drückende Schmerzen, die im Unterschied zur Migräne beide Seiten des Kopfes befallen und von vielen Patienten mit einem Schraubstock verglichen werden, der um ihren Kopf angelegt wurde. Ausgelöst werden sie meistens durch übermäßigen Stress, aber auch durch Kältereize (etwa infolge von Durchzug oder Klimaanlagen), grelles Licht (beispielsweise durch Schweißarbeiten oder Arbeiten im Fotostudio), Flimmerlicht (durch schlecht eingestellte Computerbildschirme oder flackernde Neonröhren) und durchdringenden Lärm (durch Großraumbüros oder laute Maschinen). Bei der Migräne scheinen bestimmte Persönlichkeitsmerkmale (sie trifft vor allem kopfgesteuerte Menschen mit starkem Kontrollbedürfnis), das Geschlecht (Frauen trifft es häufiger) und erbliche Anlagen eine Rolle zu spielen. Zudem zeigt die Erkrankung oft Zusammenhänge mit Magnesiummangel.

Tipps gegen den Kinderkopfschmerz

1. Ermutigen Sie Ihr Kind, seine normalen Aktivitäten beizubehalten (außer bei sehr starken Schmerzen)!
2. Fördern Sie einen ruhigen und sachlichen Umgang mit den Schmerzen. Dazu gehört, dass Sie selbst die Schmerzen Ihres Kindes nicht dramatisieren sollten.
3. Ziehen Sie die Schmerzen Ihres Kindes nicht in Zweifel! Denn ein Infragestellen der Kopfschmerzen führt nur zu vermehrtem Schmerzverhalten.
4. Ermutigen Sie Ihr Kind, dort wo es möglich ist, Entspannungsphasen einzulegen. Mittlerweile gibt es an vielen Volkshochschulen bereits Kurse, in denen auch Kinder autogenes Training oder andere Entspannungsübungen lernen können.
5. Geben Sie ein gutes Vorbild! Denn wenn Sie sich selbst als „Schmerzsensibelchen" aufführen, wird Ihr Kind dieses Verhalten natürlich von Ihnen übernehmen.
6. Zeigen Sie gegenüber den Schmerzausdrücken Ihres Kindes eine gewisse Ignoranz. Exzessives Jammern gilt es zu überhören. Erlauben Sie auch nicht, dass Ihr Kind aufgrund von Kopfschmerzen seine Pflichten vernachlässigt. Falls nötig, können die Pflichten ja erledigt werden, wenn die Schmerzen nachlassen.
7. Räumen Sie Ihrem Kind keine Privilegien für seine Schmerzen ein! Wenn Ihr Kind krank ist, sollte es zu Hause bleiben, ohne dabei vor dem Fernseher liegen oder anderen Vergnügungen nachgehen zu dürfen.

Detektivarbeit mit Migränekalender

Am besten kommt man den Ursachen der Migräne auf die Schliche, indem man einen Schmerzkalender anfertigt: Bringen Sie vier bis sechs Wochen lang alle wesentlichen Merkmale der Krankheit zu Protokoll: Dauer der Migräneattacke, ihre Stärke, die Begleitsymptome, was Sie zuvor gegessen haben und was bereits gegen die Schmerzen unternommen und auf welche Medikamente zurückgegriffen wurde.

Erste Hilfe aus der Arktis

Eine wirksame Erste Hilfe gegen akuten Kopfschmerz:
Füllen Sie einen Stoffbeutel mit 1 Teil Salz und 4 Teilen Eiswürfeln. Legen Sie ihn auf die Stirn oder drücken Sie ihn leicht gegen die Schläfen. Die durch das Salz stabilisierte Kälte betäubt den Schmerz.

Sanfter Druck aus China

Die fernöstliche Akupressur zählt bei psychosomatischen Erkrankungen wie der Migräne zu den Mitteln der ersten Wahl. Am besten sollte sie nicht nur zu den Attacken, sondern regelmäßig (3- bis 5-mal) über den Tag verteilt zum Einsatz kommen.

- „Tai Yang". Der chinesische Akumassage-Punkt Tai Yang („die Sonne") liegt etwa anderthalb Fingerbreiten hinter und knapp unterhalb des äußeren Endes der Augenbrauen. Suchen Sie diesen Punkt mit Hilfe eines Spiegels; Sie wissen, dass Sie sich an der richtigen Stelle befinden, wenn Sie eine Vertiefung spüren. Massieren Sie diesen Punkt mit den Fingerspitzen etwa eine Minute lang (erst die geringer schmerzende, dann die stärker schmerzende Seite).
- „Pian Tou Dian". Dieser Punkt liegt am Mittelgelenk des Ringfingers, und zwar auf der dem kleinen Finger zugewandten Seite. Massieren Sie ihn eine Minute lang – kräftig – mit einer Fingerkuppe, erst den Finger auf der geringen Kopfschmerzseite, dann den Finger auf der stärkeren Schmerzseite.

Geheimtipp Gewürznelke

Das Nelkenöl konnte in einer Studie seine Wirksamkeit bei Migräne unter Beweis stellen. Die Anwendung: Bereiten Sie täglich eine Kanne grünen Tee (mindestens 500 Milliliter), in der Sie zwei Gewürznelken sowie etwas Zimt und Zitronensaft deponiert haben. Trinken Sie davon über den Tag verteilt.

Prima Pestwurz

Pestwurz konnte in einer Studie die Zahl der Migräneattacken und Migränetage pro Monat um 56 Prozent herunterdrücken. Für eine Therapie im Teeaufguss eignet er sich jedoch aufgrund seiner giftigen Alkaloide nicht!
Verwenden Sie nur Extrakte, bei denen die Alkaloide durch flüssiges Kohlendioxid herausgewaschen wurden (Petadolex). Bei der Dosierung richten Sie sich nach der Packungsbeilage!

Die Anwendung anderer Schmerzmittel sollte während der Pestwurz-Anwendung unterbrochen oder zumindest stark reduziert werden.

Bahn frei zum Hirn

Bei Migräne-Patienten lassen sich relativ oft Magnesiumdefizite feststellen. Was nicht wirklich verwundern darf, da ja das Mineral eine wichtige Rolle dabei spielt, die Muskelspannung in den Blutgefäßen – und damit auch den Blutgefäßen zum Gehirn – zu steuern. In einigen Studien zeigte sich Magnesium als wirkungsvolle Hilfe in der Migränetherapie, es konnte zum Teil die Anzahl der Kopfwehattacken deutlich reduzieren.

Bekanntermaßen sind jedoch Mineralien am besten verwertbar, wenn sie auf natürliche Weise eingenommen werden. Magnesiumreiche Lebensmittel sind Knäckebrot, Leinsamen, Sesam, Sonnenblumenkerne und Reis. Darüber hinaus empfiehlt sich die Einnahme von Bärlauch-Magnesium-Kapseln aus der Apotheke (3 Stück pro Tag, die erste Kapsel vor dem Frühstück).

Haltung NICHT bewahren!

Neben Entspannungsübungen sollten im Arbeitsalltag Haltungskorrekturen vorgenommen werden, um die Muskeln im Nacken- und Kopfbereich vor einseitigen Belastungen zu schützen. So sollte man während körperlich monotoner Arbeiten häufiger eine Pause einfügen, und wenn aufgrund übermäßiger Konzentration die Pause immer wieder vergessen wird, einen Zeitgeber einsetzen, der nach einer festgestellten Zeit – beispielsweise nach einer Stunde – ein Signal gibt. Darüber hinaus empfiehlt sich die Anschaffung eines Stuhles mit dynamischer Rückenlehne – auch wenn er teuer ist und er nicht vom Arbeitgeber bezahlt wird –, und bei Arbeiten über Kopf die Benutzung einer Leiter oder eines Hockers. Bei notwendigen Drehbewegungen ist es besser, sich mit dem ganzen Körper zu drehen, abrupte Bewegungen des Kopfes sind zu vermeiden.

Automatische Ausgleichsreaktionen des Körpers wie etwa Gähnen, Zukneifen der Augen, Stirnrunzeln sowie Streck- und Reckbewegungen des Körpers sollten nicht aufgrund falsch verstandener Disziplin unterdrückt, sondern bewusst zugelassen werden. Wer schließlich beruflich häufiger anderen Menschen gegenüber sitzen muss, kann mit dem richtigen „Gesprächswinkel“ wirksame Kopfschmerzprophylaxe betreiben. Der Besucher wird hierzu nicht frontal gegenüber platziert, sondern im

90-Grad-Winkel am Schreibtischrand. Dadurch wird die mimische Muskulatur entlastet, und die Halsmuskulatur bekommt durch abwechselnde Rotationsbewegungen die Chance, sich zu entspannen.

Weidenrinde für Hirnrinde

Die Weidenrinde enthält Salicylglykoside, die im Körper zu Salicylsäure umgewandelt werden, einem Verwandten des allgemein bekannten Schmerzmittels Acetylsalicylsäure (ASS). Sie hilft vor allem bei Spannungskopfschmerzen.
Weidenrindentee:
2 Teelöffel getrocknete Weidenrinde (nicht selbst sammeln, sondern aus der Apotheke besorgen!) mit 1 Tasse Wasser kalt ansetzen, dann zum Sieden erhitzen und nach 5 Minuten abseihen. Trinken Sie davon 3 bis 5 Tassen pro Tag!
Pulver und Extrakte:
Mittlerweile gibt es im Handel auch Mono-Präparate mit pulverisierter Weidenrinde oder Weidenrinden-Extrakt. Man erhält sie in Apotheken, richten Sie sich bei der Dosierung nach der Packungsbeilage.

Pfefferminzöl

Untersuchungen der Universität Kiel zeigen, dass Pfefferminzöl – oberhalb der Schläfen mehrmals täglich leicht einmassiert – Kopfschmerzattacken die Schärfe nimmt. Pfefferminzöl gibt es in Apotheken, man kann es aber auch selbst herstellen. Pfefferminzöl erzielt eine ähnliche Wirkung wie die gängigen Schmerzmittel ASS und Paracetamol, ohne freilich deren Risikopotenzial zu besitzen.

Hilfe aus China

Ein altes chinesisches Hausmittel gegen Kopfschmerzen, bei Spannungskopfschmerzen wurde es von Wissenschaftlern auch erfolgreich in der Klinik ausgetestet.
Zutaten:
4 Gramm Zimtrinde (Cinnamomum cassia)
3 Gramm Süßholzwurzel (Glycyrrhiza glabra)

3 Gramm Speichelkrautwurzel (Atractylis ovata)
2 Gramm Ginsengwurzeln (Panax ginseng)
1 Gramm Ingwerwurzel (Zingiber officinale)
Die Mischung mit 4 Tassen Wasser zusammen aufkochen, 10 bis 15 Minuten köcheln lassen, den Topf dabei zugedeckt lassen. Schließlich abseihen. Trinken Sie davon 2 Tassen pro Tag.

Ein Essig-Hut tut wirklich gut

Beim Spannungskopfschmerz kann Essig regelrechte Wunder bewirken. Beispielsweise in Form eines „Essig-Huts": Tauchen Sie den offenen Rand einer Papiertüte in Reis- oder Apfelessig und setzen Sie sich dann diese Tüte wie einen Hut auf den Kopf. Auch gut: Weinessig mit Wasser zu gleichen Teilen mischen und zum Kochen bringen. In eine hohe Schüssel geben, den Kopf darüber beugen und den Nacken mit einem Handtuch abdecken, sodass die Dämpfe gebündelt werden. Dann wird inhaliert. Mit der Nase geht die Luft rein, mit dem Mund geht sie raus. Dauer der Anwendung: 10 bis 15 Minuten.

Homöopathie

• Bei Migräne in Begleitung der Monatsregel lohnt sich ein Versuch mit Pulsatilla D12. Dosierung: 5 Globuli oder 1 Tablette alle 30 Minuten, bis sich die Beschwerden deutlich bessern.
• Sanguinaria D6 bei Migräne, wenn die Beschwerden folgendes Muster aufweisen:
Die Schmerzen beginnen im Hinterkopf und ziehen dann über den Schädel zur rechten Schläfe oder zum rechten Auge. Das Blut drängt zum Kopf, der Schädel scheint zu „platzen". Sanguinaria hilft vor allem bei Migräne-Schmerzen, die morgens sehr heftig beginnen, um dann zum Mittag wieder etwas abzunehmen. Dosierung: 5 Kügelchen (Globuli) alle 30 Minuten, bis sich die Beschwerden deutlich bessern.
• Bewährte homöopathische Kombi-Präparate gegen Migräne sind Cefanalgin und Pascodolor Tropfen. Die Dosierung richtet sich nach der jeweiligen Packungsbeilage.
• Nux vomica D6 hilft bei Spannungskopfschmerzen, wenn der Stress bei Ihnen mit starkem Nikotinkonsum gepaart ist. Man bestellt Nux vomica als Kügelchen (Globuli) oder Tabletten in der Apotheke. Nehmen

Sie bei akuten Kopfschmerzen stündlich 5 Globuli oder 1 Tablette, bis eine deutliche Besserung eintritt. Sollte es in den ersten Minuten zu einer kurzfristigen Verschlimmerung der Schmerzen kommen, setzen Sie die Einnahme in jedem Falle fort – denn die Erstverschlimmerung ist ein sicheres Zeichen, dass das Mittel richtig ausgewählt wurde.

* * *

Osteoporose

Der Knochenschwund der Osteoporose ist eine heimtückische Krankheit, die sich ins Leben „schleicht". Oft leidet der Patient viele Jahre unter keinerlei Beschwerden, erst später kommt es zu Schmerzen, vor allem im Rückenbereich. Zudem entwickelt sich eine überdurchschnittliche Neigung zu Knochenbrüchen, vor allem an den Handgelenken und am Oberschenkelhals. In schlimmen Fällen kommt es zum „Osteoporose-Buckel": dem Rundrücken im oberen Bereich der Wirbelsäule, die Schultern sacken nach vorne; am Körper zeigen sich schließlich quer verlaufende Hautfalten, das so genannte „Tannenbaumsyndrom".
Die Ursachen der Osteoporose sind vielschichtig und greifen oft ineinander. Bei Frauen spielt die absinkende Östrogenproduktion während der Wechseljahre die Hauptrolle, insofern dieses Hormon den Knochenaufbau unterstützt. Weitere Risikofaktoren sind Bewegungsmangel, fehlender Aufenthalt im Freien (dadurch zu wenig Vitamin-D-Bildung für den Knochenaufbau) sowie zahlreiche Medikamente wie Cortison, Beta-Blocker, Antiepileptika und Thyreostatika.

Bewegen + regen = Segen

Bewegung und frische Luft sind das A und O in der Vorbeugung von Knochenschwund. Schon stramme Spaziergänge von mindestens vier Stunden pro Woche schützen vor Osteoporose und den damit einher gehenden Brüchen an der Hüfte. Dies ist das Ergebnis einer Studie der kalifornischen San Diego University. Spaziergänge schützen nicht nur durch ihren Bewegungsreiz vor Knochenabbau, sondern auch dadurch, dass sie den Körper dem Sonnenlicht aussetzen und dadurch die Produktion von Vitamin D anregen.

Rauchen schwächt Knochen!

Die Gifte des Zigarettenqualms entziehen dem weiblichen Körper Östrogen und erhöhen dadurch das Risiko der Osteoporose. Bei Frauen in den Wechseljahren, die täglich eine Packung Zigaretten rauchen, besteht eine um 10 Prozent verringerte Knochendichte.

Kefir her

Als Milchprodukt enthält Kefir überdurchschnittlich viel Kalzium. Er verbessert darüber hinaus die Kalziumverwertung unseres Körpers. Sein Vitamin D unterstützt die Verarbeitung von Kalzium in unseren Knochen. Schließlich konnte er in mehreren Studien zeigen, dass er die Phosphatausscheidung unseres Körpers anregt. Insofern das Phosphorsalz unsere Kalziumaufnahme blockiert und man bei unserer heutigen Ernährungsweise schon fast von einer schleichenden Phosphatvergiftung reden kann, muss der Kefir als wichtiges Instrument in der Osteoporose-Therapie angesehen werden.
Trinken Sie täglich 2 bis 3 Gläser Kefir.

Großmutters Rezepttipp gegen Osteoporose

Kefir-Quark mit Kräutern (für 2 Personen)
Zutaten:
1 Packung (250 Gramm) Quark (Vollfettstufe)
1 Portion (250 Gramm) Kefir
3 Knoblauchzehen
Kalziumreiche Kräuter (Menge nach persönlichem Geschmack): Schnittlauch, Petersilie, Basilikum, Dill
1 Zwiebel
1 Gurke
Salz
Pfeffer
Quark, Kefir, Milch, Kräuter, Zwiebelstücke und gepressten Knoblauch zu einem Brei verrühren. Dann kommen Gewürze, Kräuter und die fein geschnittenen Gurkenscheiben hinzu.
Dazu schmecken Kartoffeln oder Reis.

Die kichernde Venus beschert feste Knochen

Die Venuskicher (Cicer arietinum) enthält zahlreiche Phytoöstrogene, die quasi als Ersatz für weibliche Hormone wirken und dadurch den Knochenabbau während der Wechseljahre reduzieren können. Man erhält ihre Granulate als „Venusurkicher" in der Apotheke. Zerkauen Sie davon einen Teelöffel pro Tag, am besten noch vor dem Frühstück.

Feste kochen für feste Knochen

• *Nicht rauchen und nur wenig Alkohol!*

Rauchen und größere Mengen an Alkohol sind tabu, insofern sie den Knochenstoffwechsel beeinträchtigen. Auch Bewegungsmangel fördert den Knochenschwund, und wer sich nicht täglich für mindestens 30 Minuten an der frischen Luft bewegt, riskiert, dass sein Körper zu wenig Vitamin D für die Kalziumverwertung aus der Nahrung erhält.

• *Oxalsäure weg!*

Sie beeinträchtigt die Kalziumverwertung. Man findet Oxalsäure in:

Kaffee-Instantpulver	Kakao-Pulver
Mangold	Nüssen
Petersilie	Pfefferminzblättern
Rhabarber	Roter Beete
Spinat	Schwarztee

• *Weniger Phosphate*

Diese Salze verbinden sich mit den Kalzium-Ionen zu Kalziumtriphosphat, das vom Körper kaum verwertet werden kann. Bei sehr hoher Phosphatzufuhr, beispielsweise durch Süßwaren oder Cola-Getränke, ziehen die gierigen Phosphatmoleküle ihre Kalziumpartner sogar aus Blut und Knochen heraus. Es ist also durchaus gerechtfertigt, bei phosphathaltigen Lebensmitteln von den wirklich großen Risikofaktoren für eine Osteoporose zu sprechen.

Zu ihnen gehören:

Fleisch	Sojabohnen
Cola-Getränke	Schmelzkäse
Speiseeis	Schokolade
Fischfrikadellen	Fischstäbchen
Bohnen	

Auch frischer Fisch sowie Hart- und Frischkäse enthalten große Mengen an Phosphat, sind jedoch aufgrund ihres hohen Kalzium- und Vitamin-D-Gehaltes als unbedenklich einzustufen.

* * *

Prämenstruelle Beschwerden

Zum Beschwerdebild des PMS (Prämenstruellen Syndroms) zählen vor allem Darmverstopfungen, Unterleibsschmerzen, Brustspannen, Hautjucken und Kopfweh sowie schlechte Laune und aggressive Stimmung. Doch Vorsicht: Nicht jede schlechte Laune muss gleich einen PMS-Anfall ankündigen! Die Ursachen des Prämenstruellen Syndroms sind noch nicht abschließend geklärt. Sicher ist, dass bestimmte psychische Faktoren wie z.B. ein gestörtes Verhältnis zur eigenen Körperlichkeit die Symptome verstärken können. Auch das Erbgut spielt mit. In einer finnischen Studie wurde ermittelt, dass 70 Prozent der Töchter unter PMS leiden, deren Mütter ebenfalls über eine solche Krankheitsgeschichte berichten. In jüngster Zeit werden auch bestimmte Ernährungsgewohnheiten (zu viel tierisches Fett und Salz sowie zu wenig B-Vitamine) diskutiert. Auch Kaffee, Tee und Cola-Getränke scheinen durch ihr Koffein die Symptome zu verstärken.

Regel-mäßig Ringelblume und Frauenmantel

Eine Mischung für prämenstruelle Beschwerden, bei denen Unterleibsschmerzen und die Stuhlträgheit dominieren. Mischen Sie 30 Gramm Frauenmantelkraut (Alchemilla xanthochlora) mit 20 Gramm Ringelblumenblüten (Calendula officinalis). Übergießen Sie einen Esslöffel der Mi-

PMS-Verbrecherinnen?

Der kalifornische Psychiater Will Lewis plädiert dafür, psychologische Tests in der Strafverteidigung einzusetzen, um festzustellen, ob Frauen ihre „kritischen Tage" hatten, als sie straffällig wurden. „Denn zu Zeiten des prämenstruellen Syndroms", so erklärt er, „ist es durchaus möglich, dass die Straftaten in einer Phase der Nichtbewusstheit begangen wurden." Und dann wären die betroffenen Frauen ja nur bedingt schuldfähig.

schung mit 1 Tasse kochendem Wasser, 10 Minuten zugedeckt ziehen lassen, schließlich abseihen. Trinken Sie davon 2 bis 3 Tassen pro Tag, beginnen Sie mit der Kur zwei Wochen nach der letzten Monatsregel.

Mönchspfeffer macht gute Laune

Mönchspfeffer greift in den gestörten Hormonhaushalt ein, er hilft bei zahlreichen PMS-Beschwerden, vor allem aber Brustspannen, Unterleibskrämpfen und depressiven Verstimmungen.
Die übliche Anwendung erfolgt als Teeaufguss. Einen Teelöffel der Früchte mit 1 Tasse kochendem Wasser überbrühen, 12 bis 15 Minuten zugedeckt ziehen lassen. Trinken Sie davon 3 Tassen pro Tag. Die offenen Samen des Mönchspfeffers gibt es im ethnobotanischen Fachhandel und einigen Apotheken.
Darüber hinaus gibt es Mönchspfeffer mittlerweile in zahlreichen Extrakten. Man erhält sie in der Apotheke.

Treiben Sie's bunt – Farbtherapie!

Farben haben einen großen Einfluss auf Hormonausschüttung und Psyche, können daher sehr hilfreich bei der PMS-Therapie sein:
Gelb regt die Hirnanhangsdrüse an, einem der wichtigsten Hormonproduzenten in unserem Körper.
Violett beruhigt und dämpft Aggressionen, sollte aber nicht zum Einsatz kommen, wenn Sie an depressiver Verstimmung leiden.
Rot dämpft Depressionen und weckt die Lebenskraft, sollte aber nicht zum Einsatz kommen, wenn Sie eher zu den PMS-Aggressiven gehören.
Achten Sie darauf, dass die jeweiligen Farben in Ihrer Kleidung und Bettwäsche dominieren; Gelb und Rot können Sie auch in Ihre Mahlzeiten einbauen (Nudeln, Käse, Bananen für gelbe Töne; Erdbeeren, Radieschen und Rote Beete für rote Farbtöne).

Achten Sie auf den Mineralienhaushalt!

Verschiedene Untersuchungen konnten den Nachweis erbringen, dass bei Frauen mit PMS der Mineralienhaushalt aus der Balance gerät. Achten Sie daher auf folgende Mineralien-Tipps:

• Weniger Natriumsalz (Kochsalz), meiden Sie salzreiche und deftige Speisen, salzen Sie so wenig wie möglich nach!
• Mehr Magnesium! Essen Sie mehr Gemüse, außerdem sollten Sie im letzten Drittel Ihres Zyklus zu Bärlauch-Magnesium-Kapseln (aus der Apotheke) greifen. Dosierung: 3 bis 4 Kapseln pro Tag etwa eine Woche vor dem erwarteten Eintritt der Monatsregel. An den anderen Tagen 2 Kapseln pro Tag zur Grundversorgung.
• Mehr Kalzium! Essen Sie mehr Milchprodukte, bei Milchunverträglichkeit bleiben Ihnen immer noch Kefir und Joghurt.
• Mehr Kalium! Sie finden es vor allem in Kartoffeln. Es gibt aber mittlerweile auch die Möglichkeit, Kaliumsalz als Würzersatz für Kochsalz zu kaufen.

* * *

Regelschmerzen (Menstruationsbeschwerden)

Menstruationsbeschwerden werden gerade von männlicher Seite gerne bagatellisiert, tatsächlich können sie aber einen hohen Leidensdruck entfachen. Sie zeigen sich als starke Blutung (die Frau verbraucht mehr als sechs Binden oder Tampons pro Tag) und krampfartige Schmerzen im Unterleib. Zu den möglichen Komplikationen gehören schleichende Blutarmut mit Konzentrations- und Kreislaufschwäche.

Als biologische Ursachen kommen ungewöhnliche Gewebebildungen in der Gebärmutter, Hormonschwankungen sowie bestimmte Verhütungsmittel wie Intrauterinpessar („Spirale") und Antibabypille in Frage. Oft spielen aber auch psychische Faktoren mit, denn kein weibliches Phänomen ist in der Geschichte so verteufelt worden wie die Menstruation. Sie galt lange Zeit nicht nur als „schmutzig", sondern auch als Beweis dafür, dass die Frau nicht ihrer zugedachten Rolle als Gebärerin nachgekommen ist. Mittlerweile hat

Achtung!

Das normale Menstruationsblut ist von roter bis dunkelroter Farbe und gerinnt nicht. Das Auftreten von Gerinnseln oder Blutklumpen erfordert eine ärztliche Untersuchung.

sich einiges an diesen Vorurteilen geändert, aber noch lange nicht alles. Immer noch wird die Regelblutung von vielen Frauen schamhaft verschwiegen – mit der Folge, dass Körper und Psyche verspannen und mit starken Menstruationsbeschwerden reagieren.

Wohlgefühl durch Wohlgeruch

Düfte wirken vor allem auf die unbewussten Anteile der Psyche und können daher unbewusste Menstruationsängste und Verspannungen lindern. Besonders hilfreich sind Zypresse und Rose. Geben Sie unmittelbar vor und während der Regel einige Tropfen des jeweiligen Öls (Sie können sie auch nach eigenem Geschmack mischen) in eine Duftlampe oder auf zwei Duftsteine, die Sie im Schlaf- und Wohnzimmer aufstellen.

Frauenmantel, ein passender Name

Der Frauenmantel (Alchemilla xanthochlora) hilft bei Menstruationsbeschwerden, die von starken Krämpfen begleitet werden. Längerfristig stärken Kuren aus Frauenmantel die Gebärmutter, dadurch treten bei den Monatsblutungen weniger Blutverluste und Schmerzen auf.
Trinken Sie 3 Tassen Frauenmanteltee pro Tag. Bei starken Unterleibskoliken beginnen Sie mit der Anwendung drei Tage vor dem erwarteten Termin der Monatsregel.
Die Zubereitung: Zwei Teelöffel getrocknete Frauenmantelblätter mit 1 Tasse kochendem Wasser überbrühen. 10 Minuten ziehen lassen, schließlich abseihen.

Erstname Gänsefingerkraut

Einer seiner Zweitnamen lautet „Krampfkraut". Kaum eine andere Pflanze wirkt besser bei Krämpfen während der Menstruation. Beginnen Sie mit der Gänsefingerkur (3 Tassen pro Tag) drei Tage vor dem erwarteten Regeltermin!
Die Zubereitung: Einen Esslöffel getrocknetes Gänsefingerkraut (Potentilla anserina) mit 1 Tasse heißem Wasser überbrühen. 10 Minuten zugedeckt ziehen lassen, schließlich abseihen.
Eine andere wirksame Zubereitungsalternative aus Großmutters Zeiten:

Einen gehäuften Teelöffel getrocknetes Gänsefingerkraut mit einem Glas Milch aufkochen, 10 Minuten ziehen lassen und abseihen. So heiß wie möglich trinken. Schmeckt richtig gut!
Eine Mischung aus Gänsefinger und Kamille hilft bei Menstruationsbeschwerden mit Schwerpunkt auf Blähungen und Stuhlträgheit. Mischen Sie zwei Teile Gänsefingerkraut mit einem Teil Kamillenblüten. Überbrühen Sie zwei Teelöffel der Mischung mit 1 Tasse heißem Wasser, 10 Minuten zugedeckt ziehen lassen und schließlich abseihen. Trinken Sie davon 3 Tassen pro Tag. Beginnen Sie mit der Kur drei Tage vor dem erwarteten Regeltermin.

In Wannen entspannen

Schafgarbe als Schmerz- und Krampflöser. Diese Pflanze (Achillea millefolium) enthält neben entkrampfenden ätherischen Ölen und Flavonoiden das natürliche Schmerzmittel Salicylsäure. Sie wirkt recht schnell, kann daher auch zum Einsatz kommen, wenn die Regel gerade begonnen hat. Am schnellsten wirkt ein Schafgarbenbad. Die Zubereitung:
Eine Handvoll des getrockneten Krauts mit einem Leinensäckchen ins Badewasser geben. Badedauer: 10 bis 15 Minuten.
Schafgarbe wird in der traditionellen Pharmazie gerne mit Eichenrinde vermischt, um starke und unregelmäßige Monatsblutungen zu behandeln. Die beiden Heilpflanzen werden zu gleichen Teilen gemischt. Dann einen Esslöffel der Mischung mit 1 Tasse kochendem Wasser übergießen. Dosierung: 2 Tassen pro Tag über einen Zeitraum von mindestens drei Monaten.

Schmerz, lass nach!

Vitamin E gilt als natürlicher Schmerzhemmer, weil es die Ausschüttung körpereigener Opioide anregt. Darüber hinaus wirkt es blutungsstillend und entzündungshemmend. In einer Studie der Universität Teheran half es bei Menstruationsbeschwerden ähnlich gut wie das bekannte Schmerzmittel Ibuprofen, darüber hinaus wurde auch eine deutliche Verringerung der Blutmenge beobachtet. Die tägliche Vitamindosis war allerdings mit 400 IE (Internationalen Einheiten) pro Tag relativ hoch. Solche Mengen können erstens nur über entsprechende Präparate erreicht werden, zweitens sollten sie nicht über einen Zeitraum von mehr als zwei Monaten zum Einsatz kommen, insofern Vitamin E als wasserunlöslicher Stoff im Falle einer Überdosierung nicht ohne weiteres ausgeschieden wird. Am besten, man arbeitet mit einem kombinierten Vitamin-E-Magnesium-Präparat (denn Magnesium hilft ja bei Regelschmerzen ebenfalls). Bei der täglichen Dosierung sollte das Vitamin 400 IE nicht übersteigen. Die entsprechenden Präparate („Magnesium-Plus-Hevert", „Mapurit") erhalten Sie in der Apotheke.

Homöopathie

• Lachesis D12 hilft bei Menstruationsbeschwerden mit wehenartig einsetzenden Bauchschmerzen, die von Durchfall begleitet werden. Vor der eigentlichen Blutung kommt es zu Kopfschmerzen, die aber nachlassen, sofern die Periode eingesetzt hat.
Dosierung: einmal täglich 5 Kügelchen (Globuli).
• Nux vomica D12, wenn es vor der eigentlichen Blutung zu nervöser Überempfindlichkeit kommt und die Brüste schmerzen. Dosierung: einmal täglich 5 Kügelchen (Globuli).
• Chamomilla D12, wenn sich einige Stunden vor der eigentlichen Blutung heftige, kolikartige Schmerzen einstellen. Chamomilla ist ein wirksames Erste-Hilfe-Mittel bei besonders schmerzhaften Regelblutungen. Dosierung: alle 30 Minuten 5 Kügelchen (Globuli), bis die Beschwerden deutlich nachlassen.

* * *

Rückenschmerzen

Etwa 30 Prozent der Bevölkerung leiden in Deutschland unter Rückenschmerzen, die daraus entstehenden Kosten für Behandlung und Krankengeld belaufen sich auf fast 20 Milliarden Euro pro Jahr – eine echte Volkserkrankung also.
Rückenschmerzen werden meistens durch muskuläre Verspannungen ausgelöst. Diese kommen entweder durch Bewegungsmangel, oder aber – bei Sportlern – durch einseitige oder falsch ausgeführte Bewegungsabläufe zustande.

Machen Sie sich's bequem

Beim Stehen ist der Druck im Bandscheibeninnern deutlich höher als beim Sitzen. Auch die aufrechte Sitzhaltung mit durchgedrücktem Kreuz bringt nur wenig Entlastung. Laut einer Studie der Universitätsklinik Mainz werden nämlich in dieser Sitzhaltung die Rückenmuskeln verstärkt angespannt, mit der Folge, dass die Schmerzneigung noch weiter zunimmt.

Ein weiterer wichtiger Entstehungsfaktor ist die Psyche. Studien der Universität Halle brachten heraus, dass sich unter Rückenpatienten besonders viele „fröhliche und depressive Durchhalter" befinden. Darunter versteht die medizinische Psychologie Menschen, die Probleme – und auch Schmerzen – gerne verdrängen. Während der „fröhliche Durchhalter" seinen Kummer mit vordergründiger Locker- und Glückseligkeit überspielt, neigen die „depressiven Durchhalter" zu Fatalismus, nach dem Motto: Was soll man schon machen, dagegen kann man ohnehin nichts ausrichten.

Bloß keine Ruhe!

Bettruhe ist bei Rückenschmerzen, auch bei akuten Vorfällen wie etwa Ischias und Hexenschuss, genau das Falsche. Schonung verlängert vielmehr den Krankheitsverlauf. Besser ist es, so weit wie möglich aktiv zu bleiben, um die natürlichen Heilprozesse an der Wirbelsäule zu unterstützen.

Eine finnische Studie dokumentiert, dass langfristig diejenigen Rückenpatienten den besten Krankheitsverlauf zeigen, die trotz der Schmerzen ihren gewohnten Alltagsgeschäften nachgehen. Am schlechtesten ging es hingegen in dieser Untersuchung jenen Patienten, denen völlige Schonung und Bettruhe verordnet wurde.

Kneippsche Bäder

Pfarrer Kneipp setze bei Rückenbeschwerden auf die heilsamen Kräfte eines Heublumenbades. Setzen Sie hierfür 500 Gramm Heublumen in kaltem Wasser an, 30 Minuten ziehen lassen, dann abseihen. Geben Sie diesen Sud ins warme Badewasser.

Im Griff der Teufelskralle

Die Wirksamkeit der Teufelskralle (Harpagophytum procumbens) bei Rückenschmerzen ist mittlerweile wissenschaftlich untermauert. Demnach enthält die aus Namibia stammende Wurzel ein Glykosid, das nicht nur gezielt in den für die Entstehung der Rückenschmerzen zuständigen Arachidonsäurestoffwechsel eingreift, sondern von unserem Körper auch überdurchschnittlich gut aufgenommen wird. Untersuchungen an der Universitätsklinik Frankfurt ergaben, dass mit Hilfe der Teufelskralle Bewegungseinschränkungen und Schmerzen zum Teil effektiver bekämpft werden als mit herkömmlichen Rheumamitteln, die Nebenwirkungen sind in jedem Falle geringer.

Prinzipiell ist es möglich, sich die Teufelskralle in Form von Tee zu genehmigen. Die Zubereitung: 1 Teelöffel der Wurzelstücke zusammen mit 250 Milliliter Wasser aufkochen und 15 Minuten auf kleiner Flamme köcheln lassen. Danach abseihen. Dosierung: 3 Tassen pro Tag. Der Tee schmeckt allerdings ausgesprochen bitter. Hier können geschmacksneutrale Präparate eine Alternative sein.

Teuto-Wärme

Auflagen mit Bockshornklee (Trigonella phoenum-graecum) stimulieren den Körper zur Ausschüttung von entzündungshemmenden Hormonen, außerdem enthält er Saponine, die dafür sorgen, dass seine Wirkstoffe auch zu den tieferen Gewebeschichten in der Wirbelsäulenregion gelangen. Die Anwendung erfolgt am besten über Pulverauflagen, die man als Teuto-Wärme-Auflagen in der Apotheke erhält. Die Zubereitung: Verrühren Sie das Pulver mit lauwarmem Wasser zu einer klebrigen Masse, die dann auf einem Leinentuch verstrichen wird. Anschließend das Leinentuch zusammenfalten, sodass oben und unten ein oder zwei Tuchlagen über dem Bockshornkleebrei liegen. Schließlich diese Auflage auf dem schmerzenden Rücken deponieren. Schon nach wenigen Minuten kommt es zu einem wohlig-wärmenden Gefühl. Dauer der Anwendung: 20 Minuten, einmal pro Tag.

Homöopathie

- Rhus toxicodendron D12, wenn Sie sich überanstrengt haben oder sich Ihre Rückenbeschwerden infolge kalter Witterung zugezogen haben. Dosierung: 5 Globuli alle 30 Minuten, bis die Beschwerden deutlich besser geworden sind.

Gesunder Rücken kann sehr entzücken!

- Sorgen Sie für ein ausgewogenes Muskelkorsett! Denn muskuläre Dysbalancen führen zu einer ungünstigen Belastung der Wirbelsäule. Typisch für Büroarbeiter ist eine Verkürzung der Hüftbeugemuskeln und eine Schwäche der Bauch- und Gesäßmuskeln. Die Folge: Die Hüfte ist permanent leicht gebeugt, es kommt zu einer starken „Delle" im Lendenwirbelbereich und einer dementsprechenden Fehlbelastung der Bandscheiben. Die richtige Antwort lautet hier: Streckung der Hüftbeuger auf der einen, Kräftigung der Bauchmuskeln und der rückseitigen Oberschenkel auf der anderen Seite. Es ist also keineswegs so, dass man die Rückenmuskeln kräftigen muss, wenn man etwas für seinen Rücken tun will. Denn die sind durch unseren aufrechten Gang ohnehin schon stark genug.
- Heben Sie Lasten nicht „aus dem Kreuz", sondern gehen Sie dabei in die Hocke! Sollte die vornübergebeugte Haltung nicht zu vermeiden sein, achten Sie darauf, dass Ihre Beine etwas gebeugt sind und die Rückenmuskeln unter Spannung stehen.
- Bedenken Sie: Wer auf psychischem Gebiet halsstarrig ist und sich unter keinen Umständen biegen lassen will, erhöht auf psychosomatischem Wege das Risiko für Rückenbeschwerden. Fatalisten mit der „Ist doch eh alles egal"-Einstellung haben ebenfalls häufiger Rückenprobleme, Ähnliches gilt für krankhaft ehrgeizige Menschen. Es ist sicherlich nicht möglich, solche Charaktereigenschaften über Nacht abzustellen. Doch es lohnt sich, daran zu arbeiten. Denn die aufgezählten Psycho-Merkmale fördern ja nicht nur Rückenprobleme – sie machen es uns auch im gesellschaftlichen Leben nicht unbedingt leichter.

- Bryonia D6, wenn sich Ihr Rücken steif anfühlt und sich, wenn Sie liegen, anfühlt wie gequetscht. Dosierung: alle 30 Minuten 5 Globuli, nach dem ersten Tag 3-mal täglich 5 Globuli.
- Nux vomica D12, wenn sich Ihre Kreuzschmerzen vor allem im Bett bemerkbar machen und Sie sich aufrichten und hinsetzen müssen, um im Liegen die Position wechseln zu können. Dosierung: alle 30 Minuten 5 Globuli. Ab dem nächsten Tag 3-mal täglich 5 Globuli.

* * *

Sport- und andere Unfallverletzungen

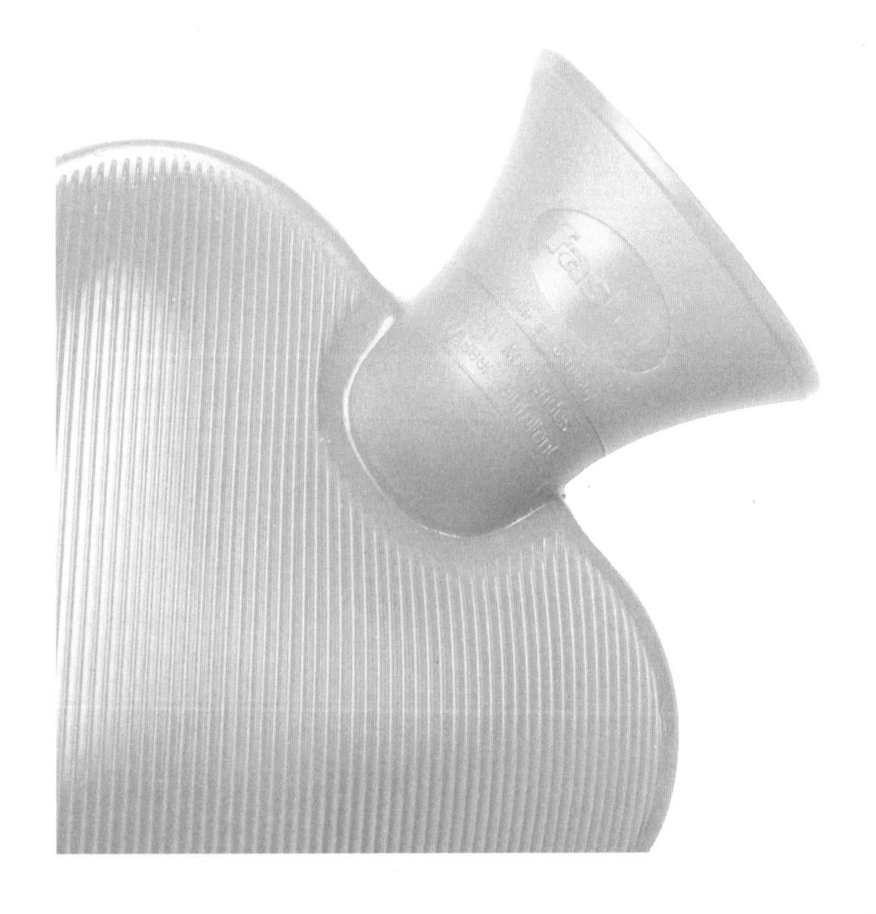

Achillessehnenschmerzen

Achillessehnenentzündungen gehören zu den häufigsten Verletzungen im Sport. Sie kommen meistens schleichend, oft ohne sichtbaren Grund. Die Sehne ist berührungsempfindlich und schmerzt vor allem dann, wenn sie nach einiger Zeit der Ruhe (z.B. im Bett) wieder bewegt wird. Im fortgeschrittenen Stadium sieht man auf der Haut über der Sehne eine deutliche Rötung – und wenn man auftritt, kann man mitunter ein regelrechtes „Knirschen" hören, als ob jemand im Schnee läuft.

Achillessehnenbeschwerden können durch Schleimbeutelentzündungen ausgelöst werden, meistens ist es jedoch eine Entzündung der Sehne selbst, die die Beschwerden verursacht.

Geduld!

Die Achillessehne wird im Unterschied zur Muskulatur nur mäßig durchblutet, sodass Heilungsabläufe bei ihr besonders lange dauern. In hartnäckigen Fällen kommt man nicht umhin, das Ausüben der Sportart zu unterbrechen und zu pausieren. Die Pausen sollten freilich zum Trainieren von Bewegungsabläufen genutzt werden, in denen die Sehne nicht belastet wird.

• *Der Eislutscher-Trick*

Lang andauerndes Kühlen lindert die Schmerzen und wirkt entzündungshemmend. Problematisch ist jedoch, wie man bei der Achillessehne eine sinnvolle Kühlung ansetzt. Am besten nehmen Sie einen sauberen Joghurtbecher mit Wasser, den Sie dann ins Tiefkühlfach legen. Das Wasser gefriert, und Sie erhalten einen Eisblock mit Kunststoffhülle, so ähnlich wie die Wassereistüten, die man immer den Kleinkindern zum Lecken gibt. Und genau so, wie die ihr Eis auf der Tüte nach oben drücken, gehen Sie mit Ihrem Eis im Joghurtbecher um! Wickeln Sie aber zunächst ein dickes Tuch um den Becher, um Erfrierungen an Ihrer Hand zu vermeiden. Dann nehmen Sie den Eisbecher in eine Hand und führen ihn mit sanften Gleitbewegungen (die ungeschützte Eisseite hautwärts gerichtet) auf der entzündeten Sehne in Längsrichtung hin und her. Für Eisnachschub ist gesorgt, weil Ihre Hand das Eis vom Becherrand löst und dadurch den Eisblock immer ein wenig weiter nach unten schiebt. Wiederholen Sie die Anwendung zwei Mal pro Tag.

Keine Angst vor Frost!

Auch wenn bei dem Trick mit dem Joghurtbecher das Eis direkten Kontakt mit Ihrer Haut bekommt, drohen an Ihren Achillessehnen keine Erfrierungen. Der Grund: Sie bewegen ja den Eisblock hin und her, sodass es wohl zu einer tiefen Kühlung, nicht aber zu unangenehmen „Frosterscheinungen" kommt.

- *Schuhwechsel*

Manchmal bewirkt bei Langstreckenläufern ein Wechsel des Schuhwerks regelrechte Wunder. Achten Sie bei der Neuanschaffung darauf, dass sie nicht zu gut gepolstert ist. Denn die Polsterungen in Joggingschuhen dienen in der Regel dazu, die Kniegelenke zu entlasten – nicht selten reizen sie aber dadurch, dass sie dem Läufer einen relativ unnatürlichen Laufstil aufzwingen, die Achillessehne.

- *Großmutters Spezial-Verband*

Vermischen Sie 20 Tropfen Hyzum (das ist eine entzündungshemmende Arnika-Lösung) mit reichlich Heilerde zu einem Brei. Nicht zu viel kaltes Wasser zugeben! Tragen Sie diesen Brei auf eine mit Salzwasser angefeuchtete Kompresse, die Sie dann auf die Achillessehne legen. Dann befestigen Sie diese Auflage mit einem Verband an Ihrem Fuß. Tragen Sie diesen Verband am besten über mehrere Stunden!

- *Homöopathie*

Rhus toxicodendron D6 hilft, wenn der Schmerz bei Bewegung schwächer wird. Dosierung: 3-mal täglich 5 Globuli. Ruta D6 ist hingegen angezeigt, wenn sich die Sehne verkürzt anfühlt und die Beschwerden bei Feuchtigkeit, Kälte, Ruhe, im Stehen oder Liegen und nachts schlimmer werden. Dosierung: 3-mal täglich 5 Globuli. Als Klassiker unter den entzündungshemmenden Komplex-Homöopathika gilt Traumeel. Gibt es als Tropfen (3-mal täglich 10) und Tabletten (3-mal täglich 1).

* * *

Blaues Auge

Beim blauen Auge handelt es sich um einen Bluterguss im Bereich der Augenhöhle. Er gehört natürlich zu den klassischen Verletzungen des Boxens, kann aber auch bei anderen Sportarten vorkommen, wie etwa Fußball, Handball, Eishockey oder anderen Disziplinen mit Körperkontakt.

Erste Hilfe: Kälte!

Kälteanwendungen verschließen die beschädigten Blutgefäße und sind daher bei blauen Augen das wichtigste Erste-Hilfe-Mittel. Wickeln Sie einige zermahlene Eiswürfel in ein dickes Handtuch, das Sie dann auf das betroffene – natürlich geschlossene – Auge legen. Die Anwendung sollte mindestens 20, besser 30 Minuten dauern.

Der zweite Schritt: Heilerde

Heilerde, vor allem Lehm und Löß, kann aufgrund ihrer schwellungslindernden Eigenschaften beim blauen Auge eine rasche Linderung erzielen. Außerdem beruhigt sie die gereizten Nerven in der betroffenen Haut. Verrühren Sie die Heilerde mit kaltem Wasser zu einem streichfähigen Brei, den Sie auf ein Leinentuch geben, das Sie mit der unbehandelten(!) Seite auf das schmerzende Auge legen. Noch ein Handtuch darüber, und dann legen Sie sich mitsamt Auflage für eine halbe Stunde hin.

Wenn schon alles Essig ist

Mischen Sie 100 Milliliter Essig mit einem halben Teelöffel Salz. Dann einen Wattebausch damit tränken und ihn auf die verletzte Stelle legen. Beginnt die Auflage

Farbenspiele

Blaue Augen heilen unter starkem Farbwechsel ab, wobei es erst grün und dann gelb wird, bevor die Verfärbung endgültig verblasst. Daran ist nichts Außergewöhnliches. Denn das dünne Hautgewebe im Augenbereich gestattet uns einen detaillierten Blick auf den Heilungsverlauf des Blutergusses. Sollte das blaue Auge von Sehstörungen begleitet sein, muss unbedingt der Arzt aufgesucht werden. Auch Blutungen innerhalb des Auges sind ein Fall für rasche ärztliche Hilfe.

auszutrocknen, den ganzen Vorgang noch einmal wiederholen. Eine gute Alternative zur Heilerde.

Homöopathie

- Arnica D6 eignet sich für die Behandlung in den ersten 24 Stunden. Dosierung: alle 2 Stunden 5 Globuli. Danach wechselt man auf Hypericum D6. Dosierung hier: 3-mal pro Tag 5 Globuli.
- Symphytum D6 hilft, wenn die Augenhöhle nicht blau verfärbt ist und trotzdem schmerzt. 3-mal täglich 5 Globuli.

* * *

Bluterguss und Pferdekuss

Der Bluterguss ist Zeichen für eine Blutung unterhalb des Hautgewebes. Diese wiederum ist das Resultat einer Verletzung an Bändern, Sehnen, Muskeln oder Knochen. Besonders unangenehm ist der so genannte „Pferdekuss" an großen Muskeln wie Oberschenkel und Wade, wo sich die Blutung durch die straffe Gewebestruktur nur schlecht ausbreiten kann und sich dadurch auf ein eng begrenztes, mit zahlreichen Schmerzrezeptoren ausgerüstetes Gewebe konzentriert.

Spätzünder

Bei Verletzungen, die tief unten im Gewebe stattgefunden haben, kann der Bluterguss erst einige Stunden oder sogar Tage später an die Ober-

Beulen zum Heulen!

Prellungen am Schädel können mitunter von erstaunlichen Beulen begleitet sein, da die Schwellung ja aufgrund des darunter liegenden Schädelknochens nur nach außen, in Richtung Haut, abgeleitet werden kann. Sie sind noch kein Hinweis auf schwere Verletzungen, etwa eine Gehirnerschütterung. Kommt es jedoch im Anschluss von Prellungen im Kopfbereich zu Schwindelanfällen, Übelkeit oder Erbrechen, muss der Verletzte umgehend ins Krankenhaus gebracht werden.

fläche kommen. Für eine sinnvolle Erste Hilfe ist es dann jedoch zu spät. Daher sollten Sie nach schmerzhaften Stößen, Schlägen, Tritten u. Ä. die betroffene Stelle grundsätzlich kühlen, auch wenn zunächst keine Verfärbung sichtbar ist.

Erste Hilfe: Kälte

Lang andauerndes Kühlen lindert die Schmerzen und schließt die verletzten Blutgefäße. Zur Kühlung verwendet man zermahlene Eiswürfel, die in ein dickes Handtuch eingerollt werden. Oder einen Schwamm, der mit eiskaltem Wasser getränkt wurde und dann auf die verletzte Stelle gedrückt oder aber mit einem Kompressenverband darauf befestigt wird. Dauer der Kühlung:

- Prellungen an Knochen und Gelenken: 10 bis 20 Minuten
- Verletzungen im Muskelbereich: 20 bis 30 Minuten.

Der Schwamm bzw. die Schwammkompresse müssen immer wieder neu mit kaltem Wasser getränkt werden. Man kann dem Wasser etwas Alkohol oder Essig zugeben – dies steigert den Verdampfungs- und dadurch den Kühleffekt.

Bei Prellungen an Knochen reichen die Kühlmaßnahmen als Therapie in der Regel völlig aus.

Ein Anti-Kuss-Umschlag

Bei Weichteilverletzungen wie dem Pferdekuss legen Sie nach der Kälteanwendung einen – nicht zu festen! – Druckverband mit Heilerde an. Nehmen Sie dazu als Unterlage einen Fil-Zellin-Verbandstoff, der in Salzwasser getränkt wurde. Dann Heilerde mit 10 Tropfen entzündungshemmender Hyzum-Lösung (einer Arnika-Zubereitung) zu einem Brei verrühren, messerdick auf

Schwamm drüber

Bei der Eisbehandlung sollten Sie auch wirklich ein dickes Handtuch oder Kleidungsstück verwenden, keinesfalls dürfen Sie das Eis direkt auf die Haut bringen. Denn dadurch riskieren Sie nicht nur Erfrierungen der Haut, sondern auch, dass es im Anschluss an die brachiale Kühlung zu einer überschießenden Gegenreaktion kommt und die Blutgefäße weit gestellt werden – mit der Folge, dass sich die Blutung weiter vergrößert. Wer auf Nummer sicher gehen will, nimmt kein Eis, sondern lediglich einen in kaltem Wasser getränkten Schwamm.

der schmerzenden Stelle verstreichen und mit dem Verbandsstoff abdecken. Diese Mullauflage wird dann mit einer Idealhaftbinde (10 Zentimeter breit) „festgezurrt". Die Binde sollte gut gestrafft sein, aber nicht so straff, dass es im Muskel zu Durchblutungsstörungen kommt. Tragen Sie den Heilerden-Umschlag für 10 bis 12 Stunden (beispielsweise über Nacht). Danach den Verband samt – mittlerweile ausgehärteter Heilerde – entfernen und die schmerzende Stelle noch einmal für 10 Minuten kühlen.

Blutegel können ihren Job

Bei großen Weichteilverletzungen mit starken Blutungen empfiehlt sich nach etwa 24 bis 36 Stunden eine Behandlung mit Blutegeln. Sie erfordert eine gewisse Übung, doch wenn man sie erst einige Male durchgeführt hat, weiß man sie wegen ihrer Wirksamkeit zu schätzen.
Man erhält die Blutegel mittlerweile in jeder gut sortierten Apotheke. Der kleine Wurm gibt bei seiner Saugarbeit so genanntes Hirudien ab, das gerinnungshemmende Eigenschaften besitzt und dadurch den Bluterguss im Gewebe abbaut.
Zunächst wird die Haut mit einer kleinen Kanüle oder einem kleinen Messer (beides selbstverständlich desinfiziert) angeritzt. Dann setzt man die Blutegel darauf. Je nach Größe der Blutung 2 bis 3 Stück. Die Tiere saugen pro Exemplar etwa 10 Milliliter Blut ab.
Nach etwa 30 Minuten, wenn sie satt sind, fallen die Egel von selbst ab. Oder aber man entfernt sie, indem man sie mit Salz bestreut. Anschließend die Bissstelle nicht sofort verschließen, sondern noch ein paar Minuten nachbluten lassen. Danach einen normalen Verband anlegen.
Man kann Blutegel übrigens nur einmal verwenden. Nach ihrem Einsatz müssen sie entsorgt werden (mit Spiritus töten und anschließend in den Hausmüll geben). Es ist in Deutschland verboten, sie nach ihrem therapeutischen Akt wieder ins Freie auszusetzen.

Homöopathie

Homöopathisches Mittel der ersten Wahl ist bei Blutergüssen Traumeel. Sowohl als Salbe, als auch in Form von Tropfen oder Tabletten zum Einnehmen. Beides sollte jedoch erst 24 Stunden nach Verletzungseintritt zum Einsatz kommen. Die Salbe wird dreimal täglich behutsam auf die schmerzende Stelle aufgetragen. Von den Tropfen nimmt man 3-mal täglich 10 Tropfen, oder aber 3-mal täglich 1 Tablette.

* * *

Bänderverletzungen am Fußgelenk

Es gibt Leute, die finden auf der Wiese jedes Loch, um darin mit dem Fuß umzuknicken. Andere werden in ihrem ganzen Leben nicht von Bänderverletzungen am Fuß heimgesucht. Die Ursachen für diese Unterschiede liegen einmal – ganz trivial – im Glück oder Unglück, das einen Menschen treffen kann. Und in der erblichen Veranlagung. Es gibt Menschen, deren Gelenke durch stabile Bänder, Sehnen und Muskeln vor Verrenkungen geschützt sind, andere sind es nicht.

Die akute Bänderverletzung am Fuß zeigt sich durch einen stechenden Schmerz beim Umknicken über den Innen- oder Außenknöchel. Das Sprunggelenk schwillt mehr oder weniger stark an. Interessanterweise deutet die Größe der Schwellung nicht unbedingt auf die Schwere der Verletzung hin. Es gibt Bänderdehnungen mit relativ großer Schwellungsbildung, während Bänderrisse mitunter regelrecht schmerz- und

Achtung, Riss!

Bänderverletzungen am Fuß entstehen meistens durch ein Umknicken im Sprunggelenk. Dadurch werden die Gelenkkapsel und die sie umgebenden Bänder stark belastet und gedehnt, im schlimmsten Fall kommt es zum Riss. Um das Letztere auszuschließen, ist in jedem Fall eine ärztliche Diagnose mit Bewegungstests und Röntgenbild angezeigt. Bänderrisse erfordern in der Regel weitergehende Maßnahmen wie Operation oder Gipsverband.
Die Konstruktion des Fußgelenks ist außerordentlich komplex, was sicherlich die Diagnose und auch die Therapiemaßnahmen nicht einfacher macht. Andererseits sorgt die komplexe Struktur auch dafür, dass im Falle eines Bänderrisses die Muskeln aus Fuß und Wade die Rolle des Gelenkstabilisators übernehmen können. Und so kann es passieren, dass ein austrainierter Athlet seinen Bänderriss tatsächlich nicht bemerkt, weil es ihm trotz der Verletzung gelingt, sportlich weiter aktiv zu bleiben.

schwellungsarm verlaufen können (weil dann die Blutung durch den Riss ins Gelenkinnere abgeleitet wird).

Den Schuh anlassen!

Immer wieder ist zu beobachten, dass man dem am Fußgelenk verletzten Sportler den Schuh auszieht. Ein Fehler! Denn der Schuh wirkt als Kompresse gegen die zu erwartenden Schwellungen. Richtig: Schuh anlassen und einen dicken Eisbeutel um das Fußgelenk legen!

Erste Hilfe: Kälte

Unmittelbar nach Verletzungseintritt muss ausgiebig gekühlt werden. Am besten mit einem Schwamm, der in eiskaltem Wasser (am besten einer Mischung aus Leitungswasser und zerstoßenen Eiswürfeln) getränkt wurde. Geben Sie außerdem noch etwas Salz ins Wasser, um die Blutgefäße zu öffnen und dadurch die Kälte tief ins betroffene Gelenk zu bringen. Fixieren Sie den Schwamm mit einer straffen Binde am Gelenk. Sofern sich die Kompresse erwärmt, muss kaltes Wasser nachgegossen werden. Dauer der Kühlung: 20 Minuten.

Fuß hoch!

Lassen Sie die Kältekompresse möglichst 20 Minuten auf dem Knöchel! Auch beim Duschen nicht entfernen! Überhaupt sollten Sie überlegen, in Anbetracht Ihres dicken Knöchels aufs warme Duschen zu verzichten – denn dadurch könnte die Schwellung noch weiter zunehmen!
Versuchen Sie außerdem, den Fuß möglichst oft und lange hochzulagern. Auf diese Weise verhindert man, dass die Schwellung eskaliert.

Zweite Hilfe: Volle Packung

Nach der Kühlung sollte eine Diagnose-Absicherung erfolgen (Bänderriss oder „nur" eine Dehnung). Falls Entwarnung gegeben wird, legen Sie eine Heilerde-Packung an. Mischen Sie dazu Heilerde mit 10 bis 15 Tropfen Hyzum (einer Arnika-Lösung), verstreichen Sie dann diese Paste messerdick auf dem Knöchel. Durch ein kaltes, angefeuchtetes Mulltuch wird dann alles fixiert und für 8 Stunden (beispielsweise über Nacht) belassen.
Als Alternative kommt eine Behandlung mit einer Teuto-Sog-

Auflage (gibt es in der Apotheke) in Frage. Sie enthält neben kühlenden Kräutern vor allem ein Pulver des Bockshornklees (Trigonella phoenum-graecum). Das traditionsreiche Ayurveda-Gewürz enthält so genannte Steroidsaponine, die ähnlich entzündungshemmend wirken wie Kortison, ohne freilich dessen Nebenwirkungen zu haben. Die Trigonella-Saponine dringen zudem tief ins Gewebe ein, ohne es dabei zu reizen. Verrühren Sie die in Apotheken erhältliche Sog-Auflage zu einem zähen Brei, der direkt in einer messerdicken Schicht auf dem Knöchel verstrichen und dann mit einem Tuch abgedeckt wird. Dauer der Anwendung: mindestens 60 Minuten. Mehrmals täglich wiederholen!

Dritte Hilfe: Wieder kühlen

Am nächsten Tag wird dann abermals gekühlt. Das Procedere ist wie bei der ersten Kühlung, es wird morgens und abends wiederholt. Ergänzend dazu werden homöopathische Traumeel-Tropfen eingenommen, 10 Stück alle 60 Minuten. In der darauf folgenden Nacht wird noch einmal ein Heilerde-Umschlag angelegt. Danach sollten die Beschwerden deutlich abgeklungen sein, sodass der Patient den Fuß möglicherweise wieder teilweise oder sogar voll belasten kann. Vorausgesetzt, dass kein Band gerissen war!

Nachbehandlung: Die Muskeln aufbauen

Sind die Bänder in einem Fußgelenk erst einmal gedehnt, bleiben sie anfällig für Verletzungen. Deswegen müssen die unterstützenden Muskeln des Gelenks systematisch aufgebaut werden. Vor selbstständigen Kraftübungen im Fitness-Center sei jedoch gewarnt. Am besten begibt man sich in die Hände eines fachkundigen Physiotherapeuten oder Krankengymnasten.

So bleiben die Bänder länger intakt

Vor allem bei Hallensportarten wie Basket-, Volley- und Handball sollten Sie Sportschuhe mit Fußbett und hohem Rand tragen.
Laufen Sie immer wieder barfuß auf Gras oder Sand! Dies stärkt die Muskeln am Fußgelenk.

* * *

Festsitzender Ring

Der Finger schwillt, und der auf ihm sitzende Ring drückt und schmerzt, doch er will trotz Rüttelns und Zerrens einfach nicht heruntergehen. Ein Unfall, der immer wieder passiert, und der viele Gründe hat. Beispielsweise einen geschwollenen Finger durch einen Insektenstich oder eine Prellung beim Basket- oder Volleyball, aber auch Neugierde oder Übermut, wenn etwa ein Mädchen unbedingt den neuen Ring ihrer besten Freundin anprobieren muss.

Nicht quacksalbern

Zum festsitzenden Ring kursieren diverse Ratschläge. Wie etwa, dass man den betroffenen Finger in Seifenlauge baden solle. Der Haken daran: Oft klappt es nicht, und wenn der Finger zu lange badet, schwillt er an und das Ring-Problem verschärft sich. Und vor dem Einsatz von Säge oder Zange sei ausdrücklich gewarnt, denn dies ruiniert den Ring – und manchmal auch den Finger.

Der Bindfaden-Trick

Es gibt jedoch eine Methode zum Entfernen des Rings, die eigentlich schon länger bekannt ist. In England gehört es seit 20 Jahren zum Standardlehrplan der Medizinstudenten, doch in Deutschland wird sie – trotz ihrer Effektivität – von den Betroffenen und Ärzten nur äußerst selten eingesetzt: der Bindfaden-Trick. Man benötigt dazu einen etwa 90 Zentimeter langen Faden, der mit einer – am besten leicht gebogenen – Nadel vom Handteller her vorsichtig unter den Ring geschoben wird. Danach wird er, beginnend oberhalb des Rings, in engen Touren mehrmals um den geschwollen Finger gewickelt. Dies verschafft dem Faden nicht nur einen straffen Halt, sondern drückt auch das geschwollene Fingergewebe kurzzeitig zusammen.
Schließlich greift man das zum Handteller laufende Fadenende, um es unter gleichmäßigem Zug in langsamen Kreisbewegungen um die Fingerspitze herum zu führen. Der Ring wandert nun langsam aber sicher über das Mittelgelenk hinweg in Richtung Fingerspitze, den um den Finger gewickelten Faden schiebt er dabei vor sich her. Wie von Zauberhand. Die Durchblutung wird rasch wiederhergestellt, der Ring bleibt unversehrt – und der Patient ist hochzufrieden.

* * *

Gesäßhaut, wunde („Hautwolf")

Der „Hautwolf" ist einer der typischen Ärgernisse beim Radfahren, Reiten und Rudern, er kann so manche sportliche Aktion zur Tortur lassen. Er entsteht durch die mechanischen Reizungen, wenn das Gesäß auf fester Unterlage hin und her bewegt wird oder die Oberschenkelinnenseiten aneinander gerieben werden. Begünstigt wird er durch Feuchtigkeit sowie Kleidungsstücke und Sportgeräte (beispielsweise Fahrradsättel), die nicht sportartgerecht sind oder nicht genau zur Größe des Sportlers passen.

Der Triathleten-Alptraum

Der Hautwolf gehört zu den treuen Begleitern vieler Triathleten, weil sie ja nicht nur lange unterwegs sind, sondern vom Wasser aufs Land, vom Rad in die Jogginghose wechseln müssen. Sie sollten sich vor dem jeweiligen Wechsel unbedingt gut abtrocknen.

Ringelblume und Vaseline: Ein gutes Team

Die Ringelblume (Calendula officinalis) hemmt die Reizungen und Entzündungen der Haut. Außerdem wirkt sie als natürlicher „Hautaufweicher", wodurch die Hautstrukturen weniger belastet werden.
Am besten helfen Calendulasalben. Beim Hautwolf kann die Salbe auch auf Vaselinebasis hergestellt sein, da hierdurch die Geschmeidigkeit der Haut erhöht wird. Die Herstellung: 200 Gramm Vaseline im Kochtopf schmelzen und etwa eine Handvoll frische Ringelblumenblüten hineingeben. Aufkochen, 10 Minuten köcheln lassen, umrühren und durch ein Sieb abseihen. Danach in ein abgedunkeltes Glas füllen. Mehrmals am Tag auftragen, auch vor dem Training.

Hirschtalg, ohne Hirsch

Ein altbewährtes Mittel für wundgeriebene Haut ist Hirschtalg, eine Mischung aus Schmierseife und Rindertalg (aus der Apotheke). Reinigen Sie die betroffenen Hautstellen mit warmem Wasser, verwenden Sie nur milde, hautschonende Seife und massieren Sie etwas Hirschtalg in die

Haut ein. Diese Behandlung eignet sich auch zur Vorbeugung, beispielsweise vor einem längeren Radrennen.

Zwiebelauflagen

Ein altes Hausmittel. Dafür werden rohe Zwiebeln klein gehackt, zerrieben und mit etwas abgekochtem (aber nicht mehr heißem!) Wasser zu einem Brei vermischt. Diesen Brei streichen Sie dann auf die betroffenen Stellen und decken ihn mit einem Mulltuch ab. Lassen Sie die Zwiebelpackung 20 Minuten einwirken. 2-mal pro Tag.

Homöopathie

Der Hautwolf ist ein Fall für Arnica D6. Dosierung: 3-mal täglich 5 bis 10 Kügelchen (Globuli).

* * *

Insektenstiche

Wenn Insekten zustechen, dann geben sie dabei Gifte ab, die je nach Insektenart zu unterschiedlich schweren Abwehr- und Entzündungsreaktionen führen. Besonders problematisch sind Bienenstiche, weil sie oft zur Allergie führen. Wespen- und Bremsenstiche sind schmerzhaft, aber nicht weiter gefährlich. Mückenstiche schließlich sind hierzulande ungefährlich, aber fast immer mit starkem Jucken verbunden.

Insektizid für Tierfreunde

Die meisten Insekten mögen keinen Essig, denn die darin enthaltenen Essigsäuren signalisieren ihnen Gefahr. Wer also plant, eine Spätsommer-Party im Freien zu besuchen, sollte vorher Essig und Wasser zu gleichen Teilen mischen und sich mit dieser Mixtur gründlich einreiben. Er hat dann gute Chancen, von Mückenstichen verschont zu bleiben.

Kühlen!

Legen Sie ein mit kaltem Wasser getränktes Tuch auf die betroffene Stelle, um die Schwellung einzudämmen.

Und wieder alles Essig

Geben Sie unmittelbar nach dem Stich unverdünnten Essig auf die schmerzende Stelle. Dadurch wird verhindert, dass die Einstichstelle stark anschwillt. Wiederholen Sie das Procedere mehrere Male.

Petersilienblätter „entjucken"

Ein uraltes Hausmittel bei Insektenstichen: Reiben Sie die betroffene Stelle mit frischen Petersilienblättern ab. Dabei nicht zu kräftig auf die Haut drücken!

Homöopathie

- Arnica D6 wirkt am besten, wenn es unmittelbar nach dem Stich zum Einsatz kommt. Es lindert das Spannungsgefühl in der Haut. 3-mal täglich 5 bis 10 Kügelchen (Globuli).
- Ledum D12 hilft gegen starke Schwellungen und heftigen, brennenden Juckreiz. Alle 30 Minuten 5 Globuli, bis die Beschwerden deutlich abklingen.

* * *

Knochenhautentzündung

Die Knochenhautentzündung zeigt sich an der Innenseite des Schienbeins, vor allem unter körperlicher Belastung. Wenn man mit dem Finger über die Innenseite des Schienbeins streicht, bemerkt man deutliche Unebenheiten, die empfindlich auf Druck reagieren. Bei Fußballern können die Schmerzen so schlimm sein, dass sie keinen Schienbeinschoner mehr überziehen können.

Knochenhautentzündungen treffen vor allem Sportler, die häufig den Bodenbelag wechseln, beispielsweise also Tennisspieler, die im Winter auf Kunststoffbelägen und im Sommer auf Asche spielen. Auch falsches Schuhwerk (z.B. Laufschuhe mit zu langen Spikes, Fußballschuhe mit zu langen Stollen) kann Knochenhautentzündungen provozieren.

Qual des Sports

Knochenhautentzündungen sind außerordentlich hartnäckig und haben schon so manche Sportlerkarriere zur Tortur gemacht. Die Therapiechancen sind umso größer, je früher mit der Behandlung begonnen wird.

Schwammpackung

Fertigen Sie einen Verband aus Eis und Heilöl. Nehmen Sie dazu einen Eimer mit kaltem Wasser, in das Sie reichlich zerstoßene Eiswürfel und 10 bis 15 Tropfen der Arnikalösung „Hyzum" hinzugeben. Tränken Sie mit dieser Mischung so viele Schwämme, wie Sie brauchen, um Ihr Schienbein komplett abzudecken. Dann die Schwämme auf den Unterschenkel legen und mit einer Idealbinde fixieren. Sobald sich die Kompresse erwärmt, gießen Sie sofort kaltes Wasser nach. Dauer der Anwendung: 20 Minuten. Dann eine Pause von 10 bis 15 Minuten, und die Kühlung noch einmal wiederholen. Diese Doppeleinheit betreiben Sie am besten jeden Morgen und jeden Abend, 5 bis 7 Tage lang.

Homöopathie

- Ruta D6 hilft bei Knochenschmerzen und Entzündungen, die sich unter Bewegung verschlimmern, und ist daher bei Knochenhautentzündungen eine gute Wahl. Dosierung: täglich 3-mal 5 Kügelchen (Globuli).
- Bewährte Kombinationspräparate zur Behandlung von Knochenhautentzündungen sind Symphytum Oligoplex und Pflügerplex Asa foetida 139. Dosierung: 3-mal täglich 15 Tropfen auf 1 Esslöffel Wasser.

* * *

Muskelkater

Der „verkaterte Muskel" zeigt sich etwa 24 bis 36 Stunden nach der körperlichen Belastung. Typisch für den Muskelkaterschmerz: kein punktuelles Auftreten an einzelnen Muskeln, sondern Verteilung über relativ große Muskelflächen.

Muskelkater ist die schmerzhafte Folge von mikroskopischen Verletzungen. Diese Schäden werden durch nachgebende Bewegungen (z.B. bei Liegestützen, Skiabläufen und Bergabwandern) ausgelöst, ebenso durch hohe Milchsäurekonzentrationen aufgrund hoher Belastungen, ungewohnter Anstrengungen oder eines schlechten Trainingszustandes. Die betroffenen Muskelgruppen können ihre Stoffwechselprodukte dann nur noch unvollständig abtransportieren.

Der Spätzünder

Warum kommt es zum Muskelkater erst dann, wenn die sportliche Betätigung bereits 24 bis 36 Stunden zurückliegt? Die Antwort: Die Muskelfasern haben in ihrem Inneren keine Sinneszellen, die unser Gehirn über irgendwelche Schäden informieren könnten. Die einzigen in Frage kommenden Sinneszellen sitzen am Faserrand. Und diese müssen eben eine gewisse Zeit warten, bis die „Unfallnachricht" aus dem Faserinnern – z.B. in Gestalt von abtransportiertem Zellmaterial – bei ihnen angekommen ist.

On the rocks!

Muskelkater muss nicht so intensiv gekühlt werden wie Muskelfaserrisse oder Zerrungen. Doch etwas Kühlung kann ihm auch nicht schaden. Deponieren Sie einige zerstoßene Eiswürfel in einem nassen Waschlappen. Dann mit diesem „Kältebeutel" behutsam über die schmerzende Muskulatur streichen. 5 Minuten reichen aus, eine längere Anwendung verstärkt eher die Symptome.

Locker machen

Lockern Sie behutsam Ihre verspannte Muskulatur, beispielsweise durch entspanntes Jogging oder Radfahrtraining auf dem Ergometer! Mit zunehmender Erwärmung wird der Bewegungsablauf meistens besser. Keinesfalls sollten Sie die sportliche Belastung wiederholen, die zum Muskelkater geführt hat!

Homöopathie

Traumeel-Tropfen wirken schmerz- und entzündungshemmend. Zunächst 5 Tropfen jede Stunde, später dann 3-mal 10 Tropfen täglich, bis die Beschwerden abgeklungen sind. Eine weitere Alternative ist Rhus toxicodendron D6. Dosierung hier: zunächst 5 Globuli jede Stunde, am nachfolgenden Tag dann auf 3-mal täglich 10 Globuli reduzieren.

* * *

Muskelkrämpfe

Wohl jeder hat schon mal erlebt, wie der Muskel in einem schmerzhaften Spannungszustand verharrt und sich durch eigenen Willen nicht mehr lösen lässt. Der Muskelkrampf ist irgendwie gnadenlos – und man ist so unendlich erleichtert, wenn er sich endlich löst.

Behutsam dehnen!

Den betroffenen Muskel kräftig, aber keinesfalls ruckartig für 15 bis 20 Sekunden dehnen. Beispielsweise dadurch, dass man die muskulären Gegenspieler (bei der Wade wäre das die Schienbeinmuskeln) anspannt. Oder beim Sport dadurch, dass ein Sportkollege von unten gegen den Fußballen (beim Wadenkrampf) oder gegen die Zehenunterseite (bei Krämpfen in der Zehenmuskulatur) drückt. Wichtig beim Wadenkrampf: Das Kniegelenk beugen, damit der Wadenmuskel nicht überdehnt wird!

Keep cool

Im direkten Anschluss an die Dehnung werden beim Wadenkrampf Wade und Kniekehle mit einem eiswassergetränkten Schwamm abgerieben. Wenn Sie noch ein paar Tropfen Franzbranntwein ins Wasser geben, erzielen Sie einen weiteren durchblutungssteigernden Effekt im Muskel.

Magnesium: Dem Nicht-Sportler hilft's

Der Muskelstoffwechsel ist in besonderem Maße auf das Mineral angewiesen, seine Präparate werden von hiesigen Ärzten besonders gern verordnet oder empfohlen, wenn es um Krämpfe geht. Dabei ist keinesfalls sicher, dass es bei allem Arten von Muskelkrämpfen hilft. Schwangeren Frauen mit Wadenkrämpfen scheinen von Extra-Portionen des Minerals zu profitieren, und wer nachts von den Muskelproblemen heimgesucht wird, darf ebenfalls auf Wirkung hoffen, zumindest, was die Zahl der Krämpfe, nicht aber, was ihre Stärke und Dauer angeht. Ob Magnesium aber dem Sportler nützt, ist keinesfalls sicher, weil dessen Krämpfe vor allem durch schlechte Fitness oder falsch durchgeführte Bewegungsabläufe ausgelöst werden. Magnesiumreiche Nahrungsmittel sind Weizenkeime, Leinsamen, Nüsse, Pumpernickel und Erbsen.

Bei ausgeprägter Krampfneigung empfiehlt sich die Einnahme von „Bärlauch-Magnesium" aus der Apotheke. Denken Sie daran: Fett- und eiweißreiche Ernährung hemmen die Magnesiumverwertung, Ähnliches gilt für Alkohol und Cola-Getränke.

B-Vitamine machen locker

Oft unterschätzt, obwohl sie Krämpfe meist wirkungsvoller verhindern können als Magnesium: B-Vitamine begünstigen die Magnesiumaufnahme, spielen im Muskelstoffwechsel aber auch eine eigenständige Rolle. B-Vitamine finden sich vor allem in Blattgemüse, Hülsenfrüchten und Vollkornprodukten (meiden Sie Weißmehlprodukte!). Bei ausgeprägter Krampfneigung können Bierhefe-Tabletten oder sogar Tabletten mit B-Vitaminen hilfreich sein. In einer Studie des Wan Fang Hospital in Taipeh senkte man bei Patienten mit nächtlichen Wadenkrämpfen die Anfallquote um 86 Prozent, indem man ihnen einen Vitamin-B-Komplex (Thiamin 50 Milligramm, B12-Vitamin 250 Mikrogramm, Pyridoxin 30 Milligramm, Riboflavin 5 Milligramm) verabreichte. Vor allem Bluthochdruck-Patienten und krampfgeplagte Sportler profitieren von Extra-Portionen der B-Vitamine.

Homöopathie

Homöopathische Mittel helfen in verschiedenen Phasen des Muskelkrampfes:

- Cuprum metallicum C200 eignet sich zur Soforthilfe. Dosierung: eine einmalige Dosis von 5 Tropfen.
- Ein bewährtes Kombinationspräparat gegen Wadenkrämpfe ist Corallium rubrum Oligoplex. Dosierung: 3-mal täglich 1 Tablette im Mund zergehen lassen.
- Zincum valerianicum D3 hilft bei Krämpfen, die vorzugsweise nachts stattfinden. Dosierung: 5 bis 10 Globuli eine halbe Stunde vor dem Schlafengehen.

* * *

Muskelzerrungen

Die Zerrung macht sich zunächst nur als leichtes Ziehen bemerkbar, doch schon bald kommt es zu Verkrampfungen, der Muskel „macht zu". Nach einigen Stunden kann es zu einer Verfärbung an der gezerrten Stelle kommen. Ein deutliches Zeichen dafür, dass im Muskel Fasern geschädigt wurden. Die Schädigung hält sich jedoch im Unterschied zum Muskelfaserriss im kleinen Rahmen und kann in der Regel nicht ertastet werden.

Zerrungen sind besonders häufig bei Muskeln, die über mehrere Gelenke ziehen (wie etwa Waden-, Oberschenkel- und Oberarmmuskeln).

Ermüdung, schlechtes Aufwärmen, sehr kalte (der Muskel kühlt aus) und sehr warme (der Muskel verliert durch Schwitzen Elektrolyte) Umgebungstemperaturen sowie Stress, bestehende Infekte und Muskelkater begünstigen die Entstehung von Zerrungen.

Seien Sie eiskalt

Zunächst gilt es, den verletzten Muskel ausdauernd zu kühlen, um die weitere Blutung und Schwellung einzudämmen. Zur Kühlung verwendet man einen mit kaltem Wasser getränkten Schwamm, der mit einem Kompressenverband am verletzten Muskel fixiert wird. Dauer der Küh-

Nicht schockfrosten!

Gerade bei Muskelverletzungen ist man in den letzten Jahren davon abgekommen, mit Eis zu kühlen, weil es nach der damit verbundenen „Schock-Kühlung" zu einer unerwünschten Gegenreaktion kommen kann, nämlich dem Einschießen von Blut in die verletzte Region. Besser sind daher mit (etwa 1 bis 5 Grad) kaltem Wasser getränkte Schwämme, die möglichst mit einem Kompressenverband am Muskel fixiert werden. Im weiteren Verlauf wird immer wieder kaltes Wasser (am besten mit etwas Essig oder Alkohol) über den Verband gegossen. Die optimale Wassertemperatur erreicht man übrigens, wenn man in einer Kühlbox zwei Liter kaltes Leitungswasser mit 30 Eiswürfeln herunterkühlt. In den USA wurde für diese Prozedur der Begriff „Hot Ice" eingeführt.

lung mindestens 20 Minuten, die Kompresse sollte regelmäßig mit kaltem Wasser getränkt werden. Dem Wasser kann man Alkohol oder Essig zusetzen, um den Verdunstungs- und damit den Kühleffekt zu erhöhen.

Beinwell macht verletzen Muskeln Beine

Nach der Kühlung sollte, am besten abends oder sogar über Nacht, ein Salbenverband mit Beinwell-Salbe (Kytta-Salbe) angelegt werden. Die Salbe wird großzügig auf dem verletzten Muskel verteilt, dann wird der Verband angelegt. Achten Sie darauf, dass der Verband dem Muskel Raum zur Durchblutung lässt. Diese Anwendung in den nächsten drei Nächten wiederholen!

Homöopathie

Für die Akutbehandlung am besten Traumeel-Tropfen. Am ersten Tag jede Stunde 5 Tropfen. Später 3-mal 10 Tropfen pro Tag.
Für die Nachbehandlung hat sich Calcium carbonicum Hahnemanni D6 bewährt. Vor allem dann, wenn der Muskel nachhaltig geschwächt zu sein scheint. 3-mal täglich 5 Kügelchen (Globuli).

* * *

Nasenbluten

Meistens wird Nasenbluten durch äußere Faktoren wie Schläge, Tritte, Stürze, Balltreffer und Luftdruckveränderungen (beispielsweise beim Tauchen, Bergsteigen oder bei Flügen) hervorgerufen. In 90 Prozent der Fälle geht es vom vorderen Teil der Nase aus, und zwar meistens von der Nasenscheidewand. Bei solchen Verletzungen kann die Blutung relativ schnell gestoppt werden. Länger andauerndes Bluten, das auch nicht durch Erste-Hilfe-Maßnahmen gestoppt werden kann, wird meistens durch eine Verletzung im hinteren Teil der Nase hervorgerufen. In diesem Fall muss der Patient ins Krankenhaus!
Kommt es regelmäßig zu Nasenbluten, obwohl eigentlich kein ersichtlicher Grund vorliegt, muss der Arzt aufgesucht werden. Denn es kann eine ernsthafte Krankheit wie etwa Bluthochdruck dahinter stecken.

Flügel anlegen

Stopfen Sie Watte in die Nase, und dann drücken Sie bei aufgerichtetem Kopf die Nasenflügel zusammen. Vorher sollten Sie sich noch kurz die Nase putzen, um Schmutz und Blutklumpen hinauszubefördern, die möglicherweise das rasche Schließen der beschädigten Blutgefäße verhindern könnten. Durch das Andrücken beider Nasenflügel auf die Nasenwand (mit Daumen und Zeigefinger) können bereits viele Blutungen gestillt werden. Atmen Sie dabei durch den Mund!

Konsequente Kältekur

Noch effektiver ist es, die Blutung per Kühlung zu stillen. Drücken Sie einen mit eiskaltem Wasser (Leitungswasser mit zerstoßenen Eiswürfeln) getränkten Schwamm auf die Nasenwurzel! Zusätzlich können Sie noch einen kalten Schwamm hinten auf den Nacken legen. Dauer der Anwendung: So lange, bis die Blutung gestillt ist.

Akupressur gegen Nasenblessur

Wenn kein Nasenpfropfen und keine kalte Kompresse zur Verfügung stehen, hilft Akupressur. Ein Punkt fürs Nasenbluten liegt im Nacken, genau dort, wo die Wirbelsäule beginnt. Massieren Sie diesen Punkt mit Ihrem Zeigefinger in kreisenden Bewegungen, bis das Bluten aufhört.

Auch eine Form der Akupressur: Binden Sie das Endglied des kleinen rechten Fingers mit einem Schnürsenkel ab. Ein Ratschlag, der sich zwar auf den ersten Blick erstaunlich anhört, doch er hat unter erfahrenen Ärzten eine gewisse Tradition. Versteht sich von selbst, dass man den Finger nicht zu lange vom Blutkreislauf abschnüren sollte.

Hartnäckiges Gerücht

Nach wie vor kann man beobachten, wie Nasenbluter von wohlmeinenden Helfern dazu überredet werden, den Kopf nach hinten zu legen, damit das Blut wieder zurückläuft. Tatsache ist freilich, dass das Blut, wenn es einmal draußen ist, nicht mehr in die Adern zurückkehren kann. Es wird vielmehr die Luftwege und den Rachen hinunterfließen – und das ist für die Betroffenen alles andere als angenehm!

Der Löschblatt-Trick

Ein altes Hausmittel gegen Nasenbluten. Öffnen Sie den Mund und legen Sie ein Stück Löschblatt (etwa 1 x 4 Zentimeter) hoch oben zwischen Oberlippe und Schneidezähne. Damit lösen Sie einen Reiz aus, durch den sich die kleinen Blutgefäße im Bereich der Riechschleimhaut zusammenziehen.

* * *

Schürfwunden

Die häufigste Ursache für Schürfwunden sind Stürze auf rauen und harten Unterlagen, etwa beim Fußballspielen oder beim Radfahren und Inlineskating. Schürfwunden gehören aber auch zu den klassischen Kinderverletzungen.

Insofern Schürfwunden aufgrund ihrer großen Oberfläche eine ideale Eingangspforte für Parasiten darstellen, versucht der Körper möglichst schnell, die Verletzung zu verschließen. Zunächst sorgt die Blutgerinnung dafür, dass die Wundränder verkleben und ein schorfiger Belag die Blutung stillt. Als nächstes kommt es zu einer Entzündung: Die Durchblutung wird gesteigert, um die Zelltrümmer und Fremdkörper abzutransportieren. Danach wird die Wunde mit einem provisorischen Gewebe versiegelt, das sich nach und nach in ein dauerhaftes Narbengewebe verwandelt.

Ausschäumen entfernt Keime

Die Wunde muss gereinigt werden, um Infektionen vorzubeugen. Waschen Sie die Stelle mit klarem Wasser. Achten Sie darauf, dass Sie möglichst alle Schmutzpartikel erwischen. Versuchen Sie aber nicht, hartnäckige Verschmutzungen mit einem Schwamm oder Lappen auszuwischen oder mit einem

Tetanus?

Klären Sie bei Schürfwunden Ihren Tetanusschutz ab! Im Zweifelsfall lassen Sie ihn erneuern! Bei Auftreten einer Rötung oder Schwellung im Wundbereich, vor allem aber bei Fieber und einer Vergrößerung und Verhärtung der Lymphknoten in Leiste oder Achselhöhle unbedingt den Arzt oder das Krankenhaus aufsuchen!

harten Duschstrahl auszuspülen, denn die Schmutzpartikel können dadurch noch tiefer in die Wunde eindringen! Besser: Mit auf 3 Prozent verdünntem Wasserstoffperoxid (gibt es in der Apotheke) die Wunde übergießen und ausspülen! Das Wasserstoffperoxid beginnt zu schäumen, sodass die Schmutzpartikel praktisch wie auf Luftpolstern aus der Wunde gespült werden.

Nachversorgung

Nach der Reinigung die Wunde mit einer Aktivkohle-Auflage (z. B. Actisorb) abdecken. Sie wird mit Klebefolie oder einer elastischen Mullbinde befestigt.

Kohlwickel, ohne Soße

Ein altes und vielfach bewährtes Hausmittel zur Wundversorgung sind die Kohlauflagen. Dazu nehmen Sie frischen Weiß- oder Wirsingkohl. Entfernen Sie den Strunk und andere holzige Teile, dann verteilen Sie die Blätter auf ein warm angefeuchtetes Leinentuch, um sie mit einem Nudelholz platt zu rollen.

Die quasi „gebügelten" Blätter legen Sie auf die Wunde, wo man sie mit einem Verband oder einer Binde fixiert. Lassen Sie die Kohlauflage für mindestens zwei Stunden (besser sogar über Nacht) auf der Wunde! Die Kohlwickel wirken schwellungs- und entzündungshemmend, außerdem fördern sie die Regenerationsprozesse in der Haut. Mit diesem alten Hausmittel bekommt man selbst großflächige Schürfwunden in den Griff.

Keineswegs eine Luftnummer

Schürfwunden heilen am besten und schnellsten, wenn sie immer wieder Luft abbekommen. Allerdings: An Stellen, die normalerweise von Textilien bedeckt sind, sollten sie mit einem Pflaster oder einer Mullbinde abgedeckt sein, um ein erneutes Aufreiben zu verhindern.

Tetanus überprüfen!

Bei Schürfwunden ist es ratsam, den Tetanus-Impfstatus zu überprüfen und gegebenenfalls eine entsprechende Auffrischung vorzunehmen. Denn unter den Hautlappen, die bei einer Abschürfung entstanden sein können, finden die anaeroben (also ohne Sauerstoff auskommenden) Tetanuserreger (Clostridium tetani) optimale Lebensbedingungen.

Homöopathie

Symphytum D6 beschleunigt den Heilungsprozess der Haut. Dosierung: 3-mal täglich 5 Globuli.

* * *

Zähne, Mund und Lippen

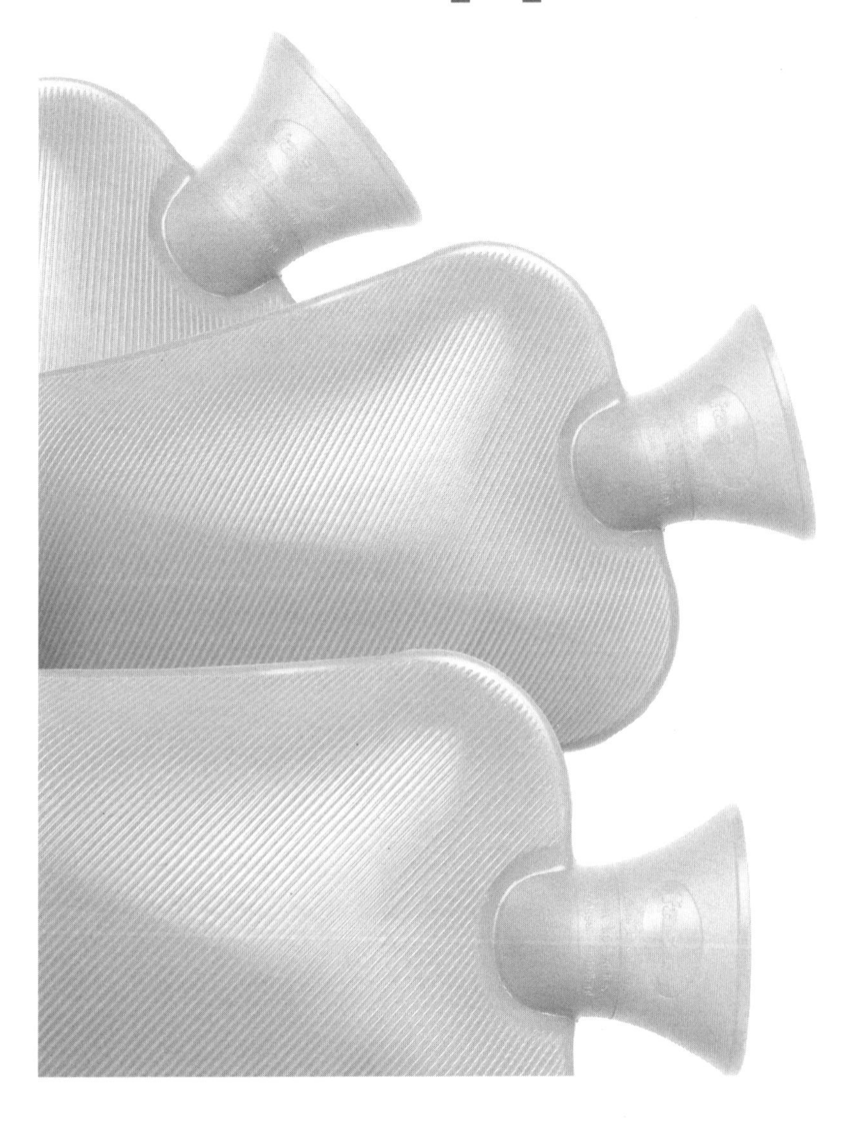

Lippenbläschen

Herpes nimmt normalerweise folgenden Verlauf: Zunächst kommt es zu Spannungsgefühl und leichtem Kribbeln auf der Lippe. Binnen kurzer Zeit erscheinen die typischen, schmerzhaften Herpes-Bläschen. In schweren Fällen kann das gesamt Gesicht mit Pusteln überzogen werden. Hauptauslöser ist der so genannte Herpes-simplex-Virus. 90 Prozent der Bevölkerung sind in seinem Besitz! Meistens befindet es sich im passiven Wartestadium, doch bei Schwächung des Immunsystems „wittert" er seine Chance.

Stress – von den Lippen ablesbar

Bio-Stress macht den Herpes-Virus stark. Körperliche Krisen im Umfeld von Regelblutung oder fiebrigen Erkrankungen fördern die Entwicklung der Pusteln (daher auch der Name „Fieberbläschen"). Neben mechanischen Reizungen wie Küssen, Essen oder die Verwendung von Lippenstiften spielt die Sonneneinstrahlung eine große Rolle. In Regionen mit starkem UV-Licht – zum Beispiel am Meer oder in den Bergen – kommt es besonders häufig zur Bläschenbildung. Psychologen stellten außerdem fest, dass vornehmlich das Gefühl des Ekels die Verbreitung von Herpes fördert, wahrscheinlich durch eine Schwächung des Immunsystems.

Die Viren-Knackerin

Melisse (Meliassa officinalis) ist nicht nur ein altes Hausmittel gegen Lippenbläschen, sie konnte auch in wissenschaftlichen Studien zeigen, dass sie die Wirkungskreise der Herpes-Viren einschränkt und verhindert, dass sie sich im Lippengewebe weiter festsetzen können. Beträufeln Sie die betroffenen Stellen mehrmals täglich (mindestens 4-mal!) mit einer Salbe oder einer Tinktur aus Melisse. Man erhält sie in der Apotheke, die Tinktur kann man sich aber auch selbst zubereiten: Übergießen Sie 20 Gramm Melissenblätter mit 100 Milliliter 70-prozentigem Alkohol. 10 Tage lang an einem warmen Platz ohne direkte Sonneneinstrahlung ziehen lassen. Schließlich abzählen und in eine Tröpfchenzählflasche füllen.

Zink hilft Lippen flink

Zink beschleunigt den Heilprozess, lässt die Bläschen „rückstandsärmer", also mit geringerer Narbenbildung abheilen. Dazu werden

4 Gramm Zinksulfat (aus der Apotheke) in 100 Milliliter abgekochtem, noch warmem Wasser aufgelöst. Einen Lappen oder Wattebausch darin eintunken, der dann am besten jede Stunde auf die erkrankten Lippen getupft wird.

Honig ums Maul

In einer Studie des Specialized Medical Center im arabischen Dubai zeigte sich Honig als wirkungsvolle Therapie gegen Lippenherpes. Die Wissenschaftler behandelten 16 Patienten entweder mit Honig oder dem bekannten Herpesmittel Aciclovir. Das Bienenprodukt schnitt dabei besser ab, die Krustenbildung kam eher, die Heilung erfolgte schon nach 2,5 Tagen, während sie unter dem Medikament über fünf Tage dauerte.
Vermutlich unterdrückt Honig mit seinem Fruchtzucker und seinen pflanzlichen Inhaltsstoffen die Vermehrung der Viren. Er sollte mehrmals täglich auf den Lippen und ihrer Umgebung aufgetragen werden, außerdem sollte man täglich zwei bis vier Teelöffel davon einnehmen, beispielsweise zum Tee. Am besten verwendet man einen Honig, der besonders viele Gerbstoffe oder ätherische Öle enthält. Dazu zählen Buchweizen-, Eukalyptus-, Lavendel- und Salbeihonig.

Viren „wegessen"

Lippenherpes ist nicht nur ärgerlich, sondern auch hartnäckig, weil die verantwortlichen Viren sich regelrecht im Körper verstecken können und nicht unbedingt auf Medikamente reagieren. Doch es gibt eine Diät, die den hässlichen Bläschen vorbeugen kann. Denn Herpes-Viren brauchen zum Aufbau ihrer Hüllen große Mengen der Aminosäure Arginin. Wenn man also auf argininreiche Nüsse (vor allem Erd- und Haselnüsse) verzichtet, entzieht man den Erregern wichtiges Baumaterial, sodass ihre Vermehrung gehemmt wird. Zusätzlich sollte man noch Nahrungsmittel wie Thunfisch, Rinder- und Schweinefilet sowie Käse (vor allem Parmesan) und Hülsenfrüchte auf den Speiseplan setzen. Denn die enthalten besonders viel Lysin, das ebenfalls zu den Aminosäuren gehört und beim Verdauen das Arginin von den Darmwänden verdrängt.

Kalter Druck

Wenn Sie Rückfälle erleiden und spüren, dass die Lippenbläschen kommen: Legen Sie einen Eiswürfel in ein sauberes Taschentuch, und pressen Sie dieses auf die Stelle, die verdächtig kribbelt. Pressen Sie lange, doch unterbrechen Sie, wenn die Kälte unangenehm wird!

Lassen Sie den Viren keine Chance!

Meiden Sie allzu starke UV-Bestrahlung! Schützen Sie Ihre Lippen mit einer starken Sonnencreme oder einem Kleidungsstück (Tuch oder Schal). Vermeiden Sie übermäßigen Stress! Gönnen Sie sich Phasen der Erholung und Entspannung, Ihr Immunsystem wird es Ihnen danken.

Achten Sie auch auf die Zahnpflege! Die nasse Zahnbürste im feuchten Badezimmer bietet das Idealmilieu für Herpes-Viren. Bewahren Sie Ihre Zahnbürste möglichst trocken auf, kaufen Sie sich mindestens dreimal pro Jahr eine neue.

* * *

Mundfäule

Die Mundfäule (wissenschaftlich: Stomatitis) gehört zu den schweren und schmerzhaften Mundschleimhautentzündungen. Besonders häufig ist die Stomatitis herpetica, die durch Herpes-Viren ausgelöst wird. Sie zeigt sich als Fieber sowie in Form von Bläschen, Rötungen und weißlich-grauen Belägen im Mund. Die entzündeten Stellen schmerzen stark. Die Stomatitis herpetica kommt vor allem bei Kindern vor.

Salbei herbei

Die Mundfäule gehört zu den Spezialgebieten des Salbeis (Salvia officinalis). Er hemmt nicht nur das Wachstum der für die Krankheit zuständigen Viren, sondern lindert auch die dabei auftretenden starken Schmerzen und Entzündungen.

Tinkturen und Öle aus Salbei kommen bei der Mundfäule nicht in Frage, da sie das Gewebe zu sehr reizen und die ohnehin schon starken Stomatitis-Schmerzen weiterhin verschlimmern. Man kann mit Salbei-

tee gurgeln, doch seine Wirkung ist meistens zu schwach, um die Herpes-Viren beeindrucken zu können, außerdem wird er durch den Speichel zu schnell von der Mundschleimhaut fortgespült.
Die Anwendung erfolgt daher am besten über Salbeigels oder leimige Salbeilösungen, die man in der Apotheke kaufen kann: Aperisan, Viru-Salvysat. Sie werden mit einem Wattestäbchen behutsam auf die betroffenen Stellen aufgetragen.

„Schläfer" bekämpfen

Die Mundfäule ist nichts anderes als das Wiedererwachen von Parasiten, die über die ganze Zeit unauffällig in Ihrem Organismus „geschlafen" haben.
Durch Immunschwäche haben sie dann ihre Chance bekommen und genutzt. Zu einer sinnvollen Stomatitis-Behandlung gehört also auch, die Immunabwehr zu stärken. Dazu zählt eine vitaminreiche Kost und das regelmäßige Trinken von Cystus-Tee (bekommt man in Apotheken), der zudem die Schleimhäute widerstandsfähiger macht. Die Zubereitung: 1 Teelöffel mit 1 Tasse kochendem Wasser übergießen, 5 Minuten ziehen lassen, schließlich abseihen. 2 Tassen pro Tag.

Aufs Essen verzichten!

Die Mundfäule kann sehr schmerzhaft sein, die betroffenen Hautstellen reagieren äußerst sensibel auf Berührung. Versuchen Sie daher nicht, Ihre erkrankten Kinder mit aller Kraft zum Essen überreden zu wollen!

* * *

Mundgeruch

Klar, Mundgeruch heißt, dass man schlechten Atem hat. Doch wie merkt man das? Denn die Menschen der Umgebung trauen sich meistens nicht, das jemandem zu sagen. Machen Sie daher den Mundgeruchstest, um herauszufinden, wie Ihr Atem ist: Spülen Sie den Mund, lassen Sie das Wasser langsam zwischen den Zähnen hin und her wandern, und spucken Sie es dann in einen Becher. Wenn aus dem Becher unangenehme Gerüche emporsteigen, ist auch Ihr Atem schlecht.

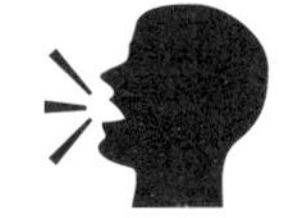

Die Ursachen liegen einem auf der Zunge

In etwa 90 Prozent der Fälle stammt der Mundgeruch auch wirklich aus dem Mund, und dort sitzen die Hauptschuldigen in der Regel auf dem Zungenrücken. Denn der wird nur selten vom Speichel gereinigt, und in seinen zahlreichen kleinen Fältchen können sich Bakterien gut ansiedeln. Auch aus ernährungstechnischer Sicht lässt es sich dort für Mikroben gut leben, fallen doch auf dem Zungenrücken nicht nur Essensreste für sie ab, sondern auch Sekrete, die aus den Nasengängen heruntertropfen. Ein unerschöpfliches Nahrungsreservoir, das die Mikroben beispielsweise in den wie faule Eier riechenden Schwefelwasserstoff umwandeln. Oder in die an Schweißfüße erinnernde Isovaleriansäure oder sogar in Cadaverin, das man sonst in Tierkadavern findet.

Eine Phobie für Exotikfreunde

Vor allem die Werbung suggeriert, dass guter Atem unentbehrlich für eine perfekte Persönlichkeit ist. Für viele Menschen baut sich dadurch ein enormer Druck auf, der schließlich zu einer zwanghaften Angst vor Mundgeruch führen kann: die Halitophobie. Die Betroffenen spülen permanent mit Duftwässern und antibiotischen Lösungen, mit der paradoxen Konsequenz, dass ihr Mundmilieu tatsächlich umkippt und für üble Gerüche sorgt. Außerdem interpretieren sie alle möglichen Aktionen, wie etwa das Öffnen eines Fensters oder das Abwenden eines Gesprächspartners, als Folge ihres Mundgeruchs. Die Handlungsfreiheit des Halitophobikers ist deutlich eingeschränkt. Typisch ist beispielsweise, dass er bei Gesprächen im Freien immer versucht, gegen den Wind zu stehen.

Den Mief wegessen

Mit Salbei gegen üble Düfte. Die ätherischen Öle des Salbeis stabilisieren das Mundmilieu und wirken desinfizierend auf fäulnisfördernde Keime. Die Volksmedizin empfiehlt gegen Mundgeruch das Zerkauen frischer Salbeiblätter. Die hat man freilich nicht immer zur Hand. Hier empfiehlt sich dann das Gurgeln und Mundspülen mit einer Mischung aus 100 Milliliter warmem Wasser und 3 Tropfen Salbeiöl. Wiederholen Sie diese Anwendung mehrmals pro Tag. Würzen Sie außerdem Ihr Essen öfter einmal mit Salbei!

Zunge raus!

Putzen Sie nicht nur Ihre Zähne, sondern auch die Zunge! Denn im dortigen Belag befinden sich die meisten Mundbakterien. Reiben Sie mit Ihrer Bürste in lockeren aber kräftigen Massage-Bewegungen über die Zunge, spülen Sie den gelockerten Belag gut mit Wasser aus!
Wer es richtig gründlich haben will, kann auch zu speziellen Zungenschabern aus der Apotheke greifen. Die einfachste Ausführung besteht aus einem biegsamen aromatisierten Kunststoffstreifen, der zu einem Bogen geformt und dann mit der Kante über die Zunge gezogen wird. Die Zunge wird an der Spitze festgehalten und dann geht es mit dem Schaber vor und zurück. Wer dabei einen Würgereiz verspürt, sollte die Augen schließen – das hilft meistens schon.

Fernost oder Kaugummi

Aus dem Fernen Osten kommt das Kauen von Mastix, dem Harz der Pistazienpflanze. Er regt nicht nur den Speichelfluss an, sondern tötete in Studien auch einige Mundbakterien ab. Die entsprechenden Produkte erhält man in der Apotheke. Wer keinen Mastix zur Hand hat, kann auf Kaugummis ausweichen. Die haben zwar keinen antibiotischen Effekt, doch sie regen immerhin den Speichelfluss an, mit dem zahlreiche Mikroben fortgespült werden.

Grün und Schwarz

Chlorophyll-Dragees mit ihren nachgewiesenermaßen desodorierenden, also dufthemmenden Effekten können hilfreich sein, weil ihr Hauptwirkstoff (das Blattgrün Chlorophyll) Duftmoleküle an sich dockt.

Ähnliches gilt aber auch für schwarzen Tee, der zudem noch den Vorteil hat, dass er mittlerweile zu den alltäglichen Nahrungsmitteln gehört, die man fast überall im Lebensmittel bekommt. Es hilft sicherlich schon viel, wenn man jede Mahlzeit mit einer Tasse Tee begleitet.

„Duftarm" essen!

Meiden Sie Mahlzeiten mit Gewürzen, die das Blut mit starken Duftstoffen anreichern. Dazu gehören: Knoblauch, Curry, Kümmel, Zwiebeln und Peperoni, aber auch intensive Käsesorten wie Camembert, Roquefort und Gorgonzola.

Kampf dem Hunger!

Essen Sie mehrmals am Tag kleinere Mahlzeiten, um keinen Hunger zu entwickeln. Denn Hunger sorgt für Stoffwechselveränderungen, und die sorgen wiederum auf dem Blut- und Lungenweg für schlechten Atem.

* * *

Mundschleimhautentzündungen

Bei schmerzhaften und geschwürigen Entzündungen der Mundschleimhaut handelt es sich meistens um so genannte Aphthen. Ansonsten können natürlich auch mechanische Reizungen durch schlecht sitzenden Zahnersatz oder große Zahnfüllungen zu Entzündungen im Mundraum führen.

Die Auslöser der Aphthen bleiben meistens im Dunkeln, in jüngerer Zeit werden vor allem allergische Reaktionen auf bestimmte Gifte diskutiert, wie sie sich z. B. in behandeltem Obst und Gemüse befinden.

Salbei, der Schleimhautfreund

Salbei zählt zu den Heilpflanzen mit ausgesprochen starken antibiotischen sowie entzündungs- und schmerzhemmenden Wirkungen auf die Schleimhäute. Darüber hinaus fördert er die Wundheilung.

Bereiten Sie sich eine Spüllösung aus 3 Tropfen Salbeiöl (aus der Apotheke) und 100 Milliliter Wasser. Spülen Sie mit dieser Lösung mehrmals am Tag für mindestens 3 Minuten. Besonders stark schmerzende

Stellen werden einmal täglich mit einem Wattebausch betupft, der in reines Salbeiöl getaucht wurde.

Wurzelbehandlung mal anders

Spülungen mit Beinwell-Sud haben bei Aphthen eine lange Tradition. Übergießen Sie 100 Gramm Wurzelmaterial mit 250 Milliliter kaltem Wasser. Zusammen aufkochen, 10 Minuten ziehen lassen, danach abseihen. Spülen Sie mindestens eine Minute lang mit dem Sud. Täglich mindestens viermal!

Rotbusch

Rooibos zählt zu den Heilpflanzen mit ausgesprochen starker entzündungshemmender Wirkung auf die Schleimhäute. Darüber hinaus wirkt er antiallergisch, was vor dem Hintergrund, dass Aphthen möglicherweise durch Allergien auf Gifte ausgelöst werden, von Bedeutung ist.
In einer japanischen Studie wurde Rooibos mit Erfolg bei der Therapie der Behcet-Krankheit eingesetzt, einer schweren aphthösen Erkrankung von Mund- und Genitalschleimhaut.
Spülen Sie vier- bis fünfmal pro Tag mit hoch dosiertem Rooibos-Tee (1 Esslöffel auf 1 Tasse Wasser, 5 Minuten ziehen lassen).

Die Abwehr stärken!

Stets wiederkehrende Aphthen sind Zeichen einer geschwächten Immunabwehr in der Mundschleimhaut. Sie können die dortige Immunabwehr gezielt durch Echinacea-Sprays aus der Apotheke stärken (einigen von ihnen ist auch Salbei zugesetzt). Eine weitere Maßnahme zur Stärkung der Immunabwehr besteht im Verzehr von Eberrautentee (3 Tassen pro Tag).

Homöopathie

- Hepar sulfuris D3 hilft leicht aufbrausenden Menschen, deren Mundschleimhautentzündungen besonders unter psychischem Stress auftreten. Dosierung: 3-mal täglich 1 bis 2 Tabletten. Das Mittel eignet sich auch zur Vorbeugung.
- Arnica D6 hilft bei Entzündungen infolge von kantigen Zähnen, Prothesen oder Füllungen. Es lindert die Schwellung und ist entzündungshemmend. Dosierung: 2-mal täglich 10 Tropfen im

Mund zergehen lassen, am Abend 10 Tropfen in ein Glas warmes Wasser zum Spülen.

• Acidum nitricum D12 bei blutenden und schmerzhaften Ausschlägen am Gaumen und auf der Zunge sowie eingerissenen Mundwinkeln. Dosierung: einmal täglich 1 Tablette.

* * *

Mundtrockenheit

Im Alter lässt die Speichelproduktion zwangsläufig nach, etwa 20 Prozent aller Menschen über 60 Jahren produzieren so wenig Mundflüssigkeit, dass bestimmte organische Funktionen wie der Schutz der Zähne ernsthaft gefährdet sind. Außerdem reagiert der Speichelfluss ausgesprochen sensibel auf emotionale Belastungen.

So wird wohl schon jeder einmal in die peinliche Situation gekommen sein, dass ihm ausgerechnet während einer Rede die Spucke wegblieb. Selbst professionelle Redner wie Politiker und Manager sind nicht davor gefeit und trinken ein Glas Wasser, damit ihnen nicht die Zunge am Gaumen kleben bleibt. Der Grund hierfür: Unter Stress gibt das vegetative Nervensystem an die Speicheldrüsen den Befehl, ihre Produktion zu drosseln. Und hinter diesem Verhalten steckt eine durchaus zwingende Logik, denn wer unter emotionaler Anspannung steht, verspürt keinen Appetit und braucht deswegen auch keine Spucke im Mund; er bekommt im wahrsten Sinne des Wortes „keinen Bissen herunter".

Kaukur mit Mastix

Ein Klassiker aus der Volksmedizin regt den Speichelfluss an. Man erhält ihn mittlerweile in Apotheken, Drogerien und im Internet-

Da bleibt einem die Spucke weg

Mundtrockenheit wird oftmals auch durch Medikamente ausgelöst, die auf das vegetative Nervensystem wirken (vor allem Blutdrucksenker, Asthmamittel und Magensäureblocker). Schauen Sie auf den Beipackzettel! Auch hormonelle Veränderungen (etwa durch Schwangerschaft, Wechseljahre oder Anti-Baby-Pille) können den Speichelfluss hemmen.

handel als Tabletten. Kauen Sie von den Tabletten dreimal täglich eine Tablette, am besten vor den Mahlzeiten. Aber auch Kaugummi-Kauen regt den Speichelfluss an.

Bitte bitter!

Die Hefepilze und Bakterien von Kefir stimulieren neben der Ausschüttung von verdauungsfördernden Enzymen auch die Ausschüttung von Speichel. Mitverantwortlich dafür ist der bittere Geschmack, den sie dem Kefir geben. Die Kohlensäure von Kefir stimuliert durch ihre anregende Wirkung auf die Mundschleimhäute den Speichelfluss.
Trinken Sie regelmäßig über den Tag verteilt mindestens 500 Gramm Kefir. Essen Sie dazu nichts Süßes, lassen Sie den leicht bitteren Geschmack lange wirken!

Akupressur

Akupressur ist bei den oft psychosomatischen Ursachen der Mundtrockenheit ein Mittel der ersten Wahl. Der folgende Akupressur-Griff kann Ihnen helfen:

- Öffnen Sie den Mund und massieren Sie mit dem Zeigefinger das Zahnfleisch über den Schneidezähnen, etwa 1 Minute lang. Wiederholen Sie diese Anwendung 3- bis 5-mal am Tag!

Homöopathie

Magnesium carbonicum D4 ist ein homöopathisches Mittel zur Anregung der Speicheldrüsen, es sorgt im Mundraum für ein basisches, also säurepufferndes Milieu. Dosierung: 3-mal täglich 1 Tablette lutschen, etwa 30 Minuten vor dem Essen.

* * *

Zahnen

Ein echtes Baby-, aber kein Mini-Problem: Die Zähne unserer Kleinsten müssen eben durchs Zahnfleisch brechen, um sich zeigen zu können. Das kann, vor allem bei den Eckzähnen, zu Spannungen, Rötungen, Schwellungen und Schmerzen führen. Der Speichelfluss ist erhöht – und natürlich ist das Kind unruhig und „schreiaktiv", und es nimmt fortwährend die Finger in den Mund.

Baby austricksen mit Salbei

Salbei ist schmerzstillend und entzündungshemmend. Er zählt zu den alten Hausmitteln beim kindlichen Zahnen. Allerdings haben Tinkturen, Öle und Tees aus Salbei beim Zahnen den Nachteil, dass sie vom Kind meistens nicht akzeptiert werden. Darüber hinaus bleiben sie nicht lange genug mit dem Zahnfleisch in Kontakt, weil sie zu rasch vom Speichel fortgespült werden. Die Anwendung erfolgt daher am besten über die Salbei-Zahnungsgels aus der Apotheke: Aperisan, Polypharm Zahnungsgel (enthält neben Salbei ein synthetisches Schmerzmittel). Sie werden mehrmals täglich auf die betroffenen Stellen mit einem Wattestäbchen aufgetragen.

Kühlen heißt Lindern!

Zur Minderung der Entzündung am Zahnfleisch kühlen Sie die Kiefer des Babys mit einem in Leitungswasser gekühlten Leinwandlappen. Die Anwendung sollte mehrmals am Tag erfolgen und etwa 3 bis 5 Minuten dauern.
Die Alternative: Geben Sie dem zahnenden Baby einen kalten Beißring (am besten aus dem Kühlschrank) zum Kauen. Das Kauen erleichtert durch seine „Beißreize" dem Milchzahn seinen Durchbruch, die Kälte lindert die Entzündung im Zahnfleisch.

Homöopathie

Chamomilla D6 ist ein alt bewährtes Mittel gegen die Beschwerden beim Zahnen. Dosierung: 3-mal täglich 5 Tropfen auf die Mundschleimhaut geben, zu Beginn des zweiten Lebensjahres 8 Tropfen.
Manche Kinderärzte empfehlen beim Zahnen auch ein homöopathisches Gemisch aus Chamomilla D20, Aconitum D10 und Magne-

sium phosphoricum D6. Die Wirkstoffe müssen zu gleichen Teilen gemischt werden, lassen Sie sich das am besten von einem Apotheker zubereiten.

* * *

Zahnfleischentzündungen

Man beißt herzhaft in den Apfel – und sieht deutlich rote Striemen im Fruchtfleisch. Und auch beim Zähneputzen verfärbt sich das Spülwasser immer wieder rot, ganz zu schweigen davon, dass man den Eindruck hat, als wenn jemand das Zahnfleisch mit Pfeffer bearbeitet hätte. Zahnfleischentzündungen sind nicht nur lästig, sie können auch die Vorboten schwerwiegender Erkrankungen des Zahnhalteapparats sein wie etwa der Parodontose. Man sollte daher frühzeitig gegensteuern.
Hauptursache der Zahnfleischentzündungen sind bakterielle Zahnbeläge und Zahnstein, und diese sind wiederum meistens die Folge von ungenügender Zahnpflege. Aber auch falsch sitzende Zahnfüllungen können zu Zahnfleischentzündungen führen.

Drucksache

Akupressur lindert den Reizzustand im Zahnfleisch. Stellen Sie sich vor den Badezimmerspiegel und suchen Sie die Mittellinie des Gaumens zwischen den oberen Zähnen. Pressen Sie die Stelle mit Ihrem Daumen etwas eine Minute lang. Anschließend drücken Sie mit dem Zeigefinger eine Minute lang die beiden Mundwinkel, der Mund ist dabei entspannt.

Nicht nur für Lebkuchen

Das Öl der Gewürznelke (Syzygium aromaticum) ist nicht nur ein wirksamer Schmerzhemmer, sondern wirkt auch entzündungshemmend und sanft antibiotisch.
Die entsprechenden Präparate erhalten Sie in der Apotheke, bevorzugen Sie Produkte, in denen das Nelkenöl als Mono-Substanz enthalten ist und nicht mit anderen Heilpflanzen kombiniert wurde.
Verstreichen Sie das Öl mit einem Wattestäbchen auf die schmerzenden Stellen.

Salbei, die tausendste …

Salbei (Salvia officinalis) ist bei Zahnfleischentzündungen ein Mittel der ersten Wahl, er hat hier eine Jahrtausende alte Tradition. Wissenschaftlich erwiesen sind seine entzündungshemmenden, schmerzstillenden und antibiotischen Wirkungen, außerdem beschleunigt er die Wundheilung.

Die Anwendung kann durch Spülen mit verdünntem Salbeiöl (4 Tropfen auf 100 Milliliter warmem Wasser erfolgen). Noch wirksamer ist aber die Behandlung mit Salbeigels aus der Apotheke, da sie nicht so schnell durch den Speichel fortgespült werden und dadurch länger Kontakt zum Zahnfleisch haben. Sie werden mehrmals täglich direkt mit einem Wattestäbchen auf die schmerzenden Stellen aufgetragen.

Preiselbeeren kratzen Bakterien ab

Die Inhaltsstoffe der Früchte lösen nachgewiesenermaßen schädliche Bakterien vom Zahnfleisch ab. Setzen Sie daher häufiger Preiselbeeren oder deren Saft auf Ihren Speiseplan. Wichtig: Nicht direkt herunterschlucken, sondern eine Weile im Mund behalten!

Vorbeugen!

Putzen Sie täglich mindestens zweimal pro Tag die Zähne, am besten nach den Mahlzeiten! Das Putzen sollte mindestens 3, besser 5 Minuten dauern. Die Zahnzwischenräume sollten einmal pro Woche vor dem Zähneputzen mit Zahnseide gereinigt werden.

* * *

Seelische und psychosomatische Beschwerden

Frühjahrsmüdigkeit

Eigentlich ist alles in Aufbruchstimmung. Die ersten Blätter und Blüten zeigen sich, und auch das eigene Gefühlsleben erwacht – das Frühjahr bietet eigentlich genug Gründe, um glücklich und zufrieden zu sein. Doch oft kommt es ganz anders. Wir fühlen uns stattdessen matt und ausgepowert, kommen nicht richtig auf Touren. Klarer Fall von Frühjahrsmüdigkeit. Nichts Schlimmes an sich. Denn bei ihr handelt es sich – im Unterschied zur Winterdepression – nicht um eine Erkrankung im eigentlichen Sinne, sondern um eine Befindlichkeitsstörung. Hervorgerufen wird sie durch die Schwierigkeiten unseres Herz-Kreislauf-Systems, sich nach dem Winter auf die länger und wärmer werdenden Tage einzustellen.

Sauer macht munter

Essig ist ein traditioneller Wachmacher, und deswegen hat er natürlich auch bei Frühjahrsmüden seine Chance. Die Anwendung: Trinken Sie täglich vor dem Frühstück ein Glas aus einer Mischung von gleichen Teilen Wein- oder Obstessig, Wasser und Honig. Darüber hinaus sollten Sie sich immer wieder mit einer Mischung aus 1 Teil Essig und 2 Teilen kaltem Wasser abreiben. Beginnen Sie bei Arm und Schultern und gehen Sie von dort aus zu Brust, Bauch, Beinen und schließlich zu den Füßen.

Water-Power

Kneippsche Wasseranwendungen bereiten Herz und Kreislauf auf die wärmeren Jahreszeiten vor. Es ist daher sinnvoll, mit ihnen am besten schon im Februar zu beginnen.

- *Morgendliche Waschungen*

Sie werden mit einem nassen, kalten Waschlappen durchgeführt. Man fährt mit dem kalten Lappen

Todmüde, aber quicklebendig

Die „Frühjahrsschläfer" können sich damit trösten, im strengen Sinne nicht pathologisch, also kein Fall für den Arzt zu sein. Ihnen fehlt das depressive Moment, wie es etwa bei der Winterdepression SAD der Fall ist. Mit anderen Worten: Der Frühjahrsmüde fühlt sich wohl matt und erschöpft, doch der Fall in tiefschwarze Seelenlöcher bleibt ihm im Unterschied zum „Winterblueser" erspart.

vom rechten Handrücken bis zur Schulter, dann am inneren Arm zurück und außen wieder hoch. Es folgen Achsel, Hals, Brust, Bauch und Hüfte, bis schließlich zum linken Arm gewechselt wird, wo dann wieder in derselben Reihenfolge verfahren wird.

- *Wassertreten*

Der „Kneipp-Klassiker" schlechthin, fördert die Durchblutung, regt die Immunabwehr an. Eignet sich auch für die Dusch- oder Badewanne zuhause. Die Wanne sollte bis zu drei Vierteln mit kaltem Wasser (weniger als 18 Grad) gefüllt sein. Stapfen Sie im Storchengang ein bis sechs Minuten (die Kälte darf keinesfalls als schmerzhaft empfunden werden!) durchs Wasser, heben Sie abwechselnd die Beine über den Wasserpegel. Schließlich aus der Wanne herausgehen, Wasser abstreifen, warme Socken anziehen. Wichtig: Vor dem Kneippschen Wassertreten dürfen die Füße nicht kalt sein!

* * *

Gliederzucken

Die Gliedmaßen des Schlafenden – vor allem seine Beine – zucken, manchmal kommt es zu regelrechten Laufbewegungen im Bett. Am nächsten Morgen fühlt er sich matt und erschlagen; oft findet auch der Bettpartner keine Ruhe, weil er durch die Tritte in der Nacht aufgeweckt wird. Der medizinisch korrekte Name für diese Beschwerden ist übrigens „Restless Legs".

Wer wie was – wieso weshalb warum

Grundsätzlich muss zwischen der idiopathischen und der symptomatischen RLS-Form unterschieden werden. Bei der symptomatischen Variante gehören die Zuckungen zu dem Beschwerdebild einer anderen, übergeordneten Krankheit wie etwa Arthritis, Diabetes sowie Lungen- und Nierenleiden, die dann natürlich bei der Behandlung Priorität haben. Auch schwangere Frauen leiden häufiger unter RLS-Erscheinungen, die sich jedoch glücklicherweise in der Regel legen, wenn das Kind geboren ist.

Problematisch wird die Fahndung nach den Ursachen jedoch, wenn die Restless Legs idiopathischer Natur sind und keine übergeordnete Krankheit hinter ihnen nachweisbar ist. Die meisten Patienten vermuten, dass ein Venenleiden hinter ihren Zuckungen stecken würde, viele machen sich große Sorgen und sie fürchten, sie seien gefäßkrank und ihre Beine seien in Gefahr. Tatsache ist jedoch, dass die genauen Ursachen der idiopathischen Restless Legs nach wie vor im Dunkeln stecken und Venenerkrankungen meistens keine Rolle spielen. Und die Beine und das Leben sind erst recht nicht in Gefahr: RSL-Patienten leben keinen Tag weniger als andere.

Action-Sleeping?

Zuckende Arme und Beine während des Schlafes sind eigentlich nichts besonderes, sie gehören gewissermaßen zum „Standard-Ritual" eines Schlafenden. Doch bei immer mehr Menschen erreichen sie einen Grad, der ihr Wohlbefinden einschränkt. Wissenschaftler schätzen, dass etwa ein bis fünf Prozent aller Bundesbürger an behandlungsbedürftigem Restless-Legs-Syndrom leiden.

Bewegung hilft – außerhalb des Bettes

Viel Bewegung, vor allem Gymnastik, bei der die Beine beansprucht werden. Sehr bewährt hat sich beispielsweise die Kerze, bei der die Beine eine halbe Minute in der Luft gehalten und anschließend vorsichtig hinter dem Kopf abgesenkt werden – soweit dies ohne Schmerzen möglich ist.

Wasser und Öl

Zwei alte Hausmittel gegen zuckende Beine: vor dem Schlafengehen die Füße 5 bis 10 Minuten lang mit Johanniskrautöl (erhältlich in Reformhaus und Apotheke) einmassieren. Und bei ausgeprägten Beschwerden sollten Beine und Füße vor dem Schlafengehen kalt abgeduscht werden. Wenn die Unruhe den ganzen Körper erfasst, kann auch vom Kopf abwärts geduscht werden. Anschließend mit noch etwas feuchter Haut ins Bett gehen.

Biostoffe beruhigen Beine

• *Folsäure.* RLS-Patienten leiden in der Regel unter einem ausgeprägten Mangel des Vitamins, das am Eiweißstoffwechsel und an diversen Vorgängen im Hirn beteiligt ist. Folsäure kommt in praktisch allen Blattgemüsen vor. Besonders reich sind Spinat, Salat, Tomaten, Gurken, Blumenkohl und Getreide, während Rindfleisch, Fisch und Obst eher folsäurearm sind. Damit das B-Vitamin über den Darm aufgenommen werden kann, müssen ausreichend Zucker und Natrium vorliegen. Eine kohlenhydrat- und salzarme Kost, aber auch lang gegarte oder warm gehaltene Speisen (Kantinenkost!) verschlechtern die Folsäurebilanz. Obacht bei der Einnahme von Medikamenten! ASS (Acetylsalicylsäure), Barbiturate, Phenytoin, Primidon, Chemotherapeutika, Methotrexat und auch die Anti-Baby-Pille führen zu Folsäure-Mangel.

- *Eisen.* Das Mineral wird nicht nur für die Blutbildung benötigt, sondern auch für die Bildung des Muskelfarbstoffes Myoglobin und diverser Enzyme. Bei schwangeren und älteren Menschen mit RLS werden überdurchschnittlich oft Eisendefizite gefunden. Entsprechende Präparate bleiben jedoch meistens wirkungslos, es geht vielmehr darum, die Eisenverwertung zu verbessern: weniger Müsli, Spinat und unfermentierte Vollkornprodukte, mehr Joghurt und Kefir (deren Säuren verbessern die Eisenaufnahme). Wer sich überwiegend vegetarisch ernährt, sollte Kaffee und schwarzen Tee mit ihren Eisen bindenden Gerbsäuren meiden. Zu den größten Eisenräubern gehören aber Alginate, Guarkern- und Johannisbrotmehle in Puddingpulver, Brotaufstrichen, Fertigsaucen, Instantsuppen, Speiseeis und fettreduzierten, aber trotzdem sahnigen Nahrungsmitteln!
- *Magnesium.* Das Mineral hat eine Schlüsselfunktion in der Kontrolle von Muskelaktionen. Machen Sie eine achtwöchige Kur mit „Bärlauch Magnesium“ (aus der Apotheke, 4 Kapseln pro Tag). Stellen Sie außerdem längerfristig Ihre Ernährung um: Gute Magnesiumquellen sind Weizenkeime, Hirse, Sesam, Leinsamen, Nüsse und Schokolade mit hohem Kakaoanteil. Und dann noch täglich einen Teelöffel Milchzucker, und es verbessert sich auch Ihre Magnesiumresorption.

Homöopathie

Bewährt hat sich beim nächtlichen Beinzucken das Kombinationspräparat „Zappelin“. Dosierung: 3-mal täglich 5 Kügelchen (Globuli).

* * *

Hirnleistungsstörungen: Wo sind die Schlüssel?

Die Hirnleistungsschwäche zeigt sich als gelegentliche Vergesslichkeit („Wo hab ich das Auto geparkt?“), Lernstörungen („Ich kann mir nichts merken!“) und Konzentrationsschwäche („Mir fällt es schwer, bei der Sache zu bleiben.“) Die Ursachen dafür können mannigfaltig sein. Wenn allerdings jüngere Menschen über Gedächtnisschwäche klagen, so stecken da meistens keine eigentlichen Hirnleistungskrisen dahinter, sondern andere Störungen wie Depressionen oder Angststörungen, die die Aufmerksamkeit allzu stark auf das Gedächtnis und dessen natürliche Schwächen ausrichten. Mit anderen Worten: Diese Menschen leiden weniger an Gedächtnisschwäche, als vielmehr daran, dass sie ihren natürlichen Gedächtnislücken zu viel Beachtung schenken.

Im Laufe des Alters wächst die Wahrscheinlichkeit für Hirnleistungsschwächen mit organischen Ursachen. Hierzu zählen vor allem Durchblutungsstörungen infolge von Arteriosklerose oder Bluthochdruck sowie die Alzheimer-Erkrankung, aber auch Infektionen, Schilddrüsenerkrankungen sowie eine Unterversorgung mit B-Vitaminen. Wann jedoch etwa eine Gedächtnisschwäche ein Fall für den Arzt wird, lässt sich pauschal nicht sagen. Denn jeder einzelne Betroffene wird durch diese Störung unterschiedlich beeinträchtigt; höchste Zeit für die ärztliche Konsultation wird es jedoch, wenn man seine alltäglichen Tätigkeiten nicht mehr richtig ausüben kann.

Hirn unter Feuer

Lange hieß es: „Zucker ist Nahrung fürs Hirn.“ Der Satz ist richtig, führt jedoch zu falschen Schlüssen. Tatsache ist, dass die Zellen des Gehirns in der Tat überwiegend vom Zucker aus dem Blut leben. Eine weitere Tatsache ist jedoch, dass es denkbar ungünstig ist, dieses Zuckerbedürfnis über zuckerhaltige Süßwaren, Kekse, Kuchen oder Ähnliches zu decken. Denn der Einfachzucker in diesen Lebensmitteln schraubt den Blutzuckerspiegel derart akut in die Höhe, dass sich der Körper veranlasst sieht, mittels Insulin dagegen zu arbeiten. Der Zuckerspiegel sinkt dann wieder dramatisch ab – letzten Endes oft auf ein Niveau, das weit unter dem Ausgangsniveau liegt. Die Folge: Wir fühlen uns müde und erschöpft, die Konzentration sinkt gegen Null.

Die ideale Nahrung fürs Gehirn besteht nicht im Einfach-, sondern im Mehrfachzucker. Diese Polysaccharide sorgen für ein längerfristig stabiles Blutzuckerniveau, das Gehirn bleibt „unter Feuer“ und bekommt keine Probleme, die Konzentration aufrechtzuerhalten.

Essen fürs Denken

1. Zum ersten Frühstück hochwertige Mehrfachzucker aus Getreideprodukten sowie vollkorn- und nusshaltigen Frühstückscerealien. Eine Obstfrucht (z.B. Banane oder Kiwi) sorgt dabei für den geschmacklichen Pep.
Ein besonders konzentrationsfreundliches Kohlenhydratprofil besitzen Roggenbrötchen, Vollkornbrötchen, Knäckebrot, Pumpernickel, Sechskornbrot, Cornflakes, Haferflocken, Müsli mit Nüssen, Puffreis. Ein oder zwei Scheiben Wurst sorgen für die notwendige Fettzufuhr.
2. Zum zweiten Frühstück eignet sich Obst bzw. ein Gemisch aus Obst und Milchprodukten (vor allem Joghurt). Hier darf man dann auch einmal einen Klecks Marmelade hinzugeben, um für mehr Geschmack zu sorgen.
3. Mittagszeit ist Eiweiß- und Gemüsezeit. Dies bedeutet: frisches Gemüse als Hauptmahlzeit auf den Tisch, das Fleisch dient als Beilage, um den Geschmack zu verstärken. Vollkommen überflüssig sind Nachtische aus Pudding oder anderen Süßwaren.
4. Zum Nachmittag um etwa 15 Uhr gibt es etwas Süßes, möglichst aber keine Süßigkeit. Die Natur verfügt über eine Reihe von Obstsorten (Birnen, Bananen, Honigmelone, Kiwis), die das natürliche Verlangen nach Süßem stillen können; als gelegentliche Alternative kommen nusshaltige Kekse oder Kuchenstücke in Betracht. Sahnetorten, Käsekuchen oder dergleichen sind jedoch zu fetthaltig.
Das richtige Gewürz für die Nachmittagsmahlzeit ist der Zimt. Er befindet sich laut ayurvedischer Lehre im zweiten Quadranten des Energiekreises, wirkt also gleichzeitig beruhigend und energiezuführend. Er gibt für den späten Nachmittag noch einmal den richtigen Konzentrationsschub.
5. Zum Abendessen um etwa 18 Uhr sollten Vollkornprodukte mit Rohkost kombiniert werden. Das „Gehirn in Abendstimmung“ verlangt in

der Regel immer nach etwas Würzigem, das Abendessen sollte daher stets reichhaltig gewürzt sein; sehr gut eignen sich Kräuter wie Melisse, Thymian, Bohnenkraut, Dill, Sellerie und Petersilie. Zu den entspannenden Gewürzen gehören Galgant, Kalmus, Liebstöckel und Oregano.

Aufputschen lässt abrutschen

Meiden Sie also Nahrungsmittel, die einen kurzfristigen Aufputscheffekt erzielen. An erster Stelle stehen hier stark koffeinhaltige Getränke wie Kaffee, Energydrinks und Cola (schwarzer und grüner Tee enthalten nur relativ wenig aktiviertes Koffein). Meiden Sie auch Alkohol. Zu den Konzentrationskillern gehören schließlich noch opulente und fettreiche Mahlzeiten. Denn wenn Magen und Darm das Blut für sich beanspruchen müssen, um einen Braten mit Klößen zu verdauen, bleibt für das Gehirn natürlich nicht mehr viel übrig.

Grüner Tee fürs Hirn O.K.

Seine ätherischen Öle regen die Beobachtungsgabe und das Auffassungsvermögen an. Andererseits wirken sie als sanftes Narkotikum, sodass unser Gehirn nicht jede geistige Regung in eine körperliche Bewegung umsetzen kann. Auf diese Weise wird es weniger abgelenkt.

Der relativ hohe Thiamingehalt im grünen Tee sorgt dafür, dass unseren Gehirnzellen nicht die Energien ausgehen. Denn das B-Vitamin mobilisiert den Kohlenhydratstoffwechsel, dem gerade im Gehirn eine zentrale Rolle zukommt.

Von großer Bedeutung ist aber auch, dass grüner Tee außerordentlich vielfältig ist, was Geschmack und Aroma angeht. Im Unterschied zu vielen anderen Alltagsgetranken regt er auch die feineren Ebenen unserer Sinne an. Dadurch wirkt er regelrecht als „Sinnesschule", und die wiederum steigert auf psychologischem Wege unsere Konzentration: Ein Mensch mit fein strukturiertem Sinnesempfinden geht aufmerksam durch die Welt und dadurch fällt es ihm naturgemäß leichter, seine geistigen Kräfte zu bündeln.

Konzentrationsschwächen lassen sich mit einer Kombination aus Banane und grünem Tee beheben. Die Südseefrucht versorgt unser Gehirn mit dem richtigen Kohlenhydratprofil, der grüne Tee sorgt dafür, dass dieses Profil optimal verwertet wird.

Nachmittagsschläfchen – Pro und Contra!

Es ist vollkommen normal, wenn der Mensch am frühen Nachmittag körperlich und konzentrationsmäßig ein Tief erlebt. Immer mehr Ärzte und Psychologen plädieren für das Nickerchen nach dem Mittagessen. Voraussetzung ist jedoch, dass das Mittagsmahl möglichst leicht verdaulich war. Außerdem sollten Menschen mit niedrigem Blutdruck lieber auf das Nickerchen verzichten, da sie oft in einen tiefen Schlaf fallen und danach Schwierigkeiten beim Wachwerden haben.

Bereiten Sie sich während Ihrer geistigen Arbeit regelmäßig ein „Gedeck" aus grünem Tee und einigen Stückchen Banane. Lassen Sie den grünen Tee 3 bis 4 Minuten ziehen, verwenden Sie auch den ersten Aufguss! Nehmen Sie sich Zeit für den Genuss, lassen Sie den geschmacklichen Gegensatz des herben Tees und der süßen Banane in aller Ruhe und mit voller Kraft auf sich wirken. Auch dieses Sinneserlebnis wird sich positiv auf Ihre Konzentration auswirken!

Ginkgo schützt Hirn

Ginkgo (Ginkgo biloba) hilft bei durchblutungsbedingter Hirnleistungsschwäche. Er verbessert den Blutfluss im Hirn und schützt funktionsschwache Nervenzellverbände vor Sauerstoffnot und anderen krank machenden Einflüssen.
Die Anwendung erfolgt über Ginkgo-Extrakte, die Blätter selbst sind zur Teezubereitung weniger geeignet, da ihre Hauptwirkstoffe nur beschränkt wasserlöslich sind. In ihrer Wirkung am besten bestätigt sind die standardisierten Extrakte aus der Apotheke. Als Dosierung werden in der Regel 120 bis 240 Milligramm Trockenextrakt pro Tag empfohlen, auf drei Portionen verteilt.

Die Brain-Power-Beeren

Als pflanzlicher Hirnleistungsmotor haben sich die Beeren von Wu-Wei-Zi (Schisandra chinensis) bewährt. Diese asiatische Pflanze stärkt die Reflexe und fördert das klare Denken, außerdem hilft sie bei Vergesslichkeit. Die Traditionelle Chinesische Medizin erklärt sich diese Wirkungen daraus, dass Wu-Wei-Zi sämtliche elementare Geschmacksrichtungen abdeckt und dadurch auf das komplette Energiespektrum im menschlichen

Körper wirkt. Wissenschaftler zählen sie hingegen zu den so genannten „adaptogenen Heilpflanzen". Dazu zählen Heilkräuter, die auf das hormonelle System der so genannten Hypothalamus-Hypophyse-Nebennieren-Achse wirken. Und zwar mit dem letztendlichen Ziel, den Körper – und hier vor allem die Hirnzellen – vor längerfristig schädlichen Stresshormonen zu schützen. Mit anderen Worten: Wu-Wei-Zi schützt das Gehirn vor Stress und sorgt damit nicht nur für einen Anti-Aging-Effekt, sondern auch für klare Gedanken: Hirnzellen funktionieren deutlich schlechter, wenn sie mit Stresshormonen überschwemmt werden. Ein Effekt, den jeder bestätigen kann, der schon einmal unter Prüfungsstress versagt hat.

Man erhält Wu-Wei-Zi hierzulande in der Apotheke in Form von Kapseln. Die Dosierung richtet sich nach der Packungsbeilage.

Konzentrationsfördernde Gewürze

Folgende Gewürze fördern die Konzentration:
- Basilikum
- Rosmarin
- Pfeffer
- Bohnenkraut
- Kümmel
- Zimt
- Gewürznelke
- Thymian

* * *

Jetlag

Unser Körper ist auf einen bestimmten Tageslichtrhythmus über 24 Stunden geeicht. Es gelingt ihm nicht, Umstellungen in diesem Rhythmus von heute auf morgen vorzunehmen. Wenn man beispielsweise per Flugzeug mehrere Zeitzonen überspringt, wird er gezwungen, Tagesleistungen zu zeigen, obwohl er auf Nachtruhe eingestellt ist, und zu schlafen, obwohl er auf Tagesaktivität eingestellt ist. Seine Organe – vor allem Gehirn, Magen und Darm – nehmen diesen Zwang freilich übel und reagieren mit Jetlag-Symptomen wie Müdigkeit, Lethargie, Schlaflosigkeit, Konzentrationsschwäche, Reizbarkeit. Mitunter kommt es zu Verdauungsstörungen und Appetitlosigkeit.

Oft werden Jetlag-Symptome durch negative Erlebnisse verstärkt. So leiden Urlauber an ihrem Urlaubsort nur wenig an den Symptomen, da-

Hallo wach!

Wenn Sie bei Jetlag-Symptomen dem Nickerchen erliegen, kann das schnell in einen tiefen Schlaf münden, aus dem Sie nur müde und abgeschlagen erwachen werden. Außerdem erschweren Sie Ihrem Körper die Umgewöhnung.

für aber umso stärker, wenn sie wieder ins Heimatland zurückgekehrt sind. Der Grund: Wer ohnehin schon eine leichte Depression schiebt, weil ihm wieder ein paar Monate Arbeit bevorstehen, wird sich nur schwerlich aufraffen können, auch noch gegen seine Jetlag-Beschwerden anzukämpfen.

Dufte Umgewöhnung

Aromatherapie vermag die Zeitumgewöhnung von Körper und Geist zu erleichtern. Folgende Duftöle wirken entspannend: Geranium, Lavendel, Majoran, Melisse, Neroli, Orange, Sandelholz, Weihrauch. Geben Sie die Öle einzeln oder nach einer Mischung, die Ihnen gefällt, in ein Duftschälchen oder eine Duftlampe, am besten schon eine Stunde vor dem Schlafengehen. Rosmarin, Basilikum, Lorbeer und Pfefferminze halten hingegen ihre Konzentration aufrecht und sollten daher dort in ein Schälchen geträufelt werden, wo Sie wach sein bzw. arbeiten wollen.

B12 für 24h

Es sind ja nicht nur Reisende, die mit einem Wechsel der Tag-Nacht-Rhythmik zurechtkommen müssen, sondern auch Schichtarbeiter, die wechselweise in Tag- und Nachtschicht arbeiten. Und für die wurde in wissenschaftlichen Studien nachgewiesen, dass sie mit einer Extra-Zufuhr an Vitamin B12 besser mit dem biorhythmischen Stress klarkommen. Zudem ist schon länger bekannt, dass Vitamin B12 unserem Nervensystem dabei hilft, sich auf veränderte Umweltbedingungen einzustellen. Es lohnt sich daher, schon drei bis vier Wochen vor Reisebeginn die Zufuhr des Vitamins deutlich zu steigern, um sich ein Depot aufzubauen. Steigern Sie in dieser Zeit Ihren Eierkonsum (wer 4 Eier pro Woche verzehrt, muss keine nachteiligen Effekte auf seinen Cholesterinspiegel befürchten!). Besorgen Sie sich außerdem Sanddorn-B12-Granulat aus der Apotheke (denn Sanddorn sammelt unter bestimmten

Bedingungen extrem hohe Mengen des Vitamins an!). Nehmen Sie davon 1 Teelöffel pro Tag.

Die Jetlag-Diät

Im US-amerikanischen Argonne-National-Labor wurde 1982 eine spezielle Diät gegen den Jetlag entwickelt. Sie beginnt drei Tage vor dem Reiseantritt mit dem „Feasting-Day“ (Schlemmertag): Zum Frühstück und Mittag viele Eiweiße in Form von Eiern, Fleisch und Bohnen, zum Abend kohlenhydratreiche Kost (Nudeln, Vollkornbrot, Bananen, Kartoffeln). Danach kommt der „Fasting-Day“ (Fastentag): kein Fleisch, nur Salate, Rohkost und Obst. Kaffee nur zwischen 15 und 17 Uhr. Keinen Alkohol! Am Tag vor dem Reiseantritt kommt dann noch einmal ein „Feasting Day“, während am Reisetag selbst wieder gefastet wird. Am nächsten Morgen kommen schließlich viele Eiweiße auf den Tisch, aber kein Müsli und keine Haferflocken! Eine Diät, die sicherlich ein wenig Disziplin erfordert. Doch sie lohnt sich, denn ihre Wirksamkeit ist wissenschaftlich gut dokumentiert.

1

Homöopathie

- Avena sativa D6 hilft bei Einschlafschwierigkeiten, Reizbarkeit, Schlaffheit und Appetitmangel. Dosierung: 3-mal täglich 5 bis 10 Tropfen. Beginnen Sie mit der Einnahme am besten schon kurz vor dem Abflug.
- Damiana Pentarkan ist ein Kombinationspräparat aus mehreren homöopathischen Substanzen. Es hilft bei geistiger und körperlicher Erschöpfung mit Konzentrationsschwierigkeiten. Dosierung: 3-mal täglich 15 Tropfen.
- Gelsemium D6 bei schwachem Puls, geistiger Mattigkeit und körperlicher Trägheit sowie anstrengungsbedingten Kopfschmerzen hinter den Augen. Dosierung: 3-mal täglich 10 Kügelchen (Globuli).

Schuss nach hinten

Kaffee hilft bei der Jetlag-Müdigkeit nur für eine begrenzte Zeit. In der Regel fühlen Sie sich weiterhin matt und ausgelaugt, und das Koffein macht Sie zu allem Überfluss auch noch nervös.

* * *

Nervosität und Schlafstörungen

Nervosität ist in erster Linie eine Übererregung des vegetativen Nervensystems. Insofern nun dieses Nervensystem an der Steuerung aller körperlichen Vorgänge beteiligt ist, können auch die Symptome der Nervosität sehr vielfältig sein. Zu den klassischen Beschwerden zählen Herzklopfen, Herzbeklemmung, Schlafstörungen, Spannungskopfschmerzen, Magendruck, zittrige Hände, übermäßige Schweißbildung (vor allem an Händen und Füßen), trockener Mund, Konzentrationsschwäche und leichte Erschöpfbarkeit.

3 Kräutertees

• *Ein Beruhigungstee für Kinder*

Mischen Sie Hopfenblüten (Humulus lupulus) und Pfefferminzblätter (Mentha x piperita) zu gleichen Teilen. Übergießen Sie die Mischung mit 1 Tasse kochendem Wasser. 10 Minuten zugedeckt ziehen lassen, schließlich abseihen. Ihr Kind sollte davon zwei Tassen pro Tag trinken. Die letzte etwa zwei Stunden vor dem Schlafengehen.

• *Ein Beruhigungstee für Prüfungsängste*

Besonders geeignet bei Nervosität infolge von Prüfungsängsten. Mischen Sie Johanniskraut (Hypericum perforatum) und Baldrian (Valeriana officinalis) zu gleichen Teilen. Übergießen Sie die Mischung mit 1 Tasse kochendem Wasser. 10 Minuten zugedeckt ziehen lassen, schließlich abseihen. Trinken Sie davon morgens und abends jeweils 1 Tasse.

• *Melissetee bei nervösen Herzbeschwerden*

2 Teelöffel Melisseblätter (Melissa officinalis) mit 1 Tasse heißem Wasser übergießen, zugedeckt ziehen lassen und nach 10 Minuten schließlich abseihen. Trinken Sie davon 3 Tassen täglich. Melisseteekur hilft bei Herzbeschwerden sowie bei Nervosität, Schlafstörungen und Appetitmangel.

Angst in der Pfeife rauchen

Passionsblume (Passiflora incarnata) hilft vor allem bei Nervosität, die durch Ängste hervorgerufen wird. Man kann sie – pur oder gemischt mit entsprechendem Tabak – in der Pfeife rauchen. Darüber hinaus können Sie auch einen Tee zubereiten. Nehmen Sie 10 Gramm des getrockneten Kraut kochen Sie es mit 250 Milliliter Wasser zusammen auf, ohne Topfdeckel. Köcheln Sie es so lange, bis der Wasserspiegel deutlich (um etwa 50 Milliliter) abgesunken ist, dann gießen Sie noch einmal etwas Wasser nach, bis wieder der ursprüngliche Wasserstand im Topf erreicht ist. Das Ganze abseihen und abkühlen lassen. Beim Servieren würzen Sie den Passionsblumensud noch mit Zucker und Zitronensaft, um ihn dann zusammen mit einigen Eiswürfeln „on the rocks“ zu servieren bzw. selbst zu trinken. Ein geschmackvoller Drink, der außerdem noch die Psyche auf Touren bringt. Trinken Sie davon nicht mehr zwei bis drei Gläser pro Tag, das letzte Glas zwei Stunden vor dem Zubettgehen.

Der Dill macht still

Ein Heilmittel aus der amerikanischen Volksmedizin. Er wurde früher Kindern verabreicht, damit sie bei der Predigt ruhig sitzen blieben.
Zutaten:
1 Teelöffel Dillsamen (Anethi fructus)
1 Tasse (200 Milliliter) Wasser
1 Teelöffel Honig
Die Dillsamen im Mörser zerstoßen und mit kochendem Wasser übergießen. 10 Minuten zugedeckt ziehen lassen, schließlich abseihen. Trinken Sie davon 3 Tassen pro Tag.

Baden Sie sich ruhig

Ein Leinensäckchen oder eine große Teesiebkugel mit getrockneter Melisse (Melissa officinalis) in die Badewanne geben, das Badewasser einlaufen lassen. Baden Sie etwa 15 Minuten in dem Melissebad. Es wirkt zunächst anregend, doch danach kommt der beruhigende Effekt noch stärker zum Tragen. Das Melissebad sollte daher vorzugsweise zwei Stunden vor dem Schlafengehen zum Einsatz kommen.

Kneipps Essigstrumpf

Er ist schon von Pfarrer Kneipp als probates Mittel gegen Nervosität und Schlafstörungen empfohlen worden. Dazu gibt man drei Esslöffel Weinessig auf einen halben Liter warmes Wasser. In dieses Essigwasser legt man dann en Paar Baumwollkniestrümpfe, wringt sie kurz aus und zieht sie schließlich an. Beide Beine sorgfältig mit dicken Handtüchern umwickeln, eine Stunde wirken lassen, anschließend die Strümpfe ausziehen und ins Bett gehen. Was für die Zeitfolge konkret bedeutet, dass Sie den Essigstrumpf am besten beim abendlichen Fernsehen anwenden sollten. Übrigens: Der Essigstrumpf hilft auch bei leichtem Fieber.

Aromatherapie

Die folgenden Pflanzendüfte bringen Ihr vegetatives Nervensystem wieder ins Gleichgewicht:

Baldrian, Bergamotte, Lavendel, Majoran und Sandelholz. Geben Sie 8 Tropfen der betreffenden Öle (man kann sie auch mischen) in ein Schälchen mit Wasser, das Sie auf einer mit Teelicht „beheizten" Duftlampe deponieren.

Akupressur

- Massieren Sie mit Zeige- und Mittelfinger 3 bis 5 Minuten lang, 3 bis 5 Mal pro Tag, ein oder zwei der folgenden Punkte, je nachdem, welche Symptome bei Ihrer Nervosität überwiegen:
- Lu 5, der „Ellbogenteich". Er liegt in der daumenwärts gelegenen Ellbogenfalte, und zwar in der Kuhle direkt neben der Sehne des Bizepsmuskels. Massieren Sie erst links, dann rechts. Dieser Punkt ist angezeigt bei hektischer Atmung, Engegefühl im Hals, nervösem Hüsteln und Räusperzwang.
- H7, das „göttliche Tor". Dieser Punkt liegt an der mittleren Handgelenksfalte, unter dem Ballen des kleinen Fingers, direkt an der Innenseite der kräftigen Handbeugersehne. Am besten spürt man ihn als Kuhle bei gebeugtem Handgelenk. Massieren Sie ihn erst links, dann rechts. Das „göttliche Tor" ist angezeigt bei Stressempfindlichkeit, Überreizbarkeit, Schlafstörungen und nervösem Herzklopfen.
- D5, das „Sonnental". Es liegt an der Kleinfingerseite des Handgelenks, und zwar auf seiner Rückseite in einer Kuhle, vom äußeren Handgelenksknochen etwa im Winkel von 45° nach oben/innen. Die „Sonnental"-Massage hilft bei Erschöpfungszuständen, Schwindel und Ohrensausen.

Homöopathie

• Kalium phosphoricum D3 empfiehlt sich bei Nervosität, die bereits über einen längeren Zeitraum andauert und objektiv eigentlich keinen Grund besitzt. Dosierung: 3-mal 5 Kügelchen (Globuli) täglich.
• Argentum nitricum D6 bei Nervosität mit einem gehetzten Gefühl, innerem Zittern, überhitzten Phantasien. Dosierung: 3-mal täglich 5 bis 10 Tropfen.
• Zincum valerianicum bei Überempfindlichkeit, geistiger Überarbeitung, blassem Gesicht und Schlafstörungen. Dosierung: 3-mal täglich 5 Kügelchen (Globuli).

Schlafen für Einsteiger

• *Rhythmus*
Immer zur gleichen Zeit aufstehen und zu Bett gehen. Auch die „Sonntagsmorgen-Ausreißer" sollten so weit wie möglich abgestellt werden. Ein regelmäßiger Rhythmus hilft Ihrer Zirbeldrüse, die Ausschüttung des Schlafhormons Melatonin wieder unter Kontrolle zu bekommen.
• *Richtige Schlafbedingungen*
Schaffen Sie günstige Schlafbedingungen! Der richtige Schlafraum ist dunkel, ruhig, nicht zu warm und nicht zu kalt. Die ideale Schlaftemperatur liegt zwischen 14 und 18 Grad. Vor dem Einsatz von Klimaanlagen und Heizungen im Schlafzimmer sei jedoch gewarnt. Denn sie produzieren oft eine allzu große Lufttrockenheit!
• *Vorsicht bei Spätfilmen!*
Unmittelbar vor der Nachtruhe keine geistigen oder körperlichen Kraftakte mehr! Ein Spätfilm – mag er auch noch so einfallslos sein – stellt für Ihr Nervensystem immer eine Belastung dar!
• *Keine Drogen*
Nur wenig Alkohol und überhaupt keine Zigaretten und Aufputschmittel. Bier ist aufgrund seiner Hopfenbasis als Schlaftrunk besser geeignet als Wein.

* * *

Wetterfühligkeit

In einer Studie gab jeder dritte Bundesbürger an, dass ihm im vergangenen Jahr das Wetter wenigstens einmal so zusetzte, dass er seiner Arbeit fernbleiben musste. Und hier sind es vor allem die Kopfschmerzen, die ein Arbeiten unmöglich machen. Alles andere als ein Bagatell-Problem also.

Abstimmen!

Die Therapie der Wetterfühligkeit muss auf die jeweiligen Symptome des Betroffenen abgestimmt sein, es gibt also kein Medikament, das gegen alle Formen der Störung reagiert. Zudem raten die Ärzte meistens zu naturheilkundlichen Maßnahmen, insofern Wetterfühligkeit in der Regel ja nicht gerade lebensbedrohend und mit unerträglichen Schmerzen verbunden ist.

Luft und Wasser – einfacher geht's nicht

Menschen, die viel an der frischen Luft sind, scheinen Wetterumschwünge besser wegzustecken als solche, die sich permanent in künstlichem Klima aufhalten. Also: eine kalte Dusche, ein Spaziergang im Herbststurm, eine Schneeballschlacht an einem sonnigen Wintertag – alles das kann helfen. Einen guten Schutz bietet auch das Kneippsche Wassertreten. Dazu lässt man kaltes Wasser bis zur Wadenhöhe einlaufen, anschließend geht man im Storchengang ein bis sechs Minuten im Wasser spazieren, wobei ein Bein immer komplett aus dem Wasser gezogen wird. Wichtig: Auf dem Wannenboden sollte sich eine rutschfeste Unterlage befinden, um den Storchengänger nicht ins Rutschen kommen zu lassen. Danach steckt man die Füße direkt in warme Socken.

Heiß und Hunger

Regelmäßige Saunagänge von mindestens einem Mal pro Woche bereiten das Blutgefäßsystem auf Wetterkapriolen vor, wobei es nicht nötig ist, sich mit hohen Temperaturen zu quälen: 60 Grad reichen als Trainingsreiz vollkommen aus. Und das Essen sollte auf möglichst viele kleine Portionen pro Tag verteilt werden. Wer den Willen aufbringt, kann auch alle sechs Monate eine zwei- bis dreiwöchige Fastenkur mit Gemüse- oder Obstsäften einlegen, denn die kräftigen, wie mittlerweile auch wissenschaftlich abgesichert ist, das Immunsystem, und das bringt uns besser durch Wetterumschwünge hindurch.

Heilpflanzen

Auch sie können die Beschwerden der Wetterfühligkeit lindern. So helfen Extrakte oder Presssäfte (in Apotheken und Drogerien) von Brennnesselblättern (Urtica dioica), wenn sich unter Wettereinfluss die Schmerzen an Gelenken verstärken. Kopfschmerzen lassen sich durch das Einmassieren von Pfefferminzöl (Mentha x piperita) an den Schläfen lindern, und gegen wetterbedingte Schlafstörungen und Stimmungstiefs helfen Extrakte von Johanneskraut (Hypericum perforatum), während Melissezubereitungen (Melissa officinalis) vor allem bei Kreislaufproblemen angezeigt sind. Die Zubereitung von Melissentee ist einfach: 1 gehäuften Teelöffel des Krauts mit kochendem Wasser überbrühen, 10 Minuten zugedeckt ziehen lassen, danach abseihen.

Akupressur

Sie hilft, Ermüdungen und Verspannungen zu vertreiben. Es gibt für die Wetterfühligkeit vier Akupressurpunkte, die man in beliebiger Reihenfolge bearbeiten kann. Wichtig ist, nicht nur dann zu massieren, wenn man sich schlecht fühlt, sondern auch dann, wenn es keine Beschwerden gibt, um möglichen Wetterumschwüngen vorzubeugen:

- Der erste Punkt liegt rechts am Oberbauch, eine Handbreit unterhalb der untersten Rippe. Drücken Sie hier immer wieder mit drei Fingern, und zwar innerhalb von drei Minuten zehnmal hintereinander.
- Für den zweiten Punkt ballen Sie die rechte Faust und streichen damit fünfmal leicht über die Innenfläche der linken Hand in Richtung Herz. Danach fährt man mit der linken Faust ebenso sanft über die rechte Handfläche.
- Auch rechts und links im Nacken, direkt senkrecht neben der Wirbelsäule, liegen zwei „Wetterpunkte". Hier drückt man mit Damen und drei Fingern kräftig auf die Muskelstränge, dabei wird die Haut hin und her geschoben.

• Der letzte Punkt liegt etwas oberhalb der beiden äußeren Fußknöchel. Am besten tasten Sie den Bereich behutsam ab, bis Sie eine druckempfindliche Stelle entdecken. Hier muss man dann kurz den Daumen anpressen.

Ingwer gegen Föhn

Die Hauptwirkstoffe der Ingwerwurzel (Zingiber officinale) sind die Gingerole, und die arbeiten als Gegenspieler zum menschlichen Botenstoff Serotonin. Entgleisungen im Haushalt dieses Hormons gelten als mögliche Auslöser für Verdauungsbeschwerden, Stimmungsschwankungen, Kopfschmerzen und Abgeschlagenheit – und der Serotoninhaushalt reagiert sensibel auf Wetterumschwünge und Föhn.

Zur Anwendung von Ingwer kann man dessen zermahlene Wurzeln mit 1 Tasse kochendem Wasser aufbrühen, 10 Minuten zugedeckt ziehen lassen und anschließend abseihen. Der Teeaufguss ist allerdings nichts für empfindliche Gaumen. Unproblematischer sind da sicherlich die entsprechenden Präparate aus der Apotheke, in denen Ingwer oft mit anderen Heilpflanzen wie etwa Weißdorn oder Ginseng kombiniert wird. Aber auch das Knabbern von Ingwerkeksen oder Ingwerschokolade kann bei Föhnbeschwerden hilfreich sein.

Informieren!

Wetterfühlige können sich besser vor Beschwerden schützen, wenn sie wissen, wie das Wetter in den nächsten Tagen wird – und wie es sich auf bestimmte Krankheiten auswirkt. Eine detaillierte Biowetter-Vorhersage gibt es unter ***www.donnerwetter.de/biowetter***, hier können die Wettervorhersagen auch im Hinblick auf spezifische Krankheitsbilder wie Kopfschmerzen, Schlafstörungen und Rheuma, aber auch im Hinblick auf Alltagsprobleme wie Fahrtauglichkeit und Reaktionszeit abgerufen werden.

Tipp für Ausgeschlafene!

Immer wieder hört man die Empfehlung, bei Wetterumschwüngen möglichst viel zu schlafen. Doch das bringt wenig: Wer den Schlaf künstlich in die Länge zieht, riskiert, dass er sich noch erschöpfter und abgeschlagener fühlt. Außerdem verstärken

Schlaf-Überdosierungen die Neigung zur Depression, nicht umsonst wird – quasi als Umkehrungsstrategie – der Schlafentzug von Psychiatern in der Behandlung von Depressionen eingesetzt. Also: Schlafen Sie nur dann, wenn Sie wirklich müde sind.

Register

Der Autor

Dr. Jörg Zittlau studierte Philosophie, Biologie und Sportmedizin. Er arbeitete zunächst in Lehre und Forschung und wechselte später zum Wissenschaftsjournalismus. Er ist Autor zahlreicher Bestseller zur Naturheilkunde.

Impressum

Hinweis
Die Ratschläge/Informationen in diesem Buch sind von Autor und Verlag sorgfältig erwogen und geprüft, dennoch kann eine Garantie nicht übernommen werden. Eine Haftung des Autors bzw. des Verlags und seiner Beauftragten für Personen-, Sach- und Vermögensschäden ist ausgeschlossen.

Projektleitung
Dr. Harald Kämmerer, Sabine Gnan

Layout und Gesamtproducing
Oliver Kneidl, JournalMedia GmbH

Redaktion
Thomas Baumann

Illustrationen
gesetzt aus den Schriften Webdings, Wingdings, WC Sold Out C Bta u. a.

Umschlaggestaltung und Konzeption
Christian M. Weiß

Druck und Verarbeitung
GGP Media GmbH, Pößneck

Printed in Germany

Gedruckt auf chlor- und säurearmem Papier

ISBN 978-3-517-08555-5
9817 2635 4453 6271

Verlagsgruppe Random House FSC-DEU-0100
Das für dieses Buch verwendete
FSC-zertifizierte Papier *Munken White*
liefert Arctic Paper Munkedals AB, Schweden.